国家出版基金项目
NATIONAL PUBLICATION FOUNDATION
天津市重点出版扶持项目

舆情表达机制建设与协商民主体系构建研究丛书

主编 王来华

舆情研究和政治学两个视角

中国协商民主的独特内涵和具体路径

于家琦 著

天津社会科学院出版社

图书在版编目（CIP）数据

舆情研究和政治学两个视角 ： 中国协商民主的独特内涵和具体路径 / 于家琦著. -- 天津 ： 天津社会科学院出版社，2025.7

（舆情表达机制建设与协商民主体系构建研究丛书 / 王来华主编）

ISBN 978-7-5563-0620-6

Ⅰ. ①舆… Ⅱ. ①于… Ⅲ. ①民主协商－研究－中国 Ⅳ. ①D621

中国版本图书馆 CIP 数据核字(2019)第 296992 号

舆情研究和政治学两个视角 ：
中国协商民主的独特内涵和具体路径
YUQING YANJIU HE ZHENGZHIXUE LIANGGE SHIJIAO :
ZHONGGUO XIESHANG MINZHU DE DUTE NEIHAN HE JUTI LUJING

出版发行：天津社会科学院出版社
地　　址：天津市南开区迎水道 7 号
邮　　编：300191
电　　话：（022）23360165
印　　刷：北京盛通印刷股份有限公司
开　　本：787 毫米×1092 毫米　1/16
印　　张：20.75
字　　数：249 千字
版　　次：2025 年 7 月第 1 版　2025 年 7 月第 1 次印刷
定　　价：68.00 元

国家社会科学基金特别委托项目

“舆情表达机制建设与协商民主体系构建研究”

（14@ZH032）

序

由我主持承担的国家社会科学基金特别委托项目“舆情表达机制建设与协商民主体系构建研究”(14@ZH032)于2019年5月顺利结项,并获得了当年国家出版基金资助,可谓双喜临门。目前,项目的主要研究成果(即四部研究专著)已经正式出版,我非常高兴。这个项目的完成是天津社会科学院舆情研究所从1999年10月创立并发展到今天,取得的多项重要学术研究成果之一,是十分突出的创新部分。舆情研究所曾经撰写和出版过国内首部《舆情研究概论》(王来华主编)和《网络舆情研究概论》(刘毅著)。另外,《微博诉求表达与虚拟社会管理》(毕宏音著)一书还获得过天津市哲学社会科学优秀成果一等奖,《舆情支持与舆情危机》(王来华主编)一书获得国家出版基金资助、国家出版基金年度优秀成果项目和天津市优秀图书奖。现在出版的四本专门研究“舆情与协商民主”的著作,也是填补了国内相关研究领域的空白。要强调的是,这几本学术著作的作者都是此研究项目的直接承担者(其中,毕宏音研究员还是本课题子项目负责人之一),他们都是在天津社会科学院茁壮成长起来的学术骨干,他们风华正茂,依靠自己的辛勤努力以及团队成员之间的相互协作,最终完成了项目研究的重任,为处于学术和实践工作前沿的研究作出了很大贡献。借此机会,我向他们表示衷心祝贺和诚挚感谢!

发展社会主义协商民主,是从党的十八大报告首次提出,到十八届三中全会展开具体部署,又到习近平总书记在庆祝中国人民政协成立65周年大会上详细论述,再到党的十九大报告的充分阐释,中国特有的社会主义协商民主逐渐蔚为大观,成为党和政府极力推动的一项战略性任务。2014年,习近平总书记在纪念中国人民政协成立65周年大会上对发展社会主义协商民主作出重要论断,引起了广泛的社会认同。当时一篇刊载在《人民日报》和人民网上的专题报道生动地引用了来自社会各界的评价,非常具有代表性。其中说道:"习近平总书记今天讲得很解渴。""这个讲话是要留在历史上的,它大概标志着带有理想主义色彩的协商民主,进入自觉而深入的实施阶段。""讲话全文9100余字,其中近一半的篇幅在阐述'协商民主'种种,整个讲话提到'协商民主'四个字,计25次。"

党的十九大报告第六部分"健全人民当家作主制度体系,发展社会主义民主政治"中指出,要发挥社会主义协商民主的重要作用。有事好商量,众人的事情由众人商量,是人民民主的真谛。协商民主是实现党的领导的重要方式,是我国社会主义民主政治的特有形式和独特优势。要推动协商民主广泛、多层、制度化发展,统筹推进政党协商、人大协商、政府协商、政协协商、人民团体协商、基层协商以及社会组织协商。加强协商民主制度建设,形成完整的制度程序和参与实践,保证人民在日常政治生活中有广泛、持续、深入参与的权利。这段话里面包含了三个重要论述:一是有事好商量,众人的事情由众人商量,是人民民主的真谛。二是协商民主是实现党的领导的重要方式,是我国社会主义民主政治的特有形式和独特优势。这一点是习近平总书记在2014年庆祝中国人民政治协商会议成立65周年大会上的讲话中强调的，是对协商民主政治定位的高度概括。三是要推动协商民主广泛、多层、制度化发展，加强协商民主制度建设。这里具体指出协商民主制度化建设的任务和要求。从这些重要论述中，既可以深刻认识习近平新时代中国特色社会主义思想，特别是其中关于如何发展社会主义协商民主的重大意义，也可以认识中国社会主义协商民主的重要地位，找到全力推行中国社会主义协商民主的具体实现路径和着力点。

推动社会主义协商民主，又与一个宏大的主题相关，即国家治理体系和治理能力现代化。习近平总书记曾指出："实行人民民主，保证人民当家作主，要求我们在治国理政时在人民内部各方面进行广泛商量。"我们围绕习近平总书记的重要思想进行思考，可以看到，利益多元化正逐渐成为现代社会的基本特征，治理这样的社会形态，就需要处理好"人民内部各方面"之间的互动关系。协商民主体现了国家和社会治理的理性决策思想，是一种民主的治理形式，因而成为国家治理的重要方式，在政治、经济和社会生活当中，发挥着化解矛盾、促成共识、整合利益和凝聚力量的重要作用。进一步看，从制度设计上讲，选举民主与协商民主的结合，不仅解决了权力来自哪里的问题，还解决了权力如何运行的问题，进而构成了我国民主政治的制度优势。

从党的十八大正式提出发展社会主义协商民主以来，党中央曾多次以政策文件方式提出相关发展要求和任务，充分反映了党的十八大至今，党中央推进协商民主广泛、多层、制度化发展的广度和力度。与此同时社会主义民主政治的发展和国家及社会治理的进步，让越来越多的学者关注协商民主的理论和实践问题研究，并取得了很多重要研究成果，形成了一些重要的学术观点。舆情研究者们也参与其中。

“舆情”是中国传统语境下的一个古老政治词汇，在中国历史上曾经被很多帝王将相所使用。在现代生活中，学者们吸收了民意理论的相关内容，并根据现实需要，把“舆情”一词提升为一个学术概念，围绕这个概念，生成了一个旨在研判和理顺民众与国家、社会管理者之间利益联系的现代学术范畴。针对舆情与协商民主之间的实践关联，经过调查和研究，我们认识到舆情工作是推动社会主义协商民主过程的一个重要环节。这一认识成为研究舆情与协商民主之间理论和实践关系的基本视角。沿着这一思路，我们最初就如何开展好此项研究工作，提出了一些想法。第一，形成舆情表达机制与协商民主体系之间相互联系的分析框架，厘清舆情表达机制建设在协商民主体系中嵌入的必要性与合理性，以实现民众合理利益的合理诉求为线索，把舆情表达机制建设作为推动协商民主发展的可行或可操作之“腿”，提出并回答相关概念、关系、原则和模式等问题，阐释清楚中国特色社会主义协商民主广泛、多层、制度化发展中的相关理论和实际问题。第二，提出构建协商民主体系中舆情表达机制的规范模式和具体选择，在国家治理和基层民主这两个主要层面以及涉及国家、社会和人民这三个大方面，探究在各个层次和各种类别的协商民主形式中舆情表达机制建设与协商民主体系构建之间的连结点、操作环节、模式化程序以及法律保障环境等，推行内容和形式多样化的舆情表达机制，最终推动协商民主广泛、多层、制度化发展。第三，说明舆情表达机制嵌入协商民主体系，在党的正确领导下会如何推进健全民主制度、丰富民主形式，在各层次各领域扩大人民有序政治参与，充分发挥中国特色社会主义建设在政治制度上的优越性，并最终有效地推进国家治理体系和治理能力现代化。

最终,本课题的主要成果落实为五部分。第一部分为“舆情研究和政治学两个视角:中国协商民主的独特内涵和具体路径”,主要从政治学和舆情研究的双重视角审视我国协商民主发展的内涵和路径,从理论层面解释舆情工作与协商民主相互结合的机制。第二部分为“协商民主的具体发展:对全国多地基层协商主要案例的分析”,主要从舆情角度对协商民主的实践情况进行归纳和分析,观察和分析社会基层如何积极促进舆情表达与协商民主融合的具体做法和对策建议。第三部分为“舆情表达机制与人民政协协商民主建设”,主要探讨了人民政协协商民主制度中舆情表达机制建设,提出了人民政协发挥协商民主重要渠道作用与其他渠道的衔接,以及在政协工作中推进舆情表达机制建设的实现路径。第四部分为“新媒体网络舆情合理性表达与协商民主体系建构”,主要探索网络协商民主与舆情诉求表达、网络协商民主工作机制与网络舆情合理性表达机制之间的关系,探寻包含舆情合理性表达的网络协商民主建设的客观有效和可操作化路径。第五部分为“舆情合理表达机制构建及其对民粹主义的防范”(此部分由夏希原博士承担并很好地完成了相关研究工作),主要论证舆情合理表达机制是实现协商民主的中介、桥梁和基本要素之一,构建舆情合理表达机制,促进协商民主建设,应该汲取一些国家和地区的经验和教训,有效防范民粹主义泛滥及其对协商民主发展过程的侵害。

归纳大家的研究成果,就“舆情与协商民主”之间的相互关系,初步形成了一些比较重要的理论观点。

第一,舆情表达机制应嵌入协商民主体系中。从积极推动中国特色社会主义协商民主的高度,探究舆情工作与协商民主之间的相互关系,是一个比较新颖的研究视角。从舆情工作的发展需要看,协商民主的包容性和规范性既为民众利益诉求表达提供了更多机会，也因为协商民主具有的程序和规范要求，而对舆情表达方式（尤其是各类民众利益诉求）形成了“合理约束”。依靠协商民主工作来推动舆情表达机制建设以及这两者之间的有机结合，既有利于推动舆情表达的有序化、理性化，也丰富了协商民主的实现路径，有助于协商民主广泛、多层、制度化发展。

第二，健全舆情表达机制有利于促进基层协商民主发展。民众的话语权与舆情表达是一对相关概念，话语权需要借助舆情表达方式的健全来具体实现，舆情表达因此成为话语权的主要实现形式。协商民主发展过程中的基层协商，说到底是合法、合理、合情地实现话语权的问题，是多种舆情主体（表现为各类社会人群）能否“我口说我心”并对公共决策产生实质影响的问题。当然，协商内容、协商形式、协商过程、协商技术等其他要素并非不重要，但是，这些要素及其作用需要建立在保障话语权合法、合理、合情实现的基础之上。在社会基层，舆情表达方式常常以十分具体的协商民主方式出现，生动和鲜活，多样化、多层次舆情表达渠道是否畅通，话语权是否真的能够实现，是影响基层社会协商民主开展的涉及推动力量和主要的现实因素。

第三，舆情表达是人民政协履行汇集和转达社情民意工作责任的重要形态之一。作为爱国统一战线组织、中国共产党领导的多党合作和政治协商的重要机构，人民政协自成立之日起，就充分发挥聚合、沟通、表达和协调社会各阶层利益诉求的作用。可以说，人民政协又是我们国家制度性舆情表达机制建设和发挥作用的重要载体。

在协商民主实现过程中，人民政协是社会主义协商民主的重要渠道和专门机构，在推进社会主义协商民主中具有明显的优势，舆情表达也因此与政协工作密切联系起来。在人民政协工作中,不同委员构成的不同工作界别,为构建社会主义协商民主体系提供基础性的组织准备;政协组织和相关人员具有丰富的协商民主经验,担负着政治协商、民主监督、参政议政的主要工作职能,为包含着民众舆情表达在内的协商民主实践活动提供了制度性平台;政协组织和相关人员具有比较成熟的协商议事规则、比较完备的工作体系和工作机制,为协商民主广泛、多层、制度化建设提供了坚实的制度基础;政协组织还荟萃了各个方面的人才或精英,具有突出的智力优势。综合来看,人民政协在推动协商民主工作中组织起来的舆情表达具有广泛的代表性、巨大的包容性和快捷有效的直达性。与此相应的是,通过吸纳传导机制、咨询问政机制、利益表达机制、监督质询机制、协调平衡机制等,舆情表达机制建设和落实也给人民政协担负的几大职能落实提供了更多机会和有力支撑。

第四,网络协商民主是适应我国网络社会发展新要求的新内容和新形式。一方面,网络协商民主的出现和发展与网络社会的迅速发展密切相关,网络协商民主逐渐成为协商民主新的有机组成部分;另一方面,网络协商民主在网络社会中又是一个相对独立存在的工作系统。网络协商民主又是整个中国特色社会主义协商民主建设中的新形式、新样态。从其属性来看,这一新形式(包含了网络舆情的种种诉求表达、对话、讨论等)立足于中国社会主义民主政治发展之中,遵行国家相关法律法规以及道德要求,也是党的群众路线和人民民主在网络时代的具体体现。

第五,完善舆情合理表达机制有利于防范民粹主义。我国协商民主制度发展的关键,在于如何在民众言论表达的通畅性(强调公民话语权的合法保障)和有序性(强调合法依规与讲求自觉自律)之间建立平衡。解决问题的核心点在于,如何做到既推动民众广泛和合理地参与民主政治,又有效地防止民粹主义的发生,特别是保障公权力的合理有效施行。而问题的解决路径之一,则在于探索建立广泛、多层、制度化协商民主过程中的舆情表达机制,探索在舆情表达机制建设中重视对于社情民意的汇集分析和研判,并与决策机制之间建立直接联系通道和协调机制。这是机制设计的重中之重。舆情表达机制建设的需求不仅存在于基层中,也存在于实践协商民主的各个社会方面和社会层面。舆情表达机制可以作为党政决策及时了解舆情的一种工具,在更为宏观的方面,又可以成为协商民主建设中的一种工作保障。在整个社会范围内,由于舆情表达机制使民意的传达有了更为公开透明的渠道,并且确保了协商民主制度的实施,整个舆论氛围也会受到正常引导而向良性方向发展,从而避免民粹主义现象的产生和泛滥。

第六,运用好协商民主倡导的"商量"方法,重视、发现、疏导和引导舆情。从实践的角度看,重视、发现、疏导和引导舆情,其本身既是一项相对独立的工作,也是依靠协商民主加以切实解决好的工作。怎样才能发现、疏导和引导舆情,特别是怎样才能听到老百姓的声音和意愿?习近平总书记指出:"要以人民群众利益为重、以人民群众期盼为念,真诚倾听群众呼声,真实反映群众愿望,真情关心群众疾苦。"通过协商民主,尤其是充分运用其中的"商量"方法,这对发现、疏导舆情问题具有十分重要的理论和实践意义。掌握好习近平总书记多次倡导的"商量"方法,又是重视、发现、疏导和引导舆情的一个"工作法宝"。

依靠"商量"这个好方法,重视、发现、疏导和解决舆情问题,就需要我们把习近平总书记在论述协商民主时经常提出并积极倡导的

“商量”方法真正落在实处，学习好，理解好，运用好，努力做到“多商量，好商量，会商量”。其中，努力学会“会商量”。这个“会”字，体现在发现、疏导和解决舆情问题时，与民众开展相互商量，既要讲究商量的方式方法，还要追求良好的商量结果。“会商量”应该是商量的方式方法与商量的良好结果之间的相互结合与统一，最后归结到不断提升应对和解决舆情问题的工作质量和水平上面。

在本研究课题完成并正式出版之际，我要真诚感谢中宣部舆情信息局，是他们对此项目研究意义的认可和具体支持，为我们开展相关研究工作和最终完成好课题提供了机会！我们还要真诚感谢几位曾经帮助我们正式申请此特别委托项目，并提出过宝贵建议的知名专家学者，他们是：南开大学周恩来政府管理学院教授、博士生导师常健，上海社会科学院段钢研究员和张雪魁研究员，天津市政协研究室原主任张建，福建社会科学院精神文明研究所原所长曲鸿亮研究员（曲老师作为本课题研究顾问，在课题进行当中又给予了我们很多关心和具体指导）。感谢中国政治学会副会长包心鉴教授、南开大学原副校长朱光磊教授、南开大学周恩来政府管理学院杨龙教授、赵万里教授、程同顺教授等知名学者对这个研究项目的关心和悉心指导。还要感谢天津社会科学院关心和支持本课题研究工作的相关领导、舆情研究所内外一直为本课题研究付出辛苦劳动的同事们，感谢为本课题成功申请国家出版基金并努力做好出版工作的我院出版社的同事们，谢谢大家！

在理论与实践两个层面，开展舆情与协商民主相互关系的理论研究和实践探索，是坚持推行中国特色社会主义协商民主这一重大战略任务的一项具体并荣耀的工作。在这个过程中，坚定贯彻落实党对促进社会主义协商民主广泛、多层、制度化的要求和部署，特别是认真贯彻落实习近平总书记多次阐释的有关发展社会主义协商民主的重要思想，就需要我们在具体工作中进一步深入发掘，坚持在实践中不断学习，总结新的实践经验，形成新的理论创新认识，并努力把相关研究成果运用到实践之中。

国家社会科学基金特别委托项目“舆情表达机制建设与协商民主体系构建研究”（14@ZH032）首席专家，天津社会科学院舆情研究首席专家、研究员（二级）

王来华

目　录

导　论 …………………………………………………………… 1

第一章　中国协商民主的历史与现实定位 ………………… 44

第一节　协商民主在中国发展的历史脉络 ……………… 44

第二节　协商民主在中国形成和发展的原因 …………… 54

第三节　社会主义协商民主的内涵和战略任务 ………… 63

第四节　协商民主落实中的问题 ………………………… 79

第二章　舆情表达机制对协商民主的完善 ……………… 106

第一节　舆情表达的内涵 ………………………………… 106

第二节　舆情表达机制及其评价标准 …………………… 123

第三节　舆情表达机制是协商民主独特内涵的重要内容 …… 134

第四节　舆情表达机制“对接”协商民主体系的政治合理性和正当性 ……………………………………………… 145

第三章　舆情表达机制与协商民主“对接”的规范化 …… 155

第一节　舆情表达机制与协商民主的“对接”原则 ……… 155

第二节　舆情表达机制建设与协商民主“对接”的层次性 …… 167

第三节　舆情表达机制与协商民主“对接”中的几种关系 …… 184

第四章　舆情表达机制与协商民主"对接"的具体途径 …………… 210
第一节　能排列协商议程的舆情表达机制 …………………… 210
第二节　合理界定协商议题的舆情表达机制 ………………… 218
第三节　科学选择协商参与者的舆情表达机制 ……………… 225
第四节　营造理性协商环境的舆情表达机制 ………………… 232
第五节　对协商进行监督和评价的舆情表达机制 …………… 240
第五章　构建服务于协商民主的舆情表达机制需要克服的障碍
…………………………………………………………………… 249
第一节　防止既有利益阻挠 ……………………………………… 249
第二节　避免出现"尾巴主义" …………………………………… 255
第三节　协商"代理人"代表性问题 ……………………………… 260
第四节　培育协商参与者的协商精神 …………………………… 265
第五节　新媒体舆情表达风险 …………………………………… 269
第六章　构建服务于协商民主的舆情表达机制的政策建议 …… 275
第一节　从理念上明确舆情与协商民主的关系 ……………… 275
第二节　从制度程序上规范和舆情表达机制上创新 ………… 283
第三节　培育公民的公益精神和协商意识 …………………… 287
第四节　塑造理性讨论的公共空间 ……………………………… 291
参考文献 …………………………………………………………… 296

导　论

一、研究意义

（一）从舆情视角研究中国协商民主，推动协商民主理论中国化

近年来，中国学者在深入阅读并研究关于西方协商民主的专著和论文后，总结出若干理论。有学者在总结中指出，协商民主是指政治共同体中具有相同且平等的地位、自由、权利的公民，通过参加制定法律及政治决策，以达到立法和决策趋于合法的一种治理模式，其中的重点在于通过沟通、讨论、辩论等形式进行协商或公共协商。[①]还有学者提出，在协商民主理论中，民主体制的主体是人民群众，国家不仅应着眼于公民投票、提出意见和反馈以及参与社会活动的相关过程，更应关注人民群众在政治协商中的参与度与积极性，在参与者具有大量信息资源、同等表达意见的机会以及公平的决策流程的条件下，对政策进行公开、自由的协商，最终得到可行的法案或决策。[②]

---

① 陈家刚：《协商民主引论》，《马克思主义与现实》2004 年第 3 期。

② 陈剩勇：《协商民主理论与中国》，《浙江社会科学》2005 年第 1 期。

对于西方国家的研究者，协商民主可以被看作一种理性的治理或决策模式，也是人民群众的参与过程，他们形成的基本共识是，协商民主是辅助国家实现民主政治的工具。西方学者对协商民主的理解体现在公民参与论中，比如，按照埃尔斯特的界定，协商民主是与政策相关的人民或其代表都有机会参加集体决定，集体决定即为参与者秉承公正、无私、理智的态度以商议的方式达成的决定。①

中国实行社会主义民主政治，其协商民主在本质、原则、机制、理念等方面都与西方国家的协商民主有明显区别。

第一，在实行中国共产党领导的多党合作并遵循政治协商制度的同时，中国开展的是中国人民政治协商会议，人民政协不是国家权力机构，不属于国家机关，而是由中国共产党、各民主党派、人民团体、各少数民族和社会各界代表，台湾同胞、港澳同胞、归国侨胞及特别邀请人士构成的属于全体中国人民的机构，对实现中国共产党领导的多党合作和政治协商具有重要意义。②

第二，中国人口众多，基于 14 亿的人口数量，让全体人民参与到民主协商中是不可行的，只有依靠选出的公民代表来参加会议进行政治协商，才能符合中国目前的实情，使中国走上一条拥有特色社会主义的民主协商道路。

第三，对于中国的社会主义民主政治来说，协商意味着一个参与度高的集思广益的过程，强调在中国共产党的领导下，鼓励各方面、各层次、各阶级的利益相关者都能将需求充分表达出来，充分汇总各种各样的意见和建议，汲取全国人民的思维和智慧，并从这些建议当

---

① Jon Elster(eds.) ,*Deliberative Democracy*,Cambridge: Cambridge University Press, 1998:63.

② 李君如:《协商民主在中国》，人民出版社 2014 年版，第 10 页。

中选优,以使思想达到有效融合,实现科学执政、民主执政、依法执政。我国的协商不同于西方协商过程,西方的协商是参与者自由、公开地表达自己的想法或倾听别人的建议后,经过对各方理由的思考以及权衡各方面利弊,或改变个人偏好,抑或说服他人,最终达成一致,做出决策的协商过程。

中国协商民主与西方协商民主有着本质的不同,而舆情表达机制是协商民主的重要环节,我们应从中国的国情出发研究舆情表达机制,通过发现不同利益群体、促进人民群众需求表达、鼓励多党派合作的方式,得到可以有效集中社会利益、提高政治参与以及建立和谐社会的政治选择,建立具有中国特色的民主协商制度。

(二)从舆情视角研究中国协商民主,推动协商民主实践制度化

近几年,中国正致力于提升国家治理体系和治理能力现代化,在这个过程中,如何解决各利益阶层的矛盾问题、加快基层社会改革的进程成为必要任务。在党的十八届三中全会中,党中央倡导大力推广协商,推进协商民主广泛多层制度化建设,以实现协商民主的创新。另外,协商民主具有中国特色社会主义的优势与特点,并可以与群众路线有机结合以推动中国民主政治的发展,由于这一政治背景,我们对中国协商民主的探索要向制度化实践方向迈进,使民主协商制度不断创新与完善。

协商民主的实践制度化的意义主要体现在两个方面:一方面,使对协商民主的探究不再停留于纯理论的使用,而是将中国协商民主与西方协商民主进行区分,挖掘中国在这方面的特色,发挥中国在中国共产党领导下的多党合作及政治协商制度的优势;另一方面,协商民主是建立在中国特色社会主义政治之上的,起到了发扬中国优秀传统文化的作用,无论是从我国国情出发,还是受到政治与文化的支

持，协商民主都具有其自身的优势。①

中国作为一个很早开始实施政治协商制度的国家，在政治协商方面的制度已相对完备，而政治协商制度作为协商民主制度的一大组成部分，可以奠定协商民主制度发展的基础。

在学习和借鉴西方协商民主理论的同时，学者们也在思考如何建立适合中国的政治文明，他们通过研究协商民主，分析相关政治理论，规划了具有中国特色的民主政治发展路线和目标。他们当中，有人认为协商民主是中国民主政治的一个必不可少的发展方向，社会主义政治文明也需依靠协商民主来取得进一步发展。舆情表达机制作为协商民主的一部分，在政治文明的建设过程中，也起到助推器的作用。目前看来，协商民主在某些方面已取得进展，具体表现如下。

（1）实现人大立法阶段的协商。近几年，全国、地方人大及其常委会都将协商制度贯穿于立法过程中，无论是举行专家座谈会，还是直接委托社会研究部门起草法案，全国人大对于每一件法律草案都采取广泛征集各方面意见的协商民主方式。例如，在婚姻法、物权法、个人所得税法的制定以及地方各级人大常委会讨论法案的过程中，都以广泛吸纳和听取人民群众意见为原则，让不同利益关系者各抒己见，进行法案的起草和修改。

（2）听证会：建立地方行政决策的协商。通过听证会，具有立法权的行政机构让人民群众可以参与立法过程，共同制定关乎民众利益的政治决策，以使法案或政策符合广大人民的利益。近几年，听证会已经在全国范围内开展，鼓励利益相关者参与政治过程，使其充分

① 钟金意、钱再见：《从概念性理论到制度化实践：当代中国协商民主研究路向》，《天津行政学院学报》2016 年第 1 期。

表达各自想法和偏好，成为中国公民争取利益的规范性渠道。

(3)“民主恳谈会”：建立乡村协商民主。“民主恳谈会”是由乡镇、村或县直属部门党政负责人组织开展，并由民众或其代表参加的会议。该会议主要有四种形式：县属部门和企业的民主恳谈活动、乡县民主听证会、村级民主议事制度以及“民情恳谈”活动。四种形式中，乡镇的民主听证制度和村级民主议事制度的作用发挥较好。“民主恳谈”的制度提倡公民对话与协商，在充分听取利害相关各方建议的基础上制定政策，推进公民参与政治决策的进程。

自浙江温岭和河北邯郸尝试实施“民主恳谈会”的协商民主政治制度后，这种制度受到广泛的认可，浙江全省已开始逐步全面采取“民主恳谈会”这种治理模式，形成农村地区的人民民主决策和管理。除“民主恳谈会”外，“民主理财日”“民主议政日”“社区事务民主听证会”“民主听证会”“民主议事会”，以及“村民民主评议会”这些治理形式，都体现了舆情表达机制对协商民主的意义。

(4)实现互联网上的官民互动对话。在当今的互联网时代，群众与政府通过网络进行沟通已逐渐成为主流。网络媒体与一般民意表达渠道的区别在于网络的开放性、便捷性、互动性以及身份不受限的特点，鼓励人民群众畅所欲言，充分表达各自的利益。据《半月谈》报道，网络媒体的“舆论场”作用，已得到社会及政府的肯定，高层领导人不仅亲自上网浏览民众意见，党中央和国务院的专门机构和部门还收集网络上的相关信息，将网络舆情提供给国家领导参考。这种收集并反馈舆情的机制，表现出国家高层乐于倾听民意、时刻关注舆情、采纳合理建议的决心，通过不同观点博弈后的结果找寻政策的出路。

(5)完善市民评价体系。一般来说，市民评价分为三个阶段。第一阶段中，主要领导在会议上对地方党政部门的业绩作汇报总结。

第二阶段中，市民提出问题、评议汇报、交流建议，并共同讨论政策和领导业绩。第三阶段中，市民按要求参与“信任投票”，为保证“信任投票”过程中填写评价表的公平性，这种活动会选择在不妨碍公正的情况下开展。市民的评价会直接影响未来的政策发展。

（6）建立公民参与的政治协商。中国人民政治协商会议作为政治协商制度的组织形式，力求扩大人民的政治参与，最大限度地吸收各利益相关群体的需求，具体形式表现为在中国共产党的领导下，各个政党、少数民族、人民团体、社会各界代表对国家政策方针进行民主协商。这种政治协商考虑到中国人口众多，选取具有集体代表性的民众参加协商民主。①

这些制度风格不同，但目的却大体相同。它们都鼓励群众发出自己的声音，积极投入到民主协商中，使意见的交流和融合建立在相互尊重的基础之上。同时，这些制度在运行和落实中还面临一些问题。

人大立法阶段的协商只是听取了各界代表的想法，那么广大人民群众的意见是否被考虑到？公民被赋予了投票的权利，却没有广泛参与立法的权利，人大立法阶段的协商能否给予公民应有权利的制度保障呢？地方政府决策过程中也仍存在与群众利益相关事宜的公开制度不明确、群众政治参与积极性不高、缺乏利益表达渠道等情况，导致了信息不能完全公开、精英控制协商流程、相关法律机制不够完善等问题。农民的一些权益因种种原因还没有得到保障，如：村干部强行征用村民耕地，为了发展经济而不顾及环境污染和村民健康，村务资产管理不当等。② 为维护村民利益，我们需要相关制度来

---

① ［韩］李允熙、杨波：《协商民主中国化的理论与实践研究》，《安徽大学学报（哲学社会科学版）》2008 年第 4 期。

② 韩福国：《基层协商民主》，中央文献出版社 2015 年版，第 80 页。

实现乡村的协商民主。互联网上的官民对话能让党政领导听到来自群众的“真心话”,而能接触互联网的人群并不广泛,这种形式的对话也尚未普及。

另外,尽管政治协商制度已在实践中逐渐成熟,可是人民政协终究不是协商民主的全部内容,若想进一步完善协商民主,还应从共同需求、覆盖范围、实施标准等各方面逐步改善,使协商民主不再仅仅是受众面小的简单实践,而是发展为涉及政治生活、政治关系等各个方面的政治制度。人民政协可以作为对于协商民主研究的突破口,却不能作为协商民主的全部。在参与人员的范围上,协商民主涉及的是全体人民群众,规模远超过政治协商中民主党派人士或者政府领导干部等组成的群体;在开展目的上,协商民主旨在实现人民当家作主的权利,而不仅仅停留于对党和政府相关工作的政治协商,这种民主是真正赋予人民管理国家事务、社会文化及经济发展的权利的民主。由此可见,协商民主可以把政治协商作为发展的根基,却要突破政治协商固有的模式,超越政治协商的范围,建立一个全新的、适用于中国特色社会主义的协商民主制度和工作机制。

由此可见,如今的民主协商渠道的多样性虽然已经初步达到,但它们的顺利实施还面临着诸多潜在问题,也就是说,协商民主的工作机制尚待完善,仍需建立相关机制来提高人民群众在政治方面的认知水平及人民群众的政治参与度,并使协商过程更加透明、公开,使协商民主的理念在实践过程中逐渐制度化,使这些机制在政治工作、社会、文化、生活等各方面落到实处。要不断开拓建立协商民主的渠道,通过进一步改进并推广舆情表达机制,将中国的民主协商制度在舆情表达机制发展的进程中不断完善。

（三）从政治学视角研究中国协商民主，促进协商民主与群众路线有机结合

舆情表达机制作为协商民主实现过程中的关键一环，可以被认为是达到协商民主的基础和前提。深入探索建立舆情表达机制的方法，有助于促进协商民主与党的群众路线的融合，对推进中国特色社会主义民主政治有十分重要的意义。具体来说，协商民主与群众路线的有机结合体现在以下几个方面。

1. 协商民主与群众路线在精神、需求和目的方面大体一致

在基本需求方面，协商民主体现了公民的权利和理性，对于国家利益多元化的情况，党和政府需要通过增加人民群众在政治决策中的参与，从多元利益体中找寻利益共同点，即依靠协商民主来满足各方的利益需求。与此同时，这个社会的利益需求多样化使遵循群众路线成为必要，改革开放之前，群众结构曾以工农结构为主。而在改革开放的进程中，群众结构从单一的形式向复合型发展，逐渐过渡为工农结构与新兴阶层并存的结构。在这种变化的影响下，人民群众拥有了多元化、差异化、复杂化的利益，不同的社会阶层之间存在不同的利益需求。群众路线的开展和实践，使各个方面的利益需求得到充分的考虑，进而使社会得以向整合的方向迈进。

在内在品质方面，协商民主是在受宪法所涉及的权力彼此限制的政治共同体之间，通过群众反思并商议的方式，实现民主政治协商的工作体制和决策形式。同时，群众路线和民主决策以及制度建设两者之间也密不可分，群众路线强调“一切为了群众，一切依靠群众”，体现了人民群众在我国政治生活中的重要地位，也体现了党和国家的内在品质，即以满足公民根本利益为目标，发挥人民的共同力量，给予人民当家作主的权利。

在目标实现方面,民生问题一直以来都是协商民主的主要关注点,浙江温岭"民主恳谈会"就是体现协商民主的典型会议。围绕民生问题展开协商民主的一系列实践,是社会主义社会建设的有益探索。通常以经济发展中的重大困难和与群众各方面利益需求相关的实际问题为讨论的议题,在全体公民参与的情况下进行协商。同时,民生问题也蕴含在群众路线的意义中。习近平总书记曾指出,对困难群众,我们要格外关注、格外关爱、格外关心……贯彻落实群众路线,关注民生,关注民之利益,关注民之困难,广大人民群众才能够生活安乐,进而推动社会和谐发展,使人民的生活整体得到改善。

2. 舆情表达机制使协商民主与群众路线实现互补

第一,群众路线目前面对的阻碍需要协商民主的相关机制来化解。一方面,群众路线面临着被削弱的挑战,中国的民主传统思想和民主意识相对薄弱,党政领导干部掌握着较大话语权,普通民众的话语权较小,一定程度上难以满足民众需求,出现了很多矛盾,如"乌坎事件"等不利于社会安定的事件,舆情表达机制可以使这种现象有效减少,人民可以通过民主协商将利益需求充分表达出来,减少民众对基层党政部门产生的争议和不信任。除多党合作和政治协商制度之外,群众路线在党与群众联系的制度上没有充分细致明确的规定,因此,群众路线的实施与开展只依赖于干部的自觉性。可能会出现领导干部愿意听取群众建议时就热情联系群众,心情不好时便把群众放到一边;接到上级命令要求时就联系群众,而没有硬性规定则不联系群众;迫于群众压力时才联系群众,而压力减轻时便不联系①;有领导表面上显示出关心民情,而实际上对民众的利益需求漠不关心、脱离群众,建立相关的舆

① 方刘松:《协商民主与群众路线的互动性研究》,《云南社会主义学院学报》2014年第3期。

情表达机制可以协助政府将群众路线真正落实。

第二,协商民主还可使群众路线在落实过程中得到提升。协商民主可以开拓政治参与渠道,求同存异,公平处理不同利益相关方的诉求,保证党与群众建立长期的联系;协商民主的相关制度起到科学决策的作用,群众的利益得到有效维护,避免群众被边缘化,推进社会发展和谐稳定;协商民主亦可发挥对于群众路线落实情况的监督功能,协商过程中,参与者发表对政策的看法,确保了政策的合法性,使领导干部受到协商民主制度的制约,将群众路线作风付诸行动,推动群众路线的贯彻落实。

第三,群众路线是协商民主重要思想和实践的来源。目前,协商民主尚存在一些局限性:政治参与的程度及效果易受到地位差异的影响,中国的民主传统并不发达,一些民众由于文化素质较低或基于某些狭隘的思维,不愿参与到政治协商当中,领导干部也不能调动群众的协商意识,民众参与度不高;理性被看作是协商民主的重要前提,不同阶层的利益需求不同,而他们的理性认知能力也不同,这影响了群众在协商利益时的效果,认知能力相对低的人群在表达利益和转换想法时可能会遇到困难,另外,协商民主对"理性"的重视会导致对独特、激进的想法的排斥,人们在一味追求理性的同时忽略了另一些想法的价值;体制性欠缺阻碍了群众利益的实现,存在一些协商会议直接由上级指定代表或不公开举行的情况,违背了协商民主的根本理念。而群众路线刚好弥补了协商民主的短处:群众路线的认识论价值可以在思想上指引协商民主的发展,使领导干部意识到人民群众的价值,也使群众意识到自己的价值,对投入协商实践这件事更加积极;群众路线亦有合法性价值,兼顾所有阶层的利益,提高了协商的可接受性;群众路线具有社会管理的价值,深入人民群众,使决策在充分调查研究的前提下得出,是一种科学管理模式。[①]

3. 协商民主和群众路线在发展中相互促进

协商民主相比于群众路线,强调的是激发群众的积极性,主动参与到政治决策中,而群众路线的重点在于领导干部向群众征集利益需求,两者各有偏重。因此,将两者以正确的方法融合在一起,会生成一个人民群众和党政领导兼顾的决策体制,加快推进我国民主政治体系的发展进程。

协商民主与群众路线有着密不可分的关系,在实现民主政治的过程中,两者相辅相成,互相促进。要通过研究相关机制实现两者的有机结合和协同发展,以推动中国特色社会主义民主政治的发展。

(四)从政治学视角研究中国协商民主,促进协商治理体系和治理能力现代化

自党的十八届三中全会以来,全面深化改革,完善和发展中国特色社会主义制度,推进国家治理体系和治理能力现代化成为我国社会主义现代化建设新的总目标。[②] 这一总目标被称为"第五个现代化",它的提出对于中国的政治发展和整个中国的社会主义现代化事业来说,具有重大的理论意义及现实意义。[③]

习近平总书记提出,国家治理体系,即在党领导下管理国家的制度体系,包括经济、政治、文化、社会、生态文明和党的建设等各领域

① 方刘松、曾宪亢、蒋建新:《互契、互济与互生:协商民主与群众路线的关联性研究》,《求实》2014 年第 10 期。

② 《中共中央关于全面深化改革若干重大问题的决定》,人民出版社 2013 年版。

③ 许尔君:《习近平国家治理现代化重要思想综论》,《观察与思考》2015 年第 10 期。

体制机制、法律法规安排,也就是一整套紧密相连、相互协调的国家制度。国家治理能力,即运用国家制度管理社会各方面事务的能力。①

国家治理体系和治理能力的现代化,就是使国家治理体系制度化、科学化、规范化、程序化,从而运用法治思维和法律制度治理国家,从而把中国特色社会主义各方面的制度优势转化为治理国家的效能。② 这就要求国家深入改革,提出新的具有中国特色的改革路径,更进一步促进人民民主,加强社会公平,提高社会活力。

国家治理体系现代化,是现代化发展趋势对国家治理提出的必然要求。现代化国家治理体系,在治理方式上具体体现为包容更为多样化的社会观点,运用更为广泛丰富的手段解决问题,以达成合作性共识;在形式上体现为多元共治、平等协商、公私合作等。现代化国家治理体系下,政府法治性与服务性提高,社会组织化与制度化程度加强,公民公共意识与民主意识进步。在这种条件下,具有不同政治立场、价值取向、意识形态、利益和政治诉求的群体,都能够找到参政议政渠道,能够以理性的心态反映自身诉求。政府法治程度与公信力得到提高,能够提出科学有效的解决途径,政府与民众之间形成高效沟通的良性互动。

在整个过程中,诉求得到回应,问题得到解决,政府公信力进一步提高。参政的益处将鼓励公民依循合法渠道争取权益,包括通过协商途径、通过社会组织作为中介实现诉求等。公民需求能够促使社会组织参与国家治理的渠道拓宽,有助于社会组织提高自主管理

① 习近平:《切实把思想统一到党的十八届三中全会精神上来》,《求是》2014 年第 1 期。
② 江必新:《推进国家治理体系和治理能力现代化》,《红旗文稿》2013 年第 22 期。

的水平，为良好社会秩序的形成助力，改善政府与市场、政府与社会、管理与服务的关系，形成良性循环。

国家治理体系和治理能力是相辅相成的统一整体，同时二者又相互促进。一方面，国家治理体系现代化是国家治理能力提升的前提与基础。① 另一方面，国家治理体系的现代化包括现代性政治的一些基本特征，这些发达的政治形式，根本上要通过治理能力来实现，才不会成为“空架子”。国家治理能力体现在整个国家政治、文化、经济、社会等方面，国家事务的治理能力与治理结果与公民利益息息相关。除此之外，社会资源如何分配、公共政策如何实施、公共产品如何供给、国家安全如何维护以及国际关系如何维持这些问题，也考验着一个国家的治理能力。

国家治理能力的现代化，可以按照参与治理的对象划分，从政府治理能力的现代化、社会治理能力的现代化，以及公民治理能力的现代化理解。政府要以追求公共利益为主旨，提高政府服务能力，例如提供水电、教育、文体设施等公共资源的能力；提高政府管制能力，例如反垄断、保障安全卫生的能力等。社会治理能力的现代化，体现在社会组织利用自身专业素质为社会服务，运用深入公众的特点以及自身定位吸纳民意，反映成员利益诉求，运用独特的观察视角监督政府运行，促进政策优化。公民治理能力现代化体现在公民在信息化、市场化时代下亲身实践到国家治理当中，让公民成为现代化国家治理的重要主体。

协商民主作为一种民主形式，对国家治理体系和治理能力的现

① 魏晓文：《论国家治理体系现代化与治理能力现代化的相互促进》，《政治学研究》2014年第2期。

代化有着重要影响。协商民主以多元政治参与为基础,自由平等的公民按照一定秩序参与协商,例如矛盾双方进行对话或辩论等,目的是达成利益共识。协商民主体现了理性决策的思想,是一种民主的治理形式。协商民主不仅是我国社会主义民主政治的重要内容,更是国家治理的重要内容,在政治、经济和社会生活当中,发挥着化解矛盾、促成共识、整合利益、凝聚力量的重要作用。[①] 党的十八大以来,协商民主在发展中逐渐成为社会主义协商民主的内涵,实现广泛的、全社会的协商民主是社会主义民主建设的重要目标。

协商民主与国家治理现代化高度契合,其制度化程度大大影响着国家治理的现代化水平。[②] 协商民主的顺利实施需要合理高效的舆情表达机制。建立良好的舆情表达机制,才能够获得真实可靠的舆情。另外,舆情对协商议程具有重要的影响,无论是协商议题的确立、协商人员的选择,还是最后决策的制定,对决策的反思都离不开舆情作为参考。对舆情表达机制的研究,是对协商民主实践的进一步探索。良好的舆情表达机制是我国协商民主实践中重要的一部分,对国家治理体系与治理能力现代化发挥着重要的促进作用。

建立良好的舆情表达机制,能够协助协商民主发挥作用。[③] 协商民主中常用的协商治理方法,无论是政治协商、社会协商还是基层协商,在广义上都是国家治理的一部分。协商民主秉持"求同存异"的理念,解决分歧矛盾。通过良好的舆情表达机制,来自各方面的声音得以被倾听。避免社会因矛盾分歧引起分裂与动荡,有助于促进共

① 包心鉴:《协商民主制度化与国家治理现代化》,《学习与实践》2014 年第 3 期。

② 宋连胜、李建:《民主与参与:协商民主推进国家治理现代化的政治逻辑》,《社会主义研究》2015 年第 5 期。

③ 童兵、傅海:《正确研判舆情是协商民主成功的基础》,《当代传播》2014 年第 4 期。

同利益形成,稳固国家治理现代化成果。

良好的舆情表达机制有助于协商民主充分发挥作用。协商民主制度在国家政治制度中占有重要地位,而推进国家治理体系和治理能力现代化实质是制度现代化。良好的舆情表达机制使人民群众的监督能力发挥作用,能够有效规范权力运行,规范制度的良好运转,避免制度空有其表。

一个治理现代化程度高的国家拥有较高的民主质量。良好的舆情表达机制有助于协商民主发挥提高民主质量的功能。协商民主中,往往由政府搭建一个平台,进行理性讨论形成解决方案。协商民主治理机制最重要的是,公民通过辩论证明决策的正当性,通过审议作出具有对当前所有公民都有约束力的决策。公民的参与意识是在民主实践中逐渐形成的。良好的舆情表达机制使公民的意见有表达、发挥效用的渠道,形成提高公民意识的良性循环。

二、研究现状

(一)西方协商民主理论研究

西方协商民主的雏形最早可以追溯到古希腊时期,当时城邦中定期举行的公民大会在一定程度上反映出协商民主机制的影子。古希腊通过这种形式,赋予公民应有的政治权利,人们聚集到一起开展集会,共同商讨待决策事宜,公民各抒己见,对公共事务作出决策,这种机制也被称为“直接民主”,也为此后协商民主的正式提出奠定了基础。①

协商民主理论是于20世纪80年代在西方资本主义国家的政治学界逐渐兴起的一种民主理论。美国克莱尔蒙特(Claremont)大学教

① 刘激扬:《西方协商民主理论的发展及其局限》,《团结》2015年第2期。

授约瑟夫·毕塞特(Joseph Bessette)1980年在《协商民主:共和政府的多数原则》中初次从学术的角度上专门具体地定义了“协商民主”这一术语。随后,在1987年,法国学者伯纳德·曼宁(Bernard Manin)发表了《论合法性与政治协商》一文,使协商民主受到政治理论界的广泛关注。1989年,美国学者乔舒亚·科恩(Joshua Cohen)发表了《协商与民主合法性》这一文章,越来越多的学者开始大力倡导协商民主,为协商民主理论的快速发展赋予了持久的动力,协商民主理论也因此受到了西方政治界的广泛关注,并由此产生了深远的影响。

协商民主理论的兴起从侧面反映了当时西方政治社会所面临的一系列问题。原先西方国家多采用传统代议制民主,这种民主方式的弊端体现在:其一,由于市场经济的发展日益加快,社会人员的等级化日益分明,不同阶级,乃至不同地区的选民都会从自身利益的角度出发,从而对不同政策有着不同的见解与态度,政党正是利用了人们的这种心理,为了取得执政地位和更多民众的支持拥护,通常会从政策上偏向人数较多的群体,而忽视少数人的利益,形成了“多数化民主”,且当时的制度下缺乏有力的监督制度与惩罚措施,更使得滥用职权的现象愈发严重。这种缺乏合理性和有效性的体制背离了民主的基本含义,不仅使西方社会民主价值无法得以实现,反而助长了腐败现象。其二,这种民主形式的参与程度不够高,且参与者由于选举层级的不同,选民的信息在向上传递的过程中会出现信息失真、无法落实等情况,从而使该层级选民的意见对政策本身并未产生本质影响,长此以往,这些现象大大打压了人们参政的积极性,西方代议制民主选举中的合理性也遭到越来越多人的质疑。如何解决代议制民主中存在的问题,如何应对多元化文化的兴起,也成了众多学者讨论中不可回避的一大话题。

当代西方政治学家开始致力于探索一种新的途径——协商民主，它是以社会文化的多元性作为前提条件，承认并正视差异化的存在，通过平等、自由、透明的协商方式，加深彼此观念的理解，对每一方的观点保持尊重，在交流中达成共识，使每个公民积极、广泛、有效地参与公共决策中，更为彻底深入地进行民主化。其本质上是为了解决原先代议制民主中所存在的多元文化社会内蕴含已久的阶级冲突，以及由于地位不平等而导致群众难以有效参与政治事务决策的问题。

协商民主理论的提出打破了代议制民主原先存在的局限性，从个人角度来看，它修正了政党过度倾向多数人而忽视少数者利益导致的不平等的现象，使每个阶级民众的利益诉求都能得到充分的考虑，提高了决策的公平性、合理性；从国家角度来看，它更加贴近全球文化多元化发展的这一背景，体现了西方对于来自各个不同文化背景的民众的尊重，也体现了协商民主的兼容并包性，使民主理论获得创新性发展。要摒弃先前以选票制为核心的民主形式，而将重点转向有效协商。公共政策出台并实施之前经过公共协商这一过程，即通过公正、平等、自由的商讨，从批判性和多元化的视角进行全方位考虑，在充分了解彼此的立场后，作出更具有合理性和民主性的决策。

当今，西方关于协商民主理论的探索在各个层面都拥有了卓著的成果，对于协商民主的内涵本质、形式分类、主要要素以及实践条件等方面都有了较为系统的研究。民主化的重点也由先前的扩大公民参与范围，确保每个公民充分享有选举权利转移到了拓宽公共领域，确保公民平等地表达自己的利益诉求，形成以协商为重点的民主理论。[①] 在西方，对于协商民主的具体实践，分为以下三种情况。

① 贺羡：《论协商民主体系中的公共领域》，《探索》2015 年第 4 期。

第一种情况是把协商民主作为“政府形式”。以此为前提，协商民主存在五大要素：协商民主是一个正在发展、尚未健全的社团；合适的社团条件相当于一个媒介，方便成员之间进行信息交换；在多元文化背景下，社团成员具有不同的观念、态度、思想；成员将民主协商过程当作合法性的来源，在社团条件中也体现了协商的具体表现；社团成员彼此尊重各自的言论，确保成员公共交往的能力，以及理性思考、权衡大局的能力。① 换言之，协商民主既可以看作基本的政治思想，也可以看作政治实践的重要组成部分，是个体进行政治社会化，培养提升自身政治品格的过程，而不单纯是产生决策的过程。在实践中，协商民主作为政府形式广泛应用于各种公民群体、社会组织，以此来协调各阶层发展，促进共同繁荣。

第二种情况是把协商民主看作“决策形式”。在这种模式下，协商民主是通过公开交流讨论的过程达成的，这里所提到的公开交流讨论，是以所有有权利参与协商的民众都可以自由平等地发表自己的观点为前提，且决策者不应因种族、阶级、文化不同为缘由而忽视、贬低任何人，所有的观点都应得到平等的考虑，所有参与者的意见和建议都应得到尊重。这样所达成的决策结果就不会只是反映多数参与者的自身私利，而是通过更加充分的考虑与整合了各方提议后所作出的合理决策，当各方出现意见不统一时，会有有力有效的规则和程序作为支撑并为分歧的出现提供解决措施。② 从此观点来看，协商民主被看作一个理想化的决策过程，相比于传统的代议制选举只能

① ［美］乔舒亚·科恩：《审议与民主的合法性》，谈火生编译，《审议民主》，江苏人民出版社 2007 年版，第 176 – 177 页。

② ［美］戴维·米勒：《协商民主不利于弱势群体?》，［南非］登特里维斯主编：《作为公共协商的民主：新的视角》，王英津等译，中央编译出版社 2006 年版，第 139 页。

体现大多数人的利益诉求，协商民主更加强调了达成一个更具有效性、合理性决策。这种具有强烈民主化的协商机制有助于公民在决策时加强对自身的约束力，形成浓厚的责任感。协商民主作为决策形式在实际中常以国家法律体系作为载体来发挥积极作用，确保重大决策的合法性。

第三种解释是把协商民主作为“治理形式”。根据官方总结的定义，治理存在着四方面的特性：其一，治理不能理解为一套固定死板的规章制度，也不能解释为既定目标的项目，准确来说，治理是循序渐进的过程；其二，在这种循序渐进的过程中，不能通过人为的强加控制来达到目的，而是要通过各方协调更加公平合理地达到治理目的；其三，治理范围广泛，包括公共组织和个人；其四，治理不是静止的制度模板，而是持续的互动形态。① 而协商民主对于这四点特征也都存在具体体现。首先，它是全体公民通过公正、平等、自由的协商来实现有效民主化的渐进过程；其次，拥有不同观点的群众享有充分自由而不受控制约束，从不同的角度看待问题，通过彼此协调、相互理解、相互尊重，化私为公，因为存异而凸显彼此探讨的价值，促使大家逐渐形成公共责任观念，最终达到协调统一；再次，既强调明确公民所承担的责任，提高公民责任意识，也强调公共部门和私人之间相互协调理解，共同参与，携手维护公共利益；最后，协商民主反对精英主义和自上而下的管理，并提倡鼓励各阶层在民主讨论过程中的多元化互动。② 协商民主有效抑制了因文化多元化而导致的等级对立，

① [瑞典]卡尔松，[圭]兰法尔主编：《天涯成比邻——全球治理委员会的报告》，赵仲强译，中国对外翻译出版公司 1995 年版，第 28 – 29 页。

② 王玖姣：《一个重要的社会治理视角：协商民主》，《河北科技大学学报（社会科学版）》2015 年第 2 期。

强调以公共利益为重，落实到实际中，此种形式主要存在于国家政权领域和公民社会领域，作为一架桥梁连接政府与公民。

这三种解释是针对不同领域对协商民主所进行的研究，这也正是它们的本质区别所在。综合上述，协商民主既是政治实践的重要组成，也是民主决策的协调机制，更是国家治理的有效途径。西方作为协商民主的奠基者，理论的发展迅速，而如何将理论制度转化为实践也是西方学者亟待探索的一大重点。

西方现今主要存在五种实践形式，包括政党协商、协商民意测验、民事陪审团、成立专题小组协商和大规模协商集会。[①] 随着现代科学技术的发展与网络应用的普及，一些新型媒介也投入了协商民主的实践之中，时间和空间已不再是制约协商民主实行的因素，它不仅拓宽了实施的途径，更使得公民参与的方式更加简便，参与范围更加广泛，公开透明程度不断提高。

对于西方协商民主理论的提出原因与背景，分类情况和当今现状的分析对于我国民主协商理论体系的发展有着重大的现实意义，我们不但可以从中窥探当代西方民主理论的内涵和发展趋势，还可以此为鉴，取其精华，弃其糟粕，加快我国民主政治发展的进程。

（二）中国协商民主理论研究

早在新民主主义革命时期，中国共产党为了实现以人民为中心的民主化建设，以长远的目光对于政治协商问题进行了早期的探索，1949 年第一届中国人民政协会议的圆满召开便是我国对于协商民主的首次实践。1954 年，我国在第一届全国人民代表大会上宣布以人

① 黄利鸣、宋俭、王智、杨建国：《社会主义协商民主与参政党建设》，湖北人民出版社 2014 年版，第 56 – 60 页。

民代表大会的选举民主和人民政治协商会议的协商民主作为进行民主实践的主要形式。[①] 在改革开放后，对于协商民主研究的重视程度得以不断提高，我国正式提出了要建设特色社会主义协商民主这一理论，并强调把建设社会主义民主制度体系确定为日后革新的一大目标，使理论得以逐步完善并趋于体制化，在中国共产党第十三次全国代表大会上，首次提出将协商民主从政治领域拓宽到社会生活中，实现了协商民主应用范围的一大转变。在日后的发展中，我国也不断对协商民主理论的目的、形式、内容作出了进一步的规范，使中国的协商民主理论走向程序化。2001 年，德国知名政治学家哈贝马斯将西方协商民主理论引入中国，与此同时，我国学者也开启了探索西方协商民主道路的历程，而随着我国政治文化的快速发展，西方的协商民主理论能否应用于我国当代实践，也成了政治理论研究中不容忽视的一个重点。毋庸置疑的是，对于西方协商民主理论，不能照搬照抄，而是要有选择性地借鉴。2007 年发表的《中国的政党制度》白皮书中指出要使协商民主和选举民主并存，共同作为我国走向民主化的形式，确保将人民群众的利益达到最大化[②]，这也成为我国与西方协商民主理论的不同之处。2012 年中国共产党第十八次全国代表大会上正式提出了社会主义协商民主这一含义，并将其当作实现民主化的必要工具与首要模式。[③] 在 2015 年中共中央印发的《关于加强社会主义协商民主建设的意见》中提道："中国当今位于全方面建设小康社会的紧要关头，在当前，我国正处于全面建成小康社会的决定性阶

① 刘学军：《推进政治协商制度建设问题研究》，《新视野》2011 年第 1 期。

② 中华人民共和国国务院新闻办公室：《中国的政党制度》，http://www.china.com.cn/policy/zhengdang/node_7037982.htm，2007 - 11。

③ 胡锦涛：《坚定不移沿着中国特色社会主义道路前进 为全面建成小康社会而奋斗》，人民出版社 2012 年版。

段。面对改革开放进程中利益格局深刻调整的新形势，面对社会新旧矛盾相互交织的新变化，面对市场经济条件下思想观念多元多样的新情况，面对世界范围内不同政治发展道路竞争博弈的新挑战，加强协商民主建设，有利于扩大公民有序政治参与、更好实现人民当家做主的权力，有利于促进科学民主决策、推进国家治理体系和治理能力现代化，有利于化解矛盾冲突、促进社会和谐稳定，有利于保持党同人民群众的血肉联系、巩固和扩大党的执政基础，有利于发挥我国政治制度优越性，增强中国特色社会主义道路自信、理论自信、制度自信。①

概括来说，当代我国的协商民主理论是以西方协商民主理论研究为基础，结合我国基本国情，讨论西方协商民主理论在我国的实际可行性，寻找中西理论之间的契合点，建立拥有中国特色的社会主义协商民主模式。我国与西方的协商民主理论研究中存在着很多的共同点，如国内学者在协商民主的理论定义上和西方学者的看法大致相同，即把协商民主看作决策形式、治理形式和政府形式。

大部分的研究学者将协商民主看作一种决策形式，从公民的角度来说，它改变了以往公众中存在的"被强制接受"各种政策条例的状态，保证了公民发表观点和切实参与决策的权利，提高了决策的透明度，从国家的角度来说，它拓宽了决策范围，在考虑层面上更具多元化，减少了决策的失误率，提高了决策的合理性和最大民主化。②也有不少学者将协商民主看作一种治理模式。他们认为，所谓协商民主，是指政治共同体中的人民不受等级制度的制约，利用对话、讨

---

① 《关于加强社会主义协商民主建设的意见》，http://www.xinhuanet.com//politics/2015-02/09/c_1114310670.htm 2015-2-9.

② 俞可平：《协商民主：当代西方民主理论和实践的最新发展》，《学习时报》2006年11月6日。

论、审议和协商多种方式有效参与各种公共事务的决策，在充分评估各方利益诉求的前提下，采用制度合理化的手段来引导促成协商讨论的进行，使结果的有效性、合理性达到最优的治理形式。关键点在于在进行协商时要重点确保人民参与商讨，并经过思考达成一致结果。① 部分学者把协商民主看作一种民主政治模式，即把协商民主作为让公民有效参与政治协商，提高民主力度与可行性的形式。② 另一部分学者认为协商民主并不是一个固定死板、范畴单一的概念，它可以融会多方含义，如一些学者认为，协商民主既可以看作一种民主的形式，也可以当作完善我国现存决策体制的一条绝佳路径，更是在我国政治现状中一种有效治理的方法。③

由于中西历史背景和政治发展方向的不同，中国的协商民主发展也与西方存在不同点，中国特色社会主义协商民主是与西方单一民主化思想存在众多不同点的多维实践手段，在中国共产党第十八届中央委员会第三次全体会议上提出的“发展社会主义民主政治，必须以保证人民当家做主为根本，坚持和完善人民代表大会制度、中国共产党领导的多党合作和政治协商制度、民族区域自治制度以及基层群众自治制度，更加注重健全民主制度、丰富民主形式，充分发挥我国社会主义政治制度优越性。要推动人民代表大会制度与时俱进，推进协商民主广泛多层制度化发展，发展基层民主。”④这是我国在本质上与西方最大的差异，我国的协商民主理论是存在于社会主义制度框架内，以平等、自由、理性、责任为原则，利用平等协商来为自身乃至国家争取利

① 陈家刚：《协商民主：概念、要素与价值》，《中共天津市委党校学报》2005 年第 3 期。
② 刘学军：《推进政治协商制度建设问题研究》，《新视野》2011 年第 1 期。
③ 刘务勇：《协商民主：一种新的民主观》，《甘肃理论学刊》2006 年第 2 期。
④ 《中国共产党第十八届中央委员会第三次全体会议公报》，新华网 2013 - 11 - 12。

益，协商民主的前提是坚持中国共产党的领导，原则是以人民权利为重，并与其他党派、政治组织进行纵向与横向交叉的平等协商，利用投票选举与协商讨论两种并存的形式来达到社会主义民主化的目标，在此过程中不断优化立法、行政和司法的主体关系。①

中国现存的协商民主理论中存在着四点基本要素：将实现人民当家作主作为中国特色社会主义协商民主的本质，将和谐共存作为社会主义协商民主的主旨，将人民政协作为社会主义协商民主的重要渠道②和专门协商机构，将多层推进、纵横结合作为社会主义协商民主的基础架构③。十八届三中全会上提出了参政协商、社会协商、行政协商、立法协商、民主协商等相互区别又相互联系的概念，并强调要将协商内容贯彻落实到每一个环节，贴近我国实际，形成我国专有的社会主义协商民主模式。④ 这不仅增强了中国政治理论的国际影响力，也为中国协商民主的实践奠定了基础。正如习近平于庆祝中国人民政协会议成立65周年大会中所说："社会主义协商民主，应该是实实在在的、而不是做样子的，应该是全方位的、而不是局限在某个方面的，应该是全国上上下下都要做的、而不是局限在某一级的，必须构建程序合理、环节完整的社会主义协商民主体系，确保协商民主有制可依、有规可守、有章可循、有序可遵。"⑤

---

① 陈怀平：《内涵、主体与范围：梳厘中国协商民主的理论与实践》，《湖南师范大学社会科学学报》2014年第2期。

② 孙照红：《改革开放以来人民政协政治协商制度的发展和创新》，《上海市社会主义学院学报》2013年第3期。

③ 郑万通：《从"协商民主"看我国民主政治创新》，《党建文汇》（上半月）2012年第12期。

④ 习近平：《中共中央关于全面深化改革若干重大问题的决定》，新华网2013－11－15。

⑤ 习近平：《找到全社会意愿和要求的最大公约数是人民民主的真谛》，新华网2014－9－21。

我国特色协商民主理论可参考西方协商民主理论，把理论应用于实践，在实践中积攒经验。就我国的发展现状而言，对于协商民主理论的研究具有不可估量的价值，其中很多制度模式、价值观念值得我们去借鉴，它洞悉利益的多元组成，为来自不同阶层的社会成员搭建了一座桥梁，进行公平对话协商来平衡各方利益，在和谐共处的基础上防止了权力滥用，提高决策合法化，提升公民的责任意识，并且在此过程中促进了公民更了解民主的核心价值，和自由民主相比有极大改观，更有利于我国完善健全特色的民主政治。

（三）中国协商民主实践研究

在我国，协商民主是社会主义政治实践中不可或缺的一环。在党的十八大和十八届三中全会上，先后强调了协商民主的存在对于我国民主化实现的关键作用，协商的参与者涉及人群广泛，自上而下遍布各个层级和领域，包括机关主体、职务代表、专家和公民。[①] 中国协商民主具有以下形式丰富的实践途径。

其一，党际协商。中国共产党作为协商民主的领导核心，是我国进行协商民主实践的关键领域之一。党际协商的主要内容是中国共产党同各个民主党派对于关乎我国总体战略的重要决策进行的直接商讨，符合我国以共产党领导为主，并配合多党合作的特色政治协商体制，它既区别于一党制，也与西方的多党制不同，是我国最高层面的协商民主。

当代我国的党际协商包含“民主党派参政的基本点是：参加国家政权，参与国家大政方针和国家领导人选的协商，参与国家事务

① 陈怀平：《内涵、主体与范围：梳厘中国协商民主的理论与实践》，《湖南师范大学社会科学学报》2014 年第 2 期。

的管理，参与国家方针政策、法律法规的制定和执行……中国共产党与各民主党派在长期的共同奋斗中，形成了亲密的友党关系。中国共产党的基本理论、基本路线、基本纲领、基本经验得到各民主党派的认同，建设中国特色社会主义成为中国各政党的共同目标……各民主党派通过人民政协参加国家重大事务的协商”①等。中国共产党和各党派间秉承“长期共存，互相监督，肝胆相照，荣辱与共”②的理念来进行实践，党际协商的具体形式包括中共中央诚邀各民主党派领导人开展民主协商会议，就中共中央即将发布的政策方针展开协商交流；中共中央或中共中央委托有关方面召开民主党派和无党派代表人士座谈会，就发生的重大状况进行讨论，民主党派听取后可进行观点的交换并发表建设性意见；民主党派对于中共中央发布的基本政策和战略布局等中存在的疑问缺陷发表意见③等。这种协商模式不仅加强了党组织与其他党派团体之间的联系，而且深化了群众路线在共产党领导中的地位，为实现协商民主广泛多层制度化奠定了基础。④

其二，人民政协的政治协商。人民政协的政治协商是指中国共产党和各民主党派以及不同领域中的代表人物之间进行的民主协商⑤，它由34个具有代表性的社会中的不同利益群体界别组成，在

① 中华人民共和国国务院新闻办公室：《中国的政党制度》，http://www.china.com.cn/policy/zhengdang/node_7037982.htm，2007－11。

② 邓小平：《邓小平在中国共产党第十二次全国代表大会上的开幕词》，中国共产党新闻网2012年。

③ 李君如：《协商民主在中国》，人民出版社2014年版，第30－36页。

④ 刘俊杰：《当代中国党际协商民主的要素、特性及功能》，《云南行政学院学报》2011年第4期。

⑤ 方刘松、蒋建新：《协商民主：推进国家治理现代化的有效机制》，《黑龙江社会科学》2014年第4期。

《中共中央关于加强人民政协工作的意见》中强调,人民政协的政治协商是以团结民主为主题[1],以“政协全体会议,常务委员会会议,主席会议,常务委员专题协商会,政协党组受党委委托召开的座谈会,秘书长会议,各专门委员会会议,由政协组成单位和各界代表人士参加的内部协商会议”[2]为形式,针对“国家和地方经济文化和根本政策战略中亟待解决的难题;各党派参加人民政协事务中的统一事宜,政协内部存在重大事宜和涉及形成爱国统一战线的其余困境”来开展实施协商,是一种更具有广泛性的协商方式。

在中国共产党第十八次全国代表大会上,提出了将中国人民政治协商会议作为协商民主的首要实践方式的思想。要求人民政协积极发挥自身作用,将协商民主这一基本思想贯穿整个工作流程,提高流程的程序制度规范化,并加强民主监督、参政议政制度、政治协商的发展,建设有效的反馈机制,让民众在遵循制度规范的基础上各抒己见,营造一个约束与自由共存的协商氛围。这种方式至今已进行了长期的实践,在实践中积累了较多的经验,经过不断发展完善,形成了一套完整的人民政协的政治协商机制。[3]

其三,立法听证。立法听证是我国在协商民主实践方面的一大创新之举,在中国政治发展中有着悠久的历史,是不同于西方协商民主的形式。立法听证实践的主要形式是人民代表大会上的立法协商,具体表现为立法机构为了制定关于个人、法人或组织权益法案时

---

① 廖继红:《人民政协政治协商制度建设解析》,《重庆社会主义学院学报》2011 年第 4 期。

② 中共中央办公厅:《中共中央关于加强人民政协工作的意见(摘要)》,《中国统一战线》2006 年第 4 期。

③ 胡锦涛:《坚定不移沿着中国特色社会主义道路前进 为全面建成小康社会而奋斗》,人民出版社 2012 年版。

采用的普遍制度，立法机关通过多元的模式，赋予相关人员阐述并追求自身利益需求及解释深入原因的机会，通过制定一系列听证制度，来大力倡导公民广泛积极参与立法的过程，拓宽意见与建议的来源渠道，是加强公民参政、确保公民利益、进行民主协商的有效形式，也大大加强了我国有关立法部门在立法工作中的科学性。①

我国的立法听证制度在20世纪80年代兴起，1999年，广东省人大常委会举行了我国首次立法听证会，针对“建设工程招标投标管理条例”中出现的缺陷与不足进行了辩论，一方面它有利于立法机关在制定法案时广泛地听取意见，使决策更具备科学性和合理性；另一方面也实现了立法的透明公开化，保证民众的知情权，深入民主化发展。发展至今，立法听证在我国的实际应用中仍有待完善。

其四，基层协商民主。基层协商民主的参与对象由基层政府各类社会组织，基层党组织，基层人大政协组织，社区组织，外来人口等组成。它的形式以民主恳谈会最为普遍，还包括党群议事会，党员议事会，社区议事会和村民评议会等②，通过制度化的规范，让民众积极广泛参与公共事务决策。以1999年浙江温岭最先提出的民主恳谈会模式为例，它率先提出了让群众发声的主张，使发言不再局限于领导干部的讲话，让群众不再只是单纯的听众，而是切实参与讨论。这种模式受到了群众与干部的高度重视与支持，该种形式也迅速从基层推广到市级层面实施，这种民主恳谈会形式是执政党与基层群众进行有效联系的基础，不仅深化了基层群众权利意识与政治诉求，更是我国民主实践工作上的伟大创新，它确立以各乡镇党委书记为领导

① 黄利鸣、宋俭、王智、杨建国：《社会主义协商民主与参政党建设》，湖北人民出版社2014年版，第69－70页。

② 韩福国：《基层协商民主》，中央文献出版社2015年版，第27页。

的民主恳谈机构，建立一系列制度，并通过广泛收集背景信息，决定议题，进行民主恳谈获取建议，尊重并分析理解各方意见，对外宣布结果，将结果落实实施，收集反馈，这一套流程进行了有效实践，实现了从国家到基层的民主化治理。

基层协商民主在未来仍有很长的路要走，对于基层协商民主今后的发展，当前还亟须制订一套完整的、长期的实行方案，以此来在动荡的外部环境变化中谋求稳定的发展，增强制度的可行性和规范性，因地制宜地开展基层协商民主的实践。

其五，网络公共论坛协商。网络作为虚拟平台，实行网络民主无疑为广大公民提供了一个更加包容、自由、开放的交流区域，但对于这种非正式的协商模式，存在不同的看法，支持者认为这种协商方式打破了时间与空间的限制，大大提高了公民知情权与参与能力，也使收集的信息更多元化；反对者认为该模式不利于培养公民的责任意识，从而削弱了协商的合理性，同时参与者的素质水平差距较大，观点的合理性有待商榷，易出现盲目跟风等现象。随着技术水平的提高，这种新兴模式也引起了越来越多人的关注，网络公共论坛的协商模式能否完善，推广到更多地区，还有待时间的考验。①

此外，民主协商还具有立法协商、行政协商、社会协商对话、人民陪审员制度等多种实践途径，自上而下涉及从中央到基层的社会各方，都是我国在进行民主协商探索中的创新性伟大探索。

（四）舆情与协商民主关系研究

舆情是民众对社会问题的观点、情绪、态度等的总和。舆情的产生主体是人民群众，客体是人民群众关心的公共事务，严格意义上是

① 韩福国：《基层协商民主》，中央文献出版社 2015 年版，第 258 页。

与社会政治生活相关的公共事务。舆情是在事件的发展变化过程中,民众所产生的社会政治态度。舆情不仅包括民众表达出来的部分,还包括隐含潜在的部分。

舆情与民意关系密切,但有所不同。“民意”指人民群众共同的、普遍的思想和意愿,但其客体广泛。而舆情更侧重人民群众对社会政治生活的态度与民意中能对政治决策产生影响的部分。由此可见,民意是舆情产生的基础,舆情是特定的、与社会政治生活相关的民意的集合。

舆情研究是协商民主研究的重要内容,研究舆情与协商民主的关系是研究舆情表达机制的基础。近年来,舆情研究与民意研究关系密切,民意研究为舆情研究提供了很多借鉴。一些学者关于民意与协商民主关系的研究也很值得参考。

学者普遍认同的观点是,舆情与民意在协商民主中起到重要作用。民主离不开民意,协商民主作为中国特色的一种民主形式,重视民意、听取民意、分析民意对协商民主成功开展不可或缺。而舆情作为民众社会政治态度的反映,对政府决策更有帮助。

有学者认为正确研判舆情是协商民主成功的基础。① 舆情反映了人民群众对特定事件的观点意见、情绪偏好、利益诉求等。舆情研判在协商民主的整个过程都有涉及。协商民主议题的确立要依照舆情;不同类型事件对应的舆情具体情况不同,协商民主方法也要与之相适应;达成协商结果也是要依据舆情不断作出修改,以求更为合理的结果的过程,在整个过程中,决策者需要对真实的舆情作出正确判断。

---

① 童兵、傅海:《正确研判舆情是协商民主成功的基础》,《当代传播》2014 年第 4 期。

在民意研究中，有学者认为协商民主在吸纳民意方面能够发挥独特的作用。[①] 民主协商过程具有广泛性，其目的就是尽可能充分地吸纳民意，从而服务于民众。协商民主具有广泛的政治认同与独特的结构，涉及政府、社会组织、民众之间以及内部的沟通交流，相比其他民主机制，在吸纳民意方面独具优势。

一些学者从实现民主的角度，研究协商民主与民意的关系。有学者认为协商民主是提炼民意的手段。[②] 协商民主克服了民意冲动、不理性的弱点，将民众诉求的真实一面反映出来。完善社会主义民主，并将民主制度化，才能获取全面而真实的民意。协商民主是社会主义民主的一种具体实现，因其有利于社会合作、适合单一制国家、有利于弱势群体等优点，成为民意表达的一种良性机制。

在舆情机制建设方面，有学者认为建立健全的舆情表达与回应机制与协商民主内涵相契合，能够进一步为协商民主服务，要为舆情表达建立较为健全的机制，舆情表达的机制和平台，不仅与协商民主内涵联系密切，也在实践中保障了协商民主的推行，是实现协商民主权利的重要途径。[③]

在舆情或民意与协商民主关系研究中，有差异之处是，舆情研究学者侧重具体研究舆情，即深入具体的舆情及其相关机制研究中，从而为协商民主服务。而在民意与协商民主关系的研究中，协商民主更侧重利用其自身优势对民意吸取、提炼的作用。对于舆情研究来说，其在协商民主中的重要地位已经得到初步肯定，但如何在实践中

---

① 宋坚刚、赵宬斐：《协商民主中的民意吸纳机制研究》，《长白学刊》2016 年第 2 期。

② 李蕾：《以协商民主来提炼民意》，《湘潭大学学报（哲学社会科学版）》2008 年第 1 期。

③ 叶国平：《舆情表达与回应机制：发展协商民主的切入点》，《中国社会科学报》2014 年 5 月23 日。

使舆情更有效地服务于协商民主仍待研究。

（五）舆情表达机制研究

舆情表达机制，是通过建立一定的法律规则和程序，将舆情表达过程制度化，从而使民众在舆情表达的过程中有法可依、有合法渠道可循，更加有序地参与舆情表达。目前，国内舆情表达机制的研究成果尚不丰富，故综述中包括对民意表达机制的主要研究成果的介绍，以期为舆情表达机制研究提供借鉴与参考。

一些学者从将协商具体化、制度化的角度，提倡健全舆情表达机制，从而推进协商民主建设。有学者认为，舆情表达机制是协商民主的切入点，加强舆情表达机制，在推进协商民主制度化的过程中有着重要作用。将舆情表达制度化，与协商民主制度化内涵契合，联系密切。① 改革开放以来，社会结构复杂程度加剧，人民参政议政、行使表达权的愿望愈加强烈，期望通过努力使自身及自身所在的群体的意见态度、利益诉求得到决策者的重视，促使社会公平。原有表达机制存在因循传统，不能与民众诉求相适应的问题，容易形成矛盾。近年来，一些由于民众观点表达不畅而引发的社会事件就说明了这一点。舆情表达机制是协商民主精神的体现，为社会弱势群体提供了表达渠道。协商民主通过建立舆情表达机制这一具体举措得到实践与保障。

关于舆情表达机制实现的具体问题，一些学者认为，加强现有的舆情表达机制，要注意两点。一是加强体制内的舆情表达建设，包括人大、政协、党代表大会，以及司法、信访等，这些体制内舆情表达机

① 叶国平：《舆情表达与回应机制：发展协商民主的切入点》，《中国社会科学报》2014 年 5 月23 日。

制是公民参政和表达的基本途径，从体制内做起，为民众表达提供更便捷可靠的渠道，建立有利于舆情收集的工作流程，是拓宽其他舆情表达形式和机制的基础。①

二是关注弱势群体诉求。在舆情表达机制研究中，弱势群体的舆情表达是一个重要话题。有学者认为加强现有的舆情表达机制，社会弱势群体的诉求需要被高度重视。社会弱势群体由于社会资源较少、社会地位较低，利益容易受到侵害，而他们的表达途径欠缺造成了舆情表达受阻。因此政府要主动帮扶弱势群体，不仅倾听弱势群体诉求，还要提高他们的自治能力。服务于弱势群体的中介组织要发挥作用，同时公共传媒和社会精英作为对社会舆论影响较大的成员，他们的积极参与对弱势群体的诉求表达有很大作用。同时，建立更多样化的舆情表达形式和表达机制，才能保障各个社会群体尤其是弱势群体都平等享有表达权与参与权。

还有学者特别研究过中国弱势群体的舆情表达机制，认为弱势群体、新闻媒体、社会舆论、政府机关共同构成了社会弱势群体舆情表达机制的支柱。② 而弱势群体的舆情表达困境是由社会多方造成的，解决该问题需要从多个角度考虑。为弱势群体建立与社会舆论良好沟通的渠道，争取在新闻媒体上的表达空间，帮助促使其问题引起政府关注是解决其当前舆情表达困境的三个关键问题。目前，弱势群体的舆情表达困境得到一定改善，但是解决其边缘化问题、促进社会稳定仍然是重要且艰巨的社会任务。

结合新媒体的发展，有学者认为社交媒体在推动网络舆情发展

① 叶国平：《舆情表达与回应机制视阈下的协商民主建设》，《理论与现代化》2014 年第 9 期。

② 钟鸣：《中国弱势群体舆情表达机制简析》，《新闻传播》2009 年第 12 期。

的过程中正在变得愈加重要，弱势群体可以发挥社交媒体高效传播、影响力大的优势进行舆情表达。① 传统媒体与社交媒体的合理整合也有利于民众舆情表达。

民意表达机制与舆情表达机制有所不同。民意表达机制的主体不仅是公民个体，政党组织、社会团体、大众传媒都可以视作民意表达主体的一种。民意表达的渠道丰富，如以人民代表大会制度为代表的投票选举，与信访、座谈会、听证会为例的主动与被动政治接触，加入政党或社会团体等，通过大众媒体制造舆论也是民意表达的一种方式。人民代表大会制度、司法制度和信访制度是我国现行民意表达制度的重要组成部分。很多学者认为，在人民群众表达诉求不断提高的今天，我国民意表达机制亟须完善。

从政府角度，第一，现有民意表达制度单一，无法对众多复杂的民意表达作出高效的应对，且存在部门职权划分不明或有些部门缺少执行能力的现象，加上个别部门推诿，一些民意虽然表达却得不到妥善处理，是当前民意表达机制低效的主要原因。第二，司法制度存在问题，使得一些本应通过法律渠道处理的民意诉求流向政府部门，民意表达机制有所失衡。第三，监督制度不健全，影响了民意表达制度的有效推行。

从社会团体角度，民意表达机构，特别是新型民意表达机构仍不成熟。新型民意表达机构是对民意表达渠道的扩充，有助于提升民意表达渠道的多样性。

从民众角度，民意表达机制的不足体现在如下几方面。第一是体制外表达的影响，这种现象在体制内表达受阻时很常见，且带有群

① 张世涛:《社交媒体视域下弱势群体舆情表达研究》,《新媒体研究》2016 年第 20 期。

众性、对抗性、甚至破坏性，如罢工、游行、静坐及打砸抢烧等行为，对社会稳定极其不利。第二是弱势群体表达受阻，在民意表达中，弱势群体仍是迫切需要被关注的群体。第三是民众中存在的不理性、不真实声音，如网络民意中不恰当言论误导舆论，决策者需要作出正确判断。

综上，舆情表达机制与民意表达机制的研究有三点共识：一、党政机关是相关法规制度的制定者，要在拓宽表达渠道的建设中发挥主导作用；二、表达机制建设不能流于表面，要具体化、责任化，切实解决问题；三、要关注弱势群体，弱势群体是表达机制建设中不可忽视的重要群体。上述三点也对符合我国当前社会状况的舆情表达机制提出了要求，我们需要一套完备的舆情表达机制，在舆情从产生、传播到反馈的每个步骤中需要建立的具体制度，对舆情突发情况的应对机制，都需要进一步探讨。如何通过合理的舆情表达机制缓解弱势群体在社会中积聚已久的矛盾，仍需更深入地研究。

三、研究思路

本书以中国协商民主的形成背景作为出发点，第一章以历史分析的视角，分析了协商民主在我国的形成过程，详细阐述了早期协商民主在我国逐渐走向制度化和规范化的发展历程，通过对当时我国国情的分析，解释我国投票选举和协商讨论两种民主形式并存这一创新之举的形成过程，深入分析我国政治体制发展对协商民主研究的重大意义。通过与西方的类比，探讨引入西方协商民主理论的积极作用，明确当代我国协商民主的内涵与定位和未来的发展道路，以时间为线索，对我国协商民主从历史上到当今发展进行剖析。

之后，将理论与实际相结合，讨论当下协商民主运行中存在的不足。就中国协商民主在不断发展与实践过程中出现的落实不到位问题进行归类,针对协商目的局限于咨询、协商主体地位不平等、协商程序不健全、制度化程度低、协商"走过场"、不同层面协商的广度和深度差异悬殊、缺乏公民参与文化、缺乏保障机制的问题展开讨论。这些问题使协商民主的发展陷入了极大的困境,人们的关注重点也开始引向如何有效减缓避免这些问题,从而引出本书提倡的通过舆情表达机制来完善协商民主,分析舆情表达的基本概念,阐述舆情表达机制的评价标准与实施应用,舆情表达机制在协商民主中的核心作用等。

舆情表达机制作为推动协商民主过程中重要一环,两者之间对接的方式和路径至关重要,本书的第二、三、四章则主要论述了这一对接过程中需要注意的问题。

第二章主要探究了舆情表达机制和协商民主"对接"的政治合理性和正当性。要保证对接的方式和过程在政治上是正确的,在实施中是可行的,对中国社会主义政治的发展是有意义的。

分析舆情表达机制对协商民主起到的关键作用并探究如何发挥这些作用:舆情表达机制如何才能进一步明确协商民主的价值取向?舆情表达机制通过什么方式保障协商民主的真正实现?舆情表达机制如何影响民主模式的发展?舆情表达机制如何提升协商民主的"实际可操作性"?

舆情表达机制可被运用于民主协商的方方面面,两者对接的合理性决定了协商民主体系能否成功运转。如何科学合理地将两者对接,保证协商民主的公平性、可操作性、可接受性,仍需要进一步探索。

第三章从保障协商民主实践顺利开展出发,主要探讨如何使舆情表达机制在实现协商民主的过程中尽可能规范化,通过原则、层次、关系这几方面来规范对接的方式和过程。

第一,深入挖掘舆情表达机制与协商民主的“对接”原则。人民与政府的关系需要遵循什么原则?协商民主过程中有什么秩序上的规定?群众在表达和争取利益时应满足什么要求?人民和政府各自应承担什么责任?这种对接是否要受到法律保障?

第二,明确舆情表达机制建设与协商民主“对接”的层次性。将舆情的合理性表达及其机制建设与协商民主体系构建完整和有效地对接起来,从政治协商中的舆情表达机制、社会协商中的舆情表达机制和基层协商中的舆情表达机制三个层次指出对接的具体过程,包括:在构建程序合理、环节完整的协商民主体系过程中,分别研究舆情合理性表达嵌入协商民主体系时的职责所在(即谁在协商),舆情表达主体结构与特征(即与谁协商),舆情表达内容(即协商什么),对依法协商、行政协商、民主协商、参政协商或社会协商等形式的运用(即采取什么形式协商),怎样实现舆情合理性表达向公共决策的常态转化(即协商成果如何运用),以及通过协商民主体系的制度化建构实现舆情表达的合理、有序与规范(即对协商民主的制度化、法治化保障)等各项内容。

第三,探索舆情表达机制与协商民主对接中的几种关系,即协商民主与整个民主政治发展进程的关系、协商民主与党的群众路线的关系、人民政协作为协商民主重要渠道与其他渠道之间的关系、不断提高民众政治素养与推进协商民主制度化之间的关系、协商民主建设与基层社会治理的关系、整个协商民主机制与互联网协商民主在发展中所建立的联系及协商民主与国家治理体系和能力建设之间的关系。

通过以上三点的研究,推动舆情表达机制对于协商民主的价值最大化，使协商民主在实际运行中更为高效合理。

第四章从探究“什么是良好的协商民主”入手，分析“什么样的舆情表达机制适合于良好的协商民主”，探索实现舆情表达机制和协商民主“对接”的具体路径。

分析舆情表达机制与协商民主的共性。协商民主的主要内容为在政府制定政治决策时，以合理、正当、公开、民主的方式达到最终的协商目的，舆情表达机制的内容与协商民主在一些理念方面契合度很高，如舆情的真实度、多元化、整合度，这些均有利于协商民主的实现。然而，两者却不完全相同，舆情表达侧重于民意的反馈是否真实，协商民主则重点强调是否利用民主的方式得出结果。为保证民主协商制度能够顺利实行，两者对接时应注意以下几点：第一，通过向民众征集关注的重点并发现共同点，协助排列协商议程；第二，通过广泛收集利益相关人的各种需求，来完成协商议题的合理构建和界定；第三，秉承全民性和代表性的原则，挑选代表各个利益群体的参与者，以科学的方式选择协商参与者；第四，协商参与者能够相互包容、相互理解，营造一个能够理性思考和表达的协商氛围；第五，将协商过程公开，使群众加入协商互动当中，对协商进行监督和评估。①

通过以上五点的论述，我们可以认为，舆情表达机制渗透于协商民主的整个过程。规划好舆情表达机制和协商民主的对接路线，使舆情表达机制能够满足社会各阶层、各民族人士的利益需求，是推进协商民主的关键前提。

目前，中国协商民主仍存在诸多不适应实际的问题，在构建服务于协商民主的舆情表达机制过程中，会遇到来自社会各方面的挑战，

---

① 于家琦：《舆情表达机制与协商民主实践》，《新视野》2015 年第 4 期。

攻克这些障碍是推行舆情表达机制过程中的重要工作。第五章主要从以下五个方面论述现有的挑战。

第一,防止既有利益阻挠。公民参与协商民主的目的是为自身争取利益,而在现实生活中,由于决策方在协商中占据主导地位,把控协商过程,民众容易处于被动、弱势的地位,话语权较小,协商议题的确定往往不能完全考虑公民意愿与利益。促使协商民主参与主体平等化,公职人员要增强服务意识,在协商过程中做与民众平等对话的“合作者”而非“领导者”。另外,在构建舆情表达机制中,增加舆情表达渠道,有利于增强民众舆情表达能力、平衡不同利益主体的影响,如成立更多社会组织、设立公民联署提案方式确立议题等。提高协商民主进程透明度也有助于监督公权机构增强公信力,更加注重对待民众的态度。

第二,避免出现“尾巴主义”。“尾巴主义”即政府由于缺乏对舆情的正确判断或出于民众压力,跟随有所偏差或错误的舆情导向,作出达不到质量要求的决策。由于民众对事件了解不全面,舆情往往有不理性成分,有时还有刻意误导成分,政府应主动对事件深入调查,作出正确判断。如果在某些方面不能使民众满意或理解,引起反对声音,产生阻碍政策推行的情况,甚至触发群体事件,对政府公信力与社会稳定都有不良影响。因此,政府首先要主动关注舆情,及时应对舆情于“萌芽”,避免舆情积聚,最终成为群体负面情绪。另外,政府在决策时不能忽视民众反映,一个可行之策是制定大方向上符合民意、但在细节上保障决策质量的决策。必要时,政府可以向民众解释政策如何从全局角度考量、制定,有助于民众理解政策、提高全局意识。

第三,协商“代理人”代表性问题。当一个群体有共同的利益诉求时，协商“代理人”就要作为代表参加协商民主。“代理人”选取要有代表性和全面性，既要包括群体中声音强烈者，也要关注到沉默的利益相关者，因为发声强烈者未必能够全面代表群体诉求。政府制定决策，要基于整个群体的利益，忽视任何一方的民意，都可能导致政策无法顺利推行。对于大范围民众来说，全面的民意调查是了解舆情的可取方式，尤其能反映沉默者的声音。通过问卷调查，有利于政府了解不同群体的利益相关程度、规模、价值偏向等，从而综合考虑，制定更周密的决策。

第四，协商参与者缺乏妥协意识。现实中，协商结果经常不是某一方利益最大化，而是单方或双方都做出一些妥协，达成一个现有条件下互相都能接受的方案。协商参与者要认识到这一点，并以包容、追求公益的态度参与协商。现实中，协商参与者缺乏妥协意识，则不利于协商顺畅进行。持续的公民教育能够培养公民妥协意识、公益精神，引导协商参与者作出一部分让步来换取另一部分利益。从公民权利义务对等角度，以公益意识解决公私利益问题，也是公民义务的要求。另外，长期民主实践对培养公民公益意识不可或缺。在民主实践中，使协商参与者看到妥协包容的共赢效果，才能逐渐形成对民主精神的肯定。

第五，新媒体舆情表达风险。近年来，新媒体的迅速发展为个人舆情表达提供了极大便利，也为具有相同观点的人的集聚带来了方便。群体思维有盲目和极化的风险。群体盲目即群体过分乐观，对自己的价值判断和道德感盲目自信，失去客观理性判断的能力。群体极化即群体吸纳相同观点、排斥相异观点，不断向群体自身认同的方向极化，形成一个极端化的团体。极端化的群体常表现得情绪化、敏感，容易做出过激行为。新媒体环境为这类群体的形成提供了条件,而偏激的网络舆论、舆情危机也更容易触发。应对新媒体舆情表达风险,应健全网络监管,同时,构建有序开放的网络表达环境,需要进一步发掘网络自愈功能,形成利于讨论对话的网络交流规范。

建立舆情表达机制,对协商民主制度化具有重要意义,为协商民主各个环节的实施提供了保障。良好的舆情表达机制,是能够为构建开放理性的舆论环境、获得真实完整民意服务的舆情表达机制。第六章结合中国社会实际,针对构建服务于协商民主的舆情表达机制需要克服的障碍,对构建舆情表达机制提出以下五个方面的政策建议。

第一,从理念上明确舆情与协商民主的关系。中国已经步入民意时代,党和政府在决策时要充分考虑舆情。目前,建设社会主义协商民主制度已受到广泛关注。然而,加强对舆情的管理和运用,还需要从理念上明确舆情与协商民主的关系。只有从理念上明确舆情在协商民主建设中的价值,才能保障舆情表达机制的推行。舆情是来自民众的声音,是社会发展现状的重要反映。舆情得到充分表达、得到充分重视是国家尊重民意的表现,也是国家民主进步的重要体现。深入调查和正确研判舆情是协商民主制度顺利推行与成功的基础,协商民主各个环节都需要政府对舆情有充分认识。

第二,从制度程序上规范现有舆情表达机制。协商民主的发展,需要从制度环境、制度结构、社会基础、程序设计等多个方面加以推进,舆情工作是其中重要环节之一。从制度上规范舆情表达的决策和实施等各个环节,对推动协商民主制度化发展具有关键意义。基于我国社会现状,舆情表达要依照一定制度程序,才能有序进行。对舆情表达机制,国内学术界尚无系统研究,国家对舆情具体机制构建也尚未提出明确方案。本书认为,从更广泛和更切实的层面上实现人民各项民主权利,要从制度上对现有舆情表达机制进行规范。舆情表达机制不仅在完善协商民主的建设中具有重要意义,也是公民参与政治生活和实现协商民主权利的保障。

第三,结合新形势创新舆情表达机制。一种舆情表达机制是否良好,评价标准多样,但根本上都要满足两方面的条件,一是使民众通过这种机制解决自己的诉求,二是使公权机构通过这种机制了解民众真实的需求,为决策、执行提供合理合法的依据。新形势下,我国公民舆情表达面临几个问题:一是新媒体发展使舆情表达更便利的同时衍生的新的管理问题;二是公民表达观点和参政议政意愿增强,但传统的表达渠道不能满足,导致舆情表达效率不高;三是弱势群体舆情表达受限。为此,要结合社会发展与公民需求,不断创新舆情表达机制。多样化的表达渠道可以使每一个社会群体都能平等地参与到表达中来,有利于社会不同群体平等行使参与权和表达权。例如培育民间组织,为官民互动提供桥梁;通过理性辩论,鼓励民众参与等。

第四,培育公民的公益精神和协商意识。公民作为舆情表达的主体,对舆情表达效果有着直接的影响。处于不同社会阶层、站在不同利益角度上的社会群体在沟通时难免存在观点分歧和利益冲突。因此协商民主顺利推行不仅需要政府的支持,还需要公民的公益精神和协商意识。只有公民有一定程度的民主品质,协商才能有序有效地进行。政府首先要设立规章制度规范公民协商行为。同时,通过公民教育进一步培育公众的公民意识,增强公民主人翁责任感。要在实践中传递民主思想,在实践中验证公益精神的共赢效果,让民众在民主实践积累中培养民主品格。

第五,塑造理性讨论的公共空间。社会公共空间是公民舆情表达的场所,只有在开放自由的公共空间里,公民才愿意表达、能够表达,能够平等探讨问题。公共空间不仅是现实意义上公众集合的场所,也可以是虚拟的场所,如网络上的公共论坛,但无论是何种公共空间,参与者都要基于公共利益,以包容、理解、尊重的态度寻求真理、寻求共同利益。政府在设计舆情表达机制时,要规范公共空间秩序,为公共理性搭建表达平台,允许不同观点的发表,接受来自公众的质疑,同时又要起到疏导舆情、引导理性表达的作用。同时,政府应履行好服务职能,在尊重公众的基础上,对公共空间秩序加以一定程度的管制,为公民营造更和谐的言论空间。

本书在研究思路上,从中国协商民主的历史和现实定位出发,对协商民主在我国的发展历程进行了分析,从历史角度上对我国协商民主建设进行了反思,对协商民主发展中的困境和问题主要从四个方面进行探讨。首先,对舆情表达机制是协商民主独特内涵的重要内容以及舆情表达机制“对接”协商民主体系的政治合理性和正当性进行论证分析。其次,从舆情表达机制与协商民主对接过程中的规范化问题,以及舆情表达机制与协商民主的具体对接路径两方面,论证了舆情表达机制在协商民主建设中的重要意义,将舆情表达机制构建具体化,探讨了舆情表达机制对协商民主的完善及对接路径。最后,在上述研究基础上,结合我国社会实际分析了构建服务于协商民主的舆情表达机制需要克服的主要障碍,并以此为依据提出构建舆情表达机制的政策建议。

第一章　中国协商民主的历史与现实定位

第一节　协商民主在中国发展的历史脉络

作为中国特色社会主义民主制度的重要形式和我国广大人民协同创造的先进政治文明成果，协商民主历经民主革命、抗日战争、新中国成立等重要阶段后逐渐成熟定型，是中国特色社会主义民主政治建设的重要组成部分。我国的协商民主并非一蹴而就，而是一项来之不易的实践成果。它源于中国共产党和各民主党派的革命实践和砥砺创新，在历史检验中巍然屹立，成为中国特色社会主义民主建设的一面鲜明旗帜。

一、协商民主思想的形成

如同其他思想、制度的形成一样，我国协商民主思想的发展历程是一个由雏形萌生进而不断发展壮大的循序渐进的过程，而对于该思想形成的标志，学界尚无统一定论。

有研究认为，抗战时期“政治协商”是协商民主思想形成的重要标志。一方面，抗日民族统一战线中“政治协商”的运用成为中国共产党协商民主思想形成的标志；另一方面，中国共产党领导的多党合作和政治协商制度的确立，则是中国共产党协商民主思想从萌芽时期到日渐成熟的重要里程碑。

1949 年 9 月，中国人民政治协商会议第一届全体会议正式召开。第一届政协的成功召开，标志着中国共产党领导的多党合作和政治协商制度的正式确立，也标志着协商民主这种新型的民主形式开始在全国范围内实施。这次会议意义非凡，它不仅代行了我国立法机构之职权，主持通过了具有临时宪法性质的《中国人民政治协商会议共同纲领》，而且制定了《中国人民政治协商会议组织法》和《中华人民共和国中央人民政府组织法》。这一届政协会议真正标志着我国的政治协商制度已经在举国上下的广大范围内初露锋芒。

我国的协商民主思想一方面以马克思主义三大理论为立说的基础，另一方面依托共产党先进的革命思想和丰富的建设实践的经验，为民主政治作出了贡献。本书认为该思想的形成主要可以分为三个基本阶段，即萌芽阶段、发展阶段和确立阶段，而确立阶段则标志着该思想的正式形成。

（一）协商民主思想的萌芽阶段

我国的协商民主思想萌生于新民主主义革命时期、抗日战争时期。20 世纪初期的中国国运衰微，为振兴中华，摘掉中国任人欺凌的帽子，中国共产党联合一切可以联合的力量进行斗争，在 1922 年创造性地提出了共同协商的思想。1922 年中国共产党第二次全国代表大会《关于“民主的联合战线”的决议案》，决议之言，字字珠玑，“共商”二字就是一例。“共”为“共同”，“商”为“协商”。共同协商一语，拉开了我国协商民主的大幕,使国共两党以政治协商的形式共商国是、共抵外侮。1923 年 6 月,中共三大正式确立了共产党员可以以个人身份加入国民党,并由此促进中国共产党与国民党共抵外侮、建立革命统一战线的方针。1924 年 1 月,国民党一大在广州召开,共产党员李大钊、毛泽东等人当选为国民党中央执行委员或中央侯补执行委员,风起云涌的形势下国共两党合作持续推进。

抗日战争时期,中国共产党进行了民主制度的大量探索,形成了众多思想著述和制度探索成果。毛泽东就曾对适合中国国情的国家制度——"新民主主义的国家制度"提出了解读。他主张在抵御日寇的重任完成后,建立起一个工人阶级领导的统战民主联盟的国家制度,即我们所知的新民主主义制度。

特别值得一提的是共产党在根据地实行的"三三制"。1939 年初,陕甘宁边区首届参政会上通过的《陕甘宁边区抗战时期施政纲》提出了著名的"三三制"原则。所谓"三三制",即是遵循原则要求在人员设置上以 1∶1∶1 进行均衡安排。无论在政府人员的构成还是民意代表的分配上,中国共产党党员都要占三分之一,左派进步分子也要占三分之一,中间分子及其他占三分之一。这一原则是中国共产党为抵抗日本侵略者,联合各路中坚力量,兼容并包从无产阶级、小资产阶级、民族资产阶级到积极分子的各类群体,广开言路鼓励讨论,弘扬民主之风的重要举措和伟大创造。邓小平同志也曾对这一制度作出高度评价——"三三制"政权建设的优越性在抗日战争期间体现得淋漓尽致,同时也应当成为未来我国政权形式的最优选择。

"三三制"为中国共产党与党外民主人士的合作开创了先河,为共产党民主制度的良好发展作好了铺垫,为协商民主制度在中国的发展作出了贡献。该制度有效地验证了共产党与党外人士开展民主合作工作的意义重大，并为民主合作的基本原则、实施方法等提供了模板和雏形。

新民主主义革命是一个重要阶段，共产党选择坚持立足于中国的基本国情，并将当时我国大环境纳入特殊考虑的范畴，对民主制度理论的探索矢志不渝，而这些努力和坚持最终都成为我国协商民主的后续发展之基。

（二）协商民主思想的发展阶段

伴随着1949年筹建新中国成立的胜利号角吹响，1949年9月中国人民政治协商会议第一届全体会议也终于拉开了历史性的大幕。成立政协并确立政治协商制度是我国协商民主思想历史进程中的一项重要举措，也是协商民主思想由萌芽向发展壮大迈进的标志。

依托全国政协二届一次会议确立的《中国人民政治协商会议章程》，明确了人民政协的性质和主要任务、组织原则，积极履行职责、发挥作用，促进了中国共产党与各民主党派的团结合作。二者的政治协商、通力合作使我国的协商民主制度步入了快速发展的轨道。针对协商民主思想的重要载体——人民政协，毛主席亦有言称赞人民政协为人民民主、为全国统战作出的贡献，并赋予其相当的职权和历史使命。

1949年至1977年这一阶段，中国共产党对协商民主思想进行的不断探求和积极创新的坚持没有白费，终于开花结果。中国共产党领导下的多党合作和政治协商制度，与人民政协组织相辅相成、紧密结合，担起了中国特色社会主义民主制度依托的重要职责，协商民主理论与实践也在不断地发展。

（三）协商民主思想的确立阶段

1978年，党的十一届三中全会中，中国共产党领导的多党合作和政治协商制度正式被写入宪法。协商民主思想形成的多党合作和政治协商制度成为我国的一项基本政治制度,这一历史性事件标志着我国协商民主思想得到正式确立,协商民主走向了一个光辉的新篇章。同时,协商民主思想的确立为我国的民主政治建设带来以下成果。

首先,统一战线理论得到完善。纵使和平年代,“统一战线”仍不过时,它早已逐步延伸至社会主义建设的方方面面。其次,人民政协内涵持续延伸。新的历史时期中,在协商民主思想得到确立的基础之上,体现民主思想的政协定义也在与时俱进。人民政协从工作性质、政治地位到工作任务、作用意义都有了进一步的明确和发展。最后,政治协商制度不断规范。1989 年和 2006 年中共中央分别发布的两个《意见》在确定了中国共产党同各界民主力量进行民主协商的流程,并且对政治协商制度化、规范化提出了新的要求。

综上所述,协商民主思想在我国的形成是一个循序渐进的过程。协商民主思想在新民主主义革命中孕育,在中国特色的多党合作和政治协商制度下茁壮成长、蓬勃发展。协商民主思想是促进我国民主制度建设、推动我国政治经济发展的伟大成果。

二、新民主主义协商民主制度的确立

新民主主义革命时期的协商民主制度,是我国协商民主发展史上浓墨重彩的一笔。它源于共产党对民主制度的追求,并与我国当时特殊的政治生态环境紧密相连。新民主主义协商民主制度正是通过新民主主义革命时期的上下求索、力行实践而不断发展,并因 1949 年政协第一届全体会议的召开而在制度上得以确立。新民主主义协商民主制度的确立也标志着这一新型民主形式在全国的施行拉开了序幕。

新民主主义革命时期,中国共产党从始至终提倡从决策前,到决策中,以及决策执行的整个阶段坚持以民主自由的充分讨论为准则,协商民主制度应运而生。它依靠中国人民政治协商会议推动党际协商,鼓励各个民主党派积极参与国家事务,推动各个资产阶级与中国共产党进行良性沟通。

党际协商是新民主主义协商民主制度的一面大旗,也是该制度的重要内容。由于新中国成立初期全国人民代表大会制度尚未形成,党际协商在民主制度中"独当一面",意义非凡。在中国共产党全心全意的民主带动下,各个民主党派表现出了极高的积极性,全民族的共同努力使得协商民主在华夏大地遍地开花。

(一)新民主主义协商民主制度的三种形式

新民主主义协商民主制度的党际协商主要有三种形式。

首先,借助政协会议力量积极促进党际交流与沟通。彼时,中国人民政治协商会议有效地将全国的民主力量统一了起来,来自中国共产党和其他各个民主党派的政协委员共商国是,为国家发展出谋划策。他们群策群力集思广益,一方面针对政府提出提案,一方面呼吁、鼓励全国人民为祖国政治建设添砖加瓦。"新政协"的同心协力使其智慧结晶以高超的科学性、严谨性在政治层面有效地推进了新中国的复苏与发展,充分印证了该制度的合理性和有效性。

其次,鼓励各民主党派积极参与国家事务。新中国成立之初,人力物力资源匮乏,国内国际形势严峻,为团结全国各界民主人士的力量,中国共产党欢迎并支持各民主党派以政治协商的方式参与政府工作。毛泽东同志曾称新民主主义时期的政府为"商量政府",充分体现了他对民主制度的提倡和贯彻。在 1941 年和 1949 年,毛泽东同志都曾在陕甘宁边区参议会的演说等重要讲话中点明多党协作、政治协商的重要意义。

最后,推动各个民主党派与中国共产党进行良性沟通。虽然各民主党派代表的中小资产阶级与中国共产党代表的无产阶级有着阶层基础上的不同,但中国人民的共同利益并无差别。各民主党派是民族资本主义工商业的中坚力量,又为当时的国民经济作出了很大贡献,因而解决民主党派的利益诉求就是为国家的经济建设添砖加瓦;充分地利用各个民主党派相关的社会资源就是在促进国民经济发展。通过参与政协会议的各民主党派,我国当时的中小资产阶级有了表达意见、传递诉求的政治渠道,有了合法利益的高度保障,有了联系中国共产党的紧密纽带。这一切与各民主党派在新民主主义协商民主制度中的特殊政治地位和特殊作用密切相关。

(二)建立新民主主义协商民主制度

1949 年政协第一届全体会议是我国新民主主义协商民主征程的重要里程碑和协商民主制度确立的真正标志。在协商民主制度的推动下,这次会议展现出“领异标新二月花”之风貌。一方面,会议正式通过《中国人民政治协商会议组织法》《中国人民政治协商会议共同纲领》《中华人民共和国中央人民组织法》等重要文件,同时确立了中华人民共和国首都、纪年、国旗、国歌等决议案;另一方面第一届政协会议还选举产生了两个重要组织委员会——各民主党派成员活跃其中的中国人民政治协商会议全国委员会和中央人民政府委员会。

该会议选举产生的中央人民政府委员会,民主人士占有相当比例,彰显了协商民主制度的成果。毛泽东同志当选中央人民政府主席,朱德等六名同志担任中央人民政府副主席。作为协商成果的这份名单中,各民主党派人士占有半数。此外,会议同时协商选举出的

56 名中央人民政府委员中，也有半数以上是社会各界的民主人士。

从中国人民政治协商会议全国委员会、中央人民政府委员会到政务院，都有各个民主党派和无党派进步人士的身影。在新中国成立初期，他们与中国共产党一道，扛起民主制度的大旗，参与“新政协”的筹备，担起建设国家的重任，为新民主主义协商民主制度、政治协商制度的确立作出了历史性的贡献。在中国共产党的领导下，依托新民主主义协商民主制度，各民主党派和无党派人士得以紧密团结在中共中央的周围，成为新中国人民民主专政政权不可或缺的一支力量。

三、“两种民主形式”的科学概括和协商民主理论的形成

（一）“两种民主形式”的科学概括

“中华人民共和国的一切权力属于人民。”是我国宪法的明确规定，它传递着中国特色社会主义民主政治的本质和核心是人民当家作主的理念。而实现人民当家作主的一条重要思路便是采取“两种民主形式”。“两种民主形式”指的是紧密结合、相辅相成的两种民主形式——中国特色社会主义选举民主与协商民主。

现今的大量文献比较和研究了“两种民主形式”——选举民主和协商民主。相关学者普遍持有这样的观点：选举民主与协商民主虽然有各自不同的特点、内涵和适用范围，但它们是内部统一的，中国特色社会主义政治正是将它们有机地结合了起来，才使其取长补短、协同发挥作用以推动民主制度建设。

具体说来，选举民主是起点民主的一种。它通过群众投票行使权利、选出当选人，直接体现了公民意志，有效调整了利益关系，是一

种高效的民主制度。但是,选举民主在一定意义上削弱了当选者的决策作用,因为这个原因,选举民主也被称为断点式民主。而在西方兴起于20世纪后期的协商民主则能在多数人的意志得到体现、愿望得到满足的同时,兼顾少数人的利益。协商民主要求处于自由平等地位的公民追求公共利益的价值诉求,通过协商方式达成共识,即协商民主保障了协商决策的合理性、合法性。

中国特色社会主义的选举民主和协商民主共同构建了我国社会主义民主的整体轮廓,促进了公民的有序政治参与。一方面,选举民主和协商民主相结合,在社会主义民主的建设中起到了非同小可的作用。两者在功能上优势互补,在作用上相辅相成,在民主制度的具体运用中密切联系,使得社会主义民主建设得到了丰富。另一方面,这种结合式的民主形式彻底打破了封建时期以帝王为尊、缺乏政治自主观念的封建思想残余,逐步培养了公民的政治意识和民主精神,将其推向政治活动的舞台,使其自愿自主地积极参与政治活动、表达政治诉求。

我国坚持"两种民主形式",即选举民主与协商民主相统一的方法,确保民主制度充分发挥作用,使人民群众的民主权利得到最大的保障。中国共产党长期以来的政治实践证实,采取选举民主与协商民主相结合的民主形式,符合整体政治环境,适应我国国情,是中国特色社会主义政治民主的必然选择。

(二)协商民主理论的形成

虽然我国的协商民主思想并非西方舶来,而是来源于中国共产党在革命过程中的思想创造,但学术化的协商民主却是西方先行探索,中国进一步引进的。

一位德国著名政治学家在2001年的中国之行中,就以题为《民主的三种规范模式》的演讲，让协商民主进入了中国学者的视野，协商民主理论的形成也由此开启。协商民主理论首次见诸报端是在《理论参考》中的《当代西方政治理论的热点问题》一文。文章表示，民主决策制度促使政府与公民进行有效的沟通协商。

学者们开始研究协商民主理论，相关著书立说雨后春笋般出现。越来越多的学术期刊开设了协商民主专栏版面，相关学术论文著述等也持续出版。同时，我国学术界对协商民主的相关探索成效卓著。协商民主理论相关学术论文数以千计，选择协商民主为主题的硕博论文数目也持续增加。值得一提的是，2011 年至今协商民主理论相关专著数量的增长更体现了学界研究的深入程度，如《中国特色协商民主研究》《中国协商民主理论与实践探析》等。

国家支持层面，协商民主理论方面的各级别立项也越来越多；协同研讨层面，各大学术研讨会在全国各地持续举办。2006 年 4 月，"协商民主与软法"理论研讨会在北京大学举办，并针对协商民主的历史、实践、机制和与软法的关系等问题进行了深刻的研讨。除高校研讨外，以政协为主的政治性组织也先后加入了协商民主的协同研讨中。2006 年 9 月，上海市政协举办了"协商民主"研讨会；2006 年 12 月，中国人民政协理论研究会成立，集中讨论协商民主的精神也成了该会成立后的一个重点议题。

综上所述，我国理论学者在大量阅读、撰写著述、立项研究、学界研讨的过程中，不断借鉴西方协商民主理论，理解探求协商民主思想的内涵本质、原则方式、必要意义等，同时独立地研究中国的协商民主理论，取得了诸多成果。

从翻译出版的国外理论著述，到借鉴西方的协商民主理论，我国学者研究了中国协商民主制度，分析了中国协商民主"和合"的思想渊源和马克思主义的理论基础,并以政治学思想提炼协商民主的各种要素,针对研究的重点——我国民主政治建设基础下的多党合作制思想,我国学者也考虑了政治机构对民主政治建设的影响等,使得我国的协商民主理论逐步形成。

第二节　协商民主在中国形成和发展的原因

一、中国政治文化中的协商传统

中华上下五千年,中国政治文化长河中有着协商传统的暗涌激流,它也是中国特色社会主义协商民主思想“为有源头活水来”的活水之源。

中国的传统政治文化中,协商之传统远可上溯至中国古代三皇五帝时期的原始民主。该原始民主带有一定的政治协商特点。《诗经》有言“先民有言,询于刍荛”,“刍”指草,“荛”则指木柴,可以引申理解为居于山林原野的普通村民。此语即是说,统治者应当征求民意,与民协商,促进民主。而后中国政治文化中的协商传统可以以二字概括:一曰“和”,一曰“公”。

(一)“和合”思想

“和合”政治思想来源于儒家理念。春秋战国时期的学术界百家争鸣,各学派的政治实践也层出不穷。在历史的演进中,法家、道家等的政治生命力稍逊一筹,儒家政治思想则逐渐成为核心价值观,有了“儒学独尊,德主刑辅”的说法。

儒家的政治主张是“仁政”和“人治”,崇尚以德治国,避免严刑峻法;儒家的哲学基础则是和合理念,“礼之用,和为贵”“君子和而不同,小人同而不和”“天时不如地利,地利不如人和”,包容多样性。在“和”的基础上,二者的结合催生出了一种防止独断专权、满足和谐社会诉求的政治实践——协商。

协商的民主包容性、差异融合性与“和合”思想在政治领域中的指导思想不谋而合。协商注重求同存异,提倡为了公共整体利益暂时忽略一些“不同的声音”,对共同的问题进行商议,对不同的思想进行劝解;“和合”思想所主张的和而不同,在肯定和保护政治思想的多样性并追求多元共存的层面上,极大地促进了协商民主政治的发展,为协商民主制度带来了政治哲学基础和政治文化背景。

西汉时期的“盐铁会议”是“和合”思想作用于协商民主的重要事件。汉武帝为推动国家经济建设,实行了一种新的制度,只有国家可以专门贩卖盐和铁。不料此举却对商业造成了巨大的伤害,民间经济近乎衰颓,百姓生活不复从前。武帝去世后,该制度又被推向了风口浪尖,此时便开展了一场“协商会议”——邀请各地有识之士与政府官员对盐铁制度展开辩论,这也是“盐铁会议”的含义。史料记载,这种辩论协商的形式对解决盐铁问题相当有效,即便最初民众与执政者持有相反的观点,双方在进行协商交流后却能增进理解,各退一步后达成了“和合”共识,取得了民众与执政方的双赢。以“和”为贵的这一场专题协商民主会议有效地推动了当时政治和经济的建设。

《左传》记载的春秋时期郑国的统治者子产“不毁乡校”一事被传为美谈。子产为了了解民意,开设“乡校”,鼓励人们在此处讨论政治。人民以这种方式参政议政,子产则对治国理政的策略进行有针对性的修改以适应“乡校”中流传的公众意见。子产的政策反映了他对于民主制度的支持和协商理念的弘扬,保障了国家的和谐和稳定;

战国时代，“门客”之风盛行，齐桓公就曾建立稷下学宫，广纳贤才门客，推行协商政治，建立个人、国家智库。学宫之内，政治言论不受限制，政治思想自由活跃，民主协商、和而不同。

回望中国封建专制社会的历程，协商传统往往对政通人和起着潜移默化的作用。即便协商民主大多限制于国戚重臣，重议事、重协商的朝代往往都政治清明。由政治“和合”思想生发的中国政治文化中的协商传统，为我国协商民主制度的发展奠定了良好的基调。“和合”思想让我们在遇到分歧时选择和谐商议、统筹兼顾，而不是针锋相对、水火不容。古人云：“己欲立而立人、己欲达而达人”，而协商，就是承认差别，调节与消化分歧，长期共存，互相监督，以忠恕之道来面对矛盾，发扬民主。

（二）“公”的观念

中国政治文化中的协商传统还有“公”的观念。“公”与“私”相对，主张天下为公、以民为本，强调人民的作用。为追求社会的公平公允、政治的公众参与，协商方法由此引入。

尚在古代中国的奴隶制社会中，协商民主就因对共同利益的追求而萌生了。“周召共和”一事就传递着当时朴素的“公”的观念和协商理念。周厉王昏庸暴虐，在其淫威之下，下至奴隶，上至奴隶主、王公贵族都饱受其苦。在民众对“公”的追求之中，江山终易主。推翻了暴戾的君主后，以周公、召公为首的贵族群体开始掌控朝政，得到了一种协商下的民本体现。

中国原始社会的禅让制则是协商民主实践中“公”观念的一项重要体现。禅让制度主张权力公有，任人唯贤而非任人唯亲。除禅让制度的保障外，尧、舜、禹的传承在其个人层面也能看出“公”之观念，选贤举能而后传位。同时，何为“贤人”也是众人协商讨论后作出的评判，相传舜禹的传承便征求了众多酋长的意见和建议。崇尚“公心”、向往“公善”，是我国传统社会文化留下的协商理念。

虽然中国古代的协商民主传统大多是局限于一部分人的民主，协商主体范围窄、协商内容集中，难以与我国现在中国共产党建设的协商民主政治制度相媲美，但中国政治文化中的协商传统已经迈出了协商制度的一步。古代的领导阶层也在协商政治中展现了高度的个人魅力和前瞻意识，这些积极的政治协商实践对后代的协商民主制度建设产生了极其正面的影响，今人也将古人为“和”为“公”而作出的牺牲与努力作为榜样。

中国政治文化中“和合”思想、“公”的观念代表了古代的协商传统，对“和”与“公”的追求决定了协商民主将是我们的必然选择。和谐、融合、多元、公平、正义、公道等众多政治特性都与协商民主息息相关、紧密相连。源远流长的政治文化传统、珍贵的古代协商政治实践与探索，都为现代的政治建设提供了相当大的思想、价值引导作用。

二、引进国外协商民主研究

（一）国内外协商民主研究的共通之处

中国共产党与各民主党派之间的政治协商通过人民政协和其他基层的协商民主平台加以开展。因民主精神的共同目标，我国的协商民主制度展现出了一系列与西方协商民主相似的特征。

1. 包容性

无包容，不协商——协商民主原始的出发点便是吸纳融入更多的政治主体有效地参与协商过程，包容性极强。协商民主中的参政议政主体依托协商民主政治制度参与决策，使决策在众议之下朝更好的方向发展，我国的政治协商会议就是一个突出的例子。由来自全国各族人民、各民主党派的34个界别组成的政协，本身就是一个包容多样多元的整体；其组成人员在表达利益需求、参与协商政治的过程中，意见想法均被“包容”而自由。美国社会学家达尔曾对协商民主的包容性作出解释——包容更多的人参与决策，包容更多的开放性信息，包容更平等的参与人权利，包容争议等。中国特色社会主义协商民主制度与这一理论就有很好的契合，民众有效参加了政治决策过程，权利明确而平等、资源畅通而等同，充分体现了包容性的内涵。

2. 平等性

所有进行协商民主的主体之地位无偏向而等同是为“平等性”——对各类个性风格加以平等对待，特别要为所有参与者提供尽可能的平等机会。这些机会涵盖从客观接收信息到主观表达意见的方方面面。平等性能确保协商民主的政治主体不受经济水平、职业地位、时间空间等因素的区分，在协商过程中拥有同等的政治发言权。平等的发言权、协商权，相同的资源量使协商民主的主体参与有了本质上的进步。

3. 协商性

协商性是协商民主的第一要务、重中之重，简单说来就是人们在个人理智的思考后与他人针对问题进行交流并且作出最终决策。在基本的协商性基础之上，我国创造性地提出了政治协商理念。政治协商制度要求党和政府只有在正式协商后才可以作出关乎国计民生的重要决策。协商的过程要充分制度化、流程化，全程正式协商，保障民主制度充分发挥作用。

（二）引进西方研究对我国协商民主的影响

我国生于斯长于斯的协商民主理论，一方面是中国共产党的优秀革命实践成果，与西方的协商民主理论有着理论和实践上的诸多不同；但另一方面，西方协商民主学术研究确实在一定程度上对我国协商民主理论发展有着推动作用和一定的启示意义。

1. 包容性逐步增强

包容性与我国政治传统的“和合”思想类似，鼓励更多决策相关的政治主体参与到协商民主的过程中，不受其他因素的限制。泱泱中华幅员辽阔，14 亿人口、56 个民族，社会结构层次多、易分化，如何在多元社会中求同存异倡导协商，就需要增强该制度的包容性。在西方民主研究结果中，西方的协商民主倾向于关注个体需求、平衡政治利益，这就启示我们要充分听取尽量多角度、多样化的民意，逐步增强协商主体的兼容并包，让协商民主真正发挥效果。

2. 广泛性不断扩大

除协商主体的包容性外，协商民主的路径、方式之广泛性也需要不断扩大。要给予协商民主的主体充分畅通协商的渠道，让他们真正得以参与。借鉴西方协商民主的广泛性，促进协商主体产生议政渴望、民主需求并拓宽意见表达的渠道，不断完善协商议政路径，让协商民主的道路更加宽阔。

3. 公共性持续进步

西方协商民主具有公开公共的特点，同时也有一个突出的缺点，即公共理性缺乏、情绪化严重。西方民主思想理论萌生较早，西方民众的民主意识也较强，这就带来一个问题——公共理性，国外协商民主研究也认识到了这一问题。我国要在公共理性的大前提之下进行协商民主制度的建设，扩大协商民主的公共性。当协商民主成为每个公民理性的公共事务时，民主政治建设也将持续进步。

4. 透明度日渐提升

近年来政府政务公开、工作流程透明蔚然成风，公开透明成为我国政治发展的趋势。它不仅保障了公民的知情权，更提升了公民参政议政的有效性。参考西方协商民主研究中的民主特点——高度的透明公开性，并反求诸己，我国协商民主也要对协商的内容、流程，协商的结果、成就等进行全方位地透明公开，提升协商主体的自我认同感和成就感，形成有效的正向反馈机制。

综上所述，西方协商民主所倡导的平等、公开、包容等意识对我国协商民主的发展有一定的借鉴作用，但也有诸多不完善之处，需要我们审慎地思考、批判地学习。

三、中国基本国情和政治体制改革需要

协商民主在中国的形成和发展，不仅在于遵循制度成长的一般规律，更重要的是，其在我国政治、经济、社会、文化等各种因素的共同影响下，结合了我国在不同时期所发展的特色社会主义的基本国情，顺应了中国政治制度发展的历史趋势和政治体制改革的时代要求。

（一）渐进式发展的协商民主富有中国特色且符合中国国情

从人民代表大会制度、中国共产党领导的多党合作和政治协商制度、基层群众自治制度等一系列基本政治制度的建立，再到与上述政治制度有关的相应体制机制的实施；协商民主的制度建设与中国特色社会主义制度的层级设计和制度规范殊途同归，从制度发展的角度可以将协商民主界定为方向设计和具体机制不断深化改革的统一，是马克思主义的认识论在中国条件下“正确的方法论”。

协商民主在中国的发展，是“摸着石头过河，是富有中国特色、符

合中国国情的方法"[①]。协商民主"摸着石头过河"的渐进方式,遵循了中国社会主义制度建设的要求,推动协商民主从中国基本国情的不同实际出发予以发展,是一种渐进式的发展模式。[②]

协商民主作为努力达成共识的重要民主实践形式,是中国共产党和中国人民在国家建设过程中以实现人民当家作主为主要任务、总结民主政治的经验教训、构建科学民主体系的伟大创造,是立足于中国历史和中国文化、在中国基本国情的背景下,中国共产党领导人民的长期实践[③],协商民主具有中国特色的制度基础、理论基础和实践基础,中国特色社会主义协商民主是整个社会主义民主的重要优势和突出特点。

协商民主在中国的发展,是在中国人民代表大会制度等根本制度和基层自治制度等基本制度仍存在开发空间的条件下,对民主制度进行的必要补充和宏观完善;在坚持中国共产党的领导下,协商民主的发展是共产党在落实人民当家作主和探索中国特色社会主义民主发展实践中的具体体现;协商民主在渐进式发展过程中,根据国家发展需求不断扩大协商主体的参与范畴、深化协商主体的参与程度以增加更为丰富的民主因素。渐进式发展的协商民主严格遵循着社会主义制度的普遍规律,与中国不同时代不同阶段的国情相契合,从而彰显了中国特色。

(二)社会主义协商民主是我国深化政治体制改革的重要内容

"社会主义协商民主是中国社会主义民主政治的独有形式和独

① 习近平:《以更大的政治勇气和智慧深化改革》,http://www.gov.cn/node_16404/content_2444191.htm,2013-7-10。

② 张光辉:《社会主义协商民主成长的深层逻辑》,《学习论坛》2014年第1期。

③ 李金河:《如何正确认识社会主义协商民主》,《中央社会主义学院学报》2014年第1期。

特优势,是党的群众路线在政治领域的重要体现,是深化政治体制改革的重要内容。”党中央将协商民主定位为深化政治体制改革的重要内容,显示出协商民主在政治体制改革中的重要性,其对于推进国家治理体系和治理能力现代化的意义不言而喻。

中国共产党第十八届中央委员会第三次会议和第四次会议描绘出我国政治体制改革的蓝图,从民主和法治两大角度部署政治体制改革。在民主方面,党的十八届三中全会提出完善社会主义协商民主体系以发挥协商民主在民主建设中的优势;在法治方面,通过完善中国特色社会主义法治体系,从制度上对协商民主的发展进行指导,旨在从规范法律体系出发加强实施水平和监督力度,切实做好政治体制改革。

社会主义协商民主之所以备受重视并拥有重要地位,在于其与中华民族长期形成的“天下为公、兼容并蓄、求同存异”等优秀政治传统文化息息相关;同时,其就社会重大问题展开广泛协商的民主形式潜移默化中优化了国家民主氛围。协商民主作为中国社会主义民主政治中独特的民主形式,在发挥中国民主政治优势、营造政治体制改革环境等方面具有重要意义。

社会主义协商民主作为改革开放以来中国政治发展的新要求,是我国全面深化改革、全面建成小康社会的重要渠道。《关于加强社会主义协商民主建设的意见》中,提出的“五个有利于”和“四个面对”,是对协商民主的极大肯定和时代要求;表明在世界政治格局形势严峻、改革开放格局调整、社会矛盾相互交织和市场经济多元变化的条件下,推进社会主义协商民主的作用发挥显得尤为重要。

社会主义协商民主作为我国政治体制改革的重要推手,严格把握政治体制改革的核心,将人民民主作为社会主义协商民主的要点,并在不同方面予以落实。社会主义协商民主在保障协商主体利益、扩大协商主体范围、畅通协商参与渠道、保障协商决策科学等方面的逐步发展和不断革新，均是在协商主体平等化、协商渠道多样化、协商程序制度化等层面上保障人民民主的集中体现。[①]

第三节　社会主义协商民主的内涵和战略任务

社会主义协商民主在中国的确立和不断发展的历程中，于国家发展的不同时期均受到了党和国家的高度重视，愈加彰显社会主义民主政治的突出特点。社会主义协商民主作为我国特色社会主义民主政治的落实方式和实现渠道，表现出鲜明的中国特色和新时期的时代要求。中国共产党第十八次全国代表大会的会议报告中关于社会主义协商民主的概念论述和对相关制度建设的系统部署，是社会主义协商民主在我国的进一步完善，使得社会主义协商民主在理论层面得到升华、在实践层面得到重视。另外，中国共产党第十八届中央委员会第三次全体会议对推进社会主义协商民主提出的制度化发展要求，更使得社会主义协商民主的建设上升到战略高度。贯彻落实党的十八大精神和工作部署，坚持社会主义协商民主的正确发展方向，首先要正确理解社会主义协商民主的科学含义和深层内涵。

一、社会主义协商民主的科学含义

协商民主是参与协商的主体通过参加某种形式就特定议题公共

---

① 李军、田晓玉：《政治体制改革视野下社会主义协商民主建设的思考》，《理论探讨》2013 年第3 期。

协商，经过表态、包容等态度变化共同达成一致协商结果以参与决策的形式[①]；社会主义协商民主不同于一般意义的协商民主，在中国特色社会主义理论的影响下，其科学含义包含了中国特色。

社会主义协商民主作为马克思主义理论的发展成果，是指在中国共产党的领导下，由全社会、各阶层围绕关乎社会发展的重大问题或涉及人民利益的实际问题，在决策之前和决策实施之中通过讨论、协调、整合等过程，保证人民利益最大化并达成共识的民主形式。[②]

从社会主义协商民主的科学含义出发，可知其所涉及的协商主体包括社会不同阶层、不同党派和不同团体等在内的广大人民，以便社会各个方面的利益诉求得以综合反映，从而最大限度权衡多方利益，实现人民群众利益的最大化，保证决策结果的有效性和合理性。作为人民民主在中国特色社会主义政治理论上的重要体现，社会主义协商民主是表达百姓心声、保证人民当家作主的有效路径，也是促进公民参与政治生活、推动国家落实公共决策的有效途径。

二、社会主义协商民主的构成要素

（一）社会主义协商民主的政治前提

社会主义协商民主是马克思主义理论中国化过程中的智慧结晶，是中国共产党结合中国国情发展的政治成果；社会主义协商民主的重要政治前提，就是坚持在中国共产党的领导下，以中国化的马克思主义理论为思想指导，充分调动一切有利因素，结合中国国情研究

① 范会勋：《论社会主义协商民主的基本内涵》，《湖北省社会主义学院学报》2015年第6期。

② 邱永文：《民主理论中的社会主义协商民主：概念和基本内涵》，《观察与思考》2015年第10期。

并解决特定时期的相关问题，科学、合理地实行社会主义协商民主。

第一，坚持中国化的马克思主义理论指导思想。

马克思主义理论为协商民主的形成和其在中国的发展成长提供了统一战线的思想本原，为调动人民的积极性进而实现最大限度上的人民当家作主提供了理论支撑。社会主义协商民主是对马克思主义理论的继承和发展，保留了马克思主义在民主方面的核心理论；并结合中国国情改革创新，符合我国当前政党建设和社会发展的新局面，是对马克思主义理论进行丰富，同时使社会主义协商民主得以完善。因此，在保证社会主义协商民主高效发展的历程中，仍要坚持和发展中国化的马克思主义理论。

第二，毫不动摇地坚持中国共产党的领导。

中国共产党占我国社会主义协商民主的领导地位，在主导协商政策方向、构筑协商社会基础、提供协商制度支持等方面占有举足轻重的作用。我党在发展中不断实践，逐步形成在建设方针策略等方面的重要思想；中国共产党领导下的多党合作和政治协商制度是我国特有的政党制度，为保证党派协商而确立，在制度层面为党派之间的社会主义协商民主予以支持，成为目前正确处理我国党派关系的制度指南。

中国共产党自建立起便坚持从人民群众的角度出发，正确处理社会各界矛盾，保障最广大人民的根本利益，将群众工作置于政治建设的首要位置；社会主义协商民主是群众路线和民主理论的创新结合，是中国共产党支持人民当家作主、实行人民民主的独特形式。因此，社会主义协商民主的实施必须坚持中国共产党的领导地位，充分发挥党在指挥、部署和协调等方面的核心作用，保证社会主义协商民主的正确方向。

（二）社会主义协商民主的中国特色

协商民主贯穿了中华民族发展的历史进程，源起中国传统先进政治理念和优秀政治文化，根植社会主义的政治、经济、社会、文化等诸多方面，彰显了浓郁的中国特色，表现了与西方协商民主相异的发展方式和践行模式，在保证人民有序参政、满足人民利益诉求、强化人民民主效果上融合先进的中国政治民主理论，在提升执政高度、增进决策科学、促进政治和谐上饱含中国特色的独特优势①，在协商主体广泛化、协商主题大众化、协商形式多样化、协商结果共识化上拥有独特的社会主义特征。

1. 协商主体的广泛性和针对性

社会主义协商民主是我国实行特色社会主义民主的创新方式，是符合时代要求的人民民主在我国特有理论政治层面的切实体现。中国共产党第十八次全国人民代表大会强调，“坚持人民的主体地位”并“最广泛地动员和组织人民依法管理国家事务、管理经济和文化事务、积极投身社会主义现代化建设”②。因此，社会主义协商民主必须毫不动摇地以坚持人民民主为出发点，借助民主协商的形式广开言路，涵盖人民内部的方方面面，将绝大多数的公民纳入协商主体，以科学有效地权衡不同阶层、不同民族、不同党派和不同团体等社会各界的共同利益，最大限度地保证协商主体的广泛性和广大人民普遍参与的发展模式。

在保证大多数人有资格成为社会主义协商民主的主体、有条件参与社会主义协商民主的同时，还要确保特定协商层面、协商会议和协商

① 高智生：《论社会主义协商民主的优越性》，《云南社会科学》2014 年第 1 期。

② http://www.xinhuanet.com//18cpcnc/2012-11/17/c_113711665_3.htm

议题参与主体的针对性,即坚持利益相关性原则。将与决策结果相关的个人或者组织纳入协商主体,允许其参与相关政治事务的协商过程,以促进社会主义协商民主的高效进行和科学开展。

2. 第二,协商主题的民主性和大众性

协商主题是社会主义协商民主协商议题的所属范围和具体内容,主要包括其基本内涵中明确表示的"社会发展的重大问题或涉及人民利益的实际问题",即大到政治协商层面与国家和政党的重大问题相关的宏观方针政策问题,小到社会协商层面与民生息息相关的微观公关事务,都可以在制度化建设的新要求下,成为社会主义协商民主的商酌议题和讨论对象;在协商主题角度上,实现了国家政治共同体内政党协商的民主性和涉及人民直接利益并由民众直接参与的大众性的有机统一。

3. 协商形式的多样性

促进协商主体在社会主义协商民主中积极且平等地有序参与,以恰当方式协商解决被人民广泛关注的相关问题,实现社会主义协商民主公平公正公开的内在要求,也让我国发展了多样化的协商形式,营造了和谐高效的协商氛围。

我国现有的协商渠道较为丰富,包括两会、听证会、工会、媒体等。在国家会议层面,中国共产党领导的人民政治协商会议是多党合作和政治协商的重要表现,全国人民代表大会同样是人大代表反映民意、进行协商对话的有效途径;在听证层面,听证会提供了人民实现自身利益的开阔场所,是公民主动和直接表达政策意见的协商渠道;社会协商层面切实保障公民工作事务和相关权益的工会协商渠道畅通,为社会主义协商民主在具体领域针对具体事务的协商提供可能;包括传统媒体、网络媒体等在内的媒体介质为社会主义协商民主提供具有时效性的交流平台，是实现最大多数公民协商对话的快捷途径。

4. 协商结果的一致性

协商民主的结果合理性和方向正确性是协商的最终目标，也是协商质量和水平的直接体现。社会主义协商民主旨在协商主体就协商议题进行深入探讨，在表达所代表的自身真实意愿的同时，了解其他协商主体的利益诉求，通过包容性的互相理解和相互承认，最终达成一致性意见。是否达成“共识”作为协商结果的判断标准，在中国协商民主发展过程中得到广泛重视，周恩来同志“达成共同的协议”①、李维汉同志“基本上达成适当的集中和统一”②、江泽民同志“尽可能取得一致意见”③的提法，表明了在中国特色社会主义条件下，中国共产党坚持实事求是，最大限度统一协商主体在协商议题上的认识，最大限度上满足协商主体的利益诉求，保证协商结果科学性的社会主义协商民主的特色理念。

三、新时期社会主义协商民主的战略任务

（一）推进社会主义协商民主广泛多层制度化建设

中国共产党的十八大关于“推动协商民主广泛多层制度化建设”的战略纲领，在“广泛”“多层”“制度化”方面对社会主义协商民主提出了明确要求。“通过国家政权机关、政协组织、党派团体等渠道，就经济社会发展重大问题和涉及群众切身利益的实际问题广泛协商，广纳群言、广集民智，增进共识、增强合力”，是对社会主义协商民主

① 周恩来：《周恩来统一战线文选》，人民出版社 1984 年版，第 129 页。

② 中国人民政协全国委员会研究室：《老一代革命家论人民政协》，中央文献出版社 1997 年版，第 222 页。

③ 江泽民：《江泽民论有中国特色社会主义（专题精编）》，中央文献出版社 2002 年版，第 347 页。

科学含义的深入理解，为社会主义协商民主发展道路指明方向。

1. 推动社会主义协商民主广泛多层发展

“广泛”“多层”发展社会主义协商民主的相关要求，体现了党和国家针对新时期的要求，对社会主义协商民主科学含义的深度发掘，和当前多样性的政治价值诉求相适应。引导社会主义协商民主走出政治领域，加强社会主义协商民主在社会领域、经济领域和文化领域等的运用，将社会主义协商民主切实应用于民生领域相关问题，通过在全社会广泛开展社会主义协商民主的直接方式使其发挥作用。

社会主义协商民主的“广泛”发展要求，即是横向到边、广度发展，包括扩大协商主体范围、丰富协商议题内容等；社会主义协商民主的“多层”发展要求，即是纵向到底、深度发展，以使社会主义协商民主在国家、社会、基层等层面发挥活力。

社会主义协商民主“广泛”“多层”的要求，表明新时期的协商民主实践形式逐渐丰富、日益复杂。从最根本的国家政权层面的社会主义协商民主，即以社会协商对话及人民代表大会的立法协商为代表的国家政权机关政策协商、立法协商，到以政协会议为主要渠道的政治协商，到政党层面的协商民主，即作为执政党的中国共产党坚持就社会发展的重大问题在党内外的广泛协商，再到目前逐步发展的公民层面的基层民主协商，我国社会主义协商民主的发展蓝图正逐步完善，需要在以上多方面予以落实，发挥社会主义协商民主在国家内部和社会内部的诸多方面的实际作用。

社会主义协商民主“广泛”“多层”的要求，将协商渠道从国家政权机关、政协组织、党派团体扩展到国家政权机关、政协组织、党派团体基层组织和社会组织。协商内容也扩宽至立法协商、行政协商、民主协商、参政协商和社会协商。将社会主义协商民主的应用领域延伸至医疗、教育、就业、城乡事业管理等需要政府及人民双方面共同努力的基础民生建设,缩小政府及人民的距离、强化政府及人民的对话,切实保障人民在与自身利益相关的公共事务中的话语权。

其中,为实现社会主义协商民主在基层层面的落实而备受关注的民生领域,是社会主义协商民主全方位发展的发力之处。例如,社会主义协商民主在医疗领域的应用,为医疗政策的科学调整提供来自协商主体的具体要求;社会主义协商民主在教育领域的应用,使得经过协商的、达成共识的、更具科学性的教育决策针对性更强、执行度更高;社会主义协商民主在就业领域的应用,落实人民群众、企业部门、政府机关、社会保障部门等的协商对话,丰富社会就业问题的各方现状搜集,利于使决策结果或相关政策最大限度满足多方利益;社会主义协商民主在环境领域的应用,是社会主义协商民主的创新拓展,是针对社会主义基层协商民主的实战演练。

将社会主义协商民主的政治理念渗透社会主义民主建设的全过程,协调社会主义协商民主在国家层面、社会层面、基层民主和公众参与层面的共同发展,切实促进包括"国家政权机关、政协组织、党派团体、基层组织、社会组织"①在内的多个协商渠道共同发展,形成横向到边、纵向到底、多向互动、层层落实、环环相扣的社会主义协商民主,将不同领域的相关问题由不同界别的协商主体共同协商,有利于营造注重协商、尊崇协商的社会政治环境,有利于保障最广大人民群众的根本利益,也是我国民主政治得以快速发展的强大推动力量。

2. 推动社会主义协商民主制度化发展

我国现有的、与社会主义协商民主有关的制度在长期发展过程

---

① 刘俊杰:《当代中国党际协商民主研究》,江苏大学出版社2013年版,第168页。

中已经建立起扎实根基。从1949年诞生的多党合作和政治协商制度，到自第十三次全国人民代表大会起党、政府以及社会各界稳步实施的社会协商对话制度，以及近十年逐步推进的基层协商民主制度，社会主义协商民主有了较多的宏观制度支持；以中国特色社会主义为时代和社会背景而发展的人民代表大会制度、基层民主制度和民族区域自治制度等，与协商民主的核心要素互相契合，为社会主义协商民主的有效发展提供了必要的外围制度规范。

随着社会主义协商民主在协商范围上的逐步扩大和在协商领域中的逐渐拓展，协商事务日益复杂，我国现有协商民主制度建设的相关问题也随之浮现，面临具体的制度不足、流程化程序缺乏等现实困境，不利于社会主义协商民主的科学发展，对社会主义协商民主的有力开展造成多方面的制约，现有协商民主制度在参与主体平等性、协商渠道合理性、协商程序流程化、监督机制完善化等方面亟待加强。

第一，在协商主体层面，社会主义协商民主制度对于保障主体协商权利仍不完善，使得包括不同阶层、不同民族、不同党派和不同团体等在内的协商主体的协商地位和表达机会存在不平衡问题；社会主义协商民主理论宣传力度薄弱，使得部分协商主体协商能力和协商动力欠缺，一定程度上阻碍了人民对个人利益诉求的迫切反映，也削弱了协商民主在表达民众心声方面的作用。

第二，在协商渠道层面，当前的社会主义协商民主存在协商渠道较为随意、协商场域和协商议题不相符合、协商方式不能满足协商议题需求等问题，导致协商过程中协商主体的主观言论易受到客观因素的制约，不利于或者限制协商主体准确表达利益诉求。要针对社会主义协商民主不同层面、不同议题、涉及的主体人群等，选择最为合适的协商渠道，为协商决策的有效达成创造客观条件。

第三,在协商程序层面,当前社会主义协商民主存在联动性弱,缺乏系统化、符合规范的协商流程体系作支撑,容易使协商主体的利益诉求表达受到限制,使协商议题的深入探讨受到制约,最终影响协商结果和协商决策的合理性和科学性,与社会主义协商民主维护最广大人民利益的原则相背离。

第四,在协商监督层面,党政协商方面需要各参政党在协商之中和协商决策之后进行监督,基层协商方面同样需要人民群众对政府工作自觉监督;但目前在协商监督制度存在空缺的背景下,协商监督在社会主义协商民主中还有许多需要加强的发展空间。因为缺乏具体的监督条例或者监督细则,当前协商民主监督仍过多停留在理论层面、概念层面和意识层面,协商监督的有效作用尚未被激活。

就社会主义协商民主在制度建设上存在不足的现状,作出相应"制度化"建设的全方位总体规划,是我国对于当前错综复杂的国内外形势而作出的智慧应对。从深入探讨社会主义协商民主的科学内涵入手,完善社会主义协商民主的理论框架,并通过完善社会主义协商民主制度,出台相关政策文件,将理论体系通过法律手段应用于社会主义协商民主整体过程的规范化建设;例如,健全协商主体权益保障制度,强化协商流程体系制度建设,建立并落实协商过程监督和协商决策跟踪制度等。

同时,为确保社会主义协商民主"广泛""多层""制度化"三方面的齐头并进,适当扩大当前协商民主的制度空间是必要之举,充分保障协商民主的多层次发展是重中之重,健全社会主义协商民主制度是关键之处。同时,创立涵盖国家政权、人民政协、党派协作和基层协商等方面的体系势在必行;此外,社会主义协商民主"制度化"发展的稳步前进,对于甄别协商重要议题、组织人民有序参与政治生活,加强协商流程规范、权衡多方民众诉求，达成科学公关决策、维护公民切实利益等具有重要意义，对于加强社会主义协商民主实践具有不可否认的增益性。

从具体制度到运行规范等多重制度保障有助于社会主义协商民主的“广泛”“多层”发展，有利于中国共产党第十八次全国代表大会关于“推进协商民主广泛、多层、制度化发展”工作部署的协同落实，有利于构建和谐发展的社会主义协商民主。加快理论研究和实践创新，推动广泛、多层、制度化发展，是全面实施社会主义协商民主的重要任务，是彰显中国特色社会主义民主政治的重要举措。

（二）强化人民政协的主渠道作用

中国社会主义协商民主的实践渠道发展成果丰硕，涉及如人民政治协商会议、政权机关、自治机构和政党组织等较多方面；其中人民政治协商会议制度作为最为完备、发展最为成熟、影响最为广泛的实践方式，是建设社会主义协商民主的基础，人民政治协商会议是社会主义协商民主的专门协商机构和重要渠道。

人民政协自 1949 年成立以来，作为在中国国情下稳步发展、具有鲜明中国特色的重要力量，始终发挥着至关重要的作用，在社会主义协商民主完善制度、创新形式、拓宽实践等方面具有重要作用。70 年的发展，人民政治协商会议是中国共产党结合我国日益变化的国情不断调整和创新的成果体现；各级政协是社会主义协商民主的主要阵地。同时，由各级政协代表组成的协商主体发挥了推动性作用，将社会主义协商民主从党派协商提升至政治协商，发展了密切结合、共同发展的党政协商。2014 年 9 月，习近平总书记在庆祝人民政协成立 65 周年的重要讲话中，对于人民政协在长期实践中的作用发挥作出系统总结并予以高度评价，并对新时期人民政治协商会议的事业发展工作进行了重要部署，明确了其在新时期社会主义协商民主中所占据的全局性、战略性发展地位，为人民政协提供了发展指导。

习近平总书记在人民政治协商会议成立65周年的重要讲话，以实现中华民族伟大复兴的中国梦为基本目标，要求人民政协坚持共产党的领导、落实共产党的部署，鼓励人民政协发挥其带动性强、包容性大、影响力广的独特优势，将社会主义协商民主的先进形式致力于解决党政重大问题和人民实际问题，为新时期的改革发展出谋划策，为社会主义协商民主积累宝贵经验。

要想使人民政协在协商民主中的领先和带头作用得以施展，必须稳扎稳打地进行人民政协在新时期新形势下的事业建设。人民政治协商会议是实现多党合作和政治协商的特殊场所，是中国特色社会主义制度的伟大创新，是我国人民民主的重要形式。因此，在发展人民政协事业的全阶段，始终坚持共产党的领导是根本保证，要准确把握法律章程对人民政协的性质定位，从理论创新、功能完善和制度健全三方面落实新时期人民政协事业的时代任务。

第一，推动人民政协的理论创新。通过对社会主义协商民主创新性的解读和剖析，将社会主义协商民主渗透人民政协的全过程，在规范协商议题、丰富协商形式、优化协商结果等方面作出努力；深入落实专题协商和对口协商，推动社会协商对话多种外围形式的发展，积极探索人民协商的新型协商方式，提高协商成效，优化民主决策流程。

第二，完善人民政协的协商功能。人民政协作为社会主义协商民主从国家权力层面向社会公民层次的过渡，在我国政治结构中占有重要的地位。完善人民政协在新的历史阶段的协商民主功能，首先要完善其最根本的政治协商功能；明确人民政协在爱国统一战线中的重要历史定位，完善中国共产党领导的多党合作和政治协商会议制度，确保其他党派人士参政议政、履行职责，提高人民政协履职水平和合作共事能力。与此同时，还要求发展其在社会协商方面的功能，可通过在人民政协中设立相应组织，在规范化协商机制的推动下开展社会内部协商，达成人民政协作为社会主义协商民主的专门协商机构的作用，以及它在促进国家社会和谐发展的独特优势，这是我国重要的政治原则和战略目标。

第三，做好人民政协的制度建设。从理论创新的成果和功能完善的需求出发，对人民政协从制度安排和流程设计方面着手努力，保障人民政协地位的权威性和发展的高效性；确保人民政协工作流程的程序化、规范化事关人民政协职能发挥的实际效果。根据特定协商主题的需求，对该民主协商的参与主体进行选择；在制度保障下扩大人民政协的协商主体范围，使得利益相关者或利益相关代表参与协商过程，全面兼顾并权衡社会各界的人民利益。

在推进人民政协自身完善，即狠抓理论创新和健全制度的同时，加强人民政协在发挥协商民主优势中的模范作用，是开辟人民政协新局面的要求，是社会主义协商民主在新的时代条件下对于人民政协的要求。

（三）切实推进社会主义基层协商民主

中国共产党第十七次全国代表大会的会议报告中关于“发展基层民主，保障人民享有更多更切实的民主权利”的相关讲话，表明了我国社会主义协商民主在中央协商与地方协商、基层协商中的统一性，强调了为稳步实现人民当家作主，社会主义民主政治的基础性工程，即基层民主是首要途径和重要路径。

习近平总书记在人民政协成立65周年的讲话将人民群众作为社

会主义协商民主的要点;同时,涉及人民群众利益的大量决策和工作,主要发生在基层。要按照协商于民、协商为民的要求,大力发展基层协商民主,重点在基层群众中开展协商。[①] 无论是当前现实需求,还是未来发展空间,社会主义基层协商民主均具有显著优势。

社会主义基层协商民主作为人民在社会日常事务中谋求自身利益的便捷途径,是国家建设对于基层民主需求的形式体现。基层民主作为一个理论概念,在社会主义民主政治的实践中兼具中国特色;注重事务管理和基层社会生活的结合,恰是体现了其根据我国国情而产生并不断发展的事实。自党的十二大将社会主义民主从政治、社会、经济、文化等方面向基层拓展的初步提出,到党的十三大提出完善基层民主生活的制度化,再到党的十五大以"扩大基层民主"为建设方向,社会主义民主的基层建设被提升到战略地位。深化基层民主发展需要以扩大基层民主自治和参与为核心;为人民群众提供能够行使民主权利的平台,是实现基层民主和人民当家作主的要求。

1. 社会主义基层协商民主的横向建设

为解决人民群众的基本困难和生活问题,要广泛搜集并切实关注人民群众的真实心声,这就需要按照协商于民、协商为民的要求,将协商民主的一般理论和经验应用于基层协商民主,推进城乡社区、乡镇街道和企事业单位的协商,针对社会生活的不同方面,以不同的协商形式进行社会主义基层协商。

基层协商在城乡社区的实践。社区作为和百姓最直接相关的社会组织,是社会主义协商民主的独特协商主体;而与百姓联系最为密切的协商渠道即是社区会议,其是解决和人民相关的最直接、最具体

① 《中国共产党第十七次全国代表大会文件汇编》,人民出版社 2007 年版,第 29 页。

的民生问题的有效渠道，对于公共政策的合理制定和高效执行提供基础信息。村(居)委会作为社会的基本单元和城乡社区的主要构成形式，和基层人民日常生活联系最为紧密，对于了解并解决基层人民的实时困难最为便捷，组织基层协商会产生直接的人民体验和社会效应。

在城市和乡村社区开展基层协商，要遵循社区党组织的领导，坚持基层群众自治制度，结合当地的社会发展状况，鼓励人们积极参与基层协商，丰富协商主题和商酌形式，拓宽协商范围和协商渠道，在有序进行的协商过程中，确保科学合理的协商决策。

基层协商在企事业单位的实践。工会作为企事业单位实行民主管理、践行社会主义协商民主的主要渠道，是人民依照法律规定和协商手段维护自身利益、行使民主权利的基本方式，主要是指员工代表、企事业单位、劳动保障部门等协商主体就就业、薪酬、福利、社会保险等日常工作事务进行协商探讨，最终达成一致性决策，是缓解社会矛盾的方式，能在基层政府、基层组织和民众之间建立起直接性连接。强化员工的自我权益保护意识和协商民主参与意识，畅通员工表达合理利益诉求的沟通渠道，完善企事业单位和相关部门就保障民众利益开展基层协商民主的规程，是基层协商在企事业单位需要努力的方向，对于保障劳动者的合法权利和利益影响深远。

2. 社会主义基层协商民主的纵向发展

社会主义协商民主在基层和社会大众层面上的建设，是中国民主政治建设的新任务和新趋势。此种情况下，要同步协调推进基层协商的横向建设和纵向发展，要通过完善基层协商民主机制，保障社会主义协商民主在与人民利益关系甚密的民生问题、公共事务等的作用发挥，使得民众能够在公开听证、媒体平台、决策咨询和共同讨论等多种渠道得以普及的前提下,发布个人或组织意见,参与到与自身利益相关事务的决策当中。要落实社会主义基层协商民主在协商各阶段的完备性和纵向发展,保证基层民众的多方利益协调,以了解民情、集中民智、协调民意、保障民利的机制解决基层公共问题,有效化解社会矛盾,提高社会服务质量,维护社会和谐稳定。

健全基层民主制度。为推进社会主义协商民主在基层协商中的规范运作,要结合基层群众自治的特点和基层民众对于解决公共事务的需求,进行具有活力的基层民主制度建设,使得包括居(村)委会和工会在内的基层党组织在领导基层民众协商民主时有据可循,使基层协商民主和社会主义协商民主对于制度建设的要求相契合、相呼应。

强化基层民众教育。基层民众作为社会主义基层协商的直接参与主体,对于协商效果乃至社会决策的科学性、合理性均会产生巨大影响;强化基层民众的协商意识、培育基层民众的民主素养、锻炼基层民众的协商技能等,对于民众积极参与基层协商、有效表达和倾听基层声音、合理权衡协商决策,养成表达、协商、包容、妥协的协商能力,是从公民自身出发做好权益保障的必要之举。

拓宽基层协商渠道。为使得法律赋予公民参与基层协商的权利得以实现,使得公民主动参与协商的积极性不落空,畅通和拓宽基层协商渠道、丰富和规范协商内容,打通民主议事会、社区论坛、听证会等多种渠道,使得各方面的利益诉求得到基层民众的有序表达。同时,结合当前信息技术的革新,发挥各种媒体在基层协商中的创新作用,在做好网络协商规范、构建和谐网络协商环境的基础上,发挥信息技术和网络媒体的独特优势,调动基层民众的主动性,提高基层协商的互动性,形成多维度的基层协商渠道,为基层民众协商提供便捷平台，创造良好的基层协商环境。

推动社会主义基层协商民主的横向建设，保障人民群众的多方面利益诉求得以表达，保护人民群众在生活、工作各方面的个人利益；推动社会主义基层民主的纵向发展，对基层人民群众参与社会主义协商民主的流程运作进行规范，以提高基层群众的参与积极性，是保证社会主义基层协商高效性、有效性的重要策略。

第四节　协商民主落实中的问题

中共中央《关于加强社会主义协商民主建设的意见》是我们党首次以协商民主为主题颁发的中央文件。《意见》强调，关键在于落实，要坚持问题导向，针对和解决近年来在实践协商民主中的突出问题，从深化对协商民主的认识、规范协商的制度机制、提高协商质量、对协商成果进一步转化落实这四个方面进行加强。抓住机遇，大胆探索，为推进基层协商民主，发展中国特色社会主义政治文明作出积极的贡献。协商民主在落地落实中还存在一些问题亟待解决。

一、协商目的局限于咨询

在协商民主落实中，一些决策者并没有理解什么是真正的协商民主，将主动向外寻求对政策的建议和意见的咨询民主当成是协商民主，决策者向民众咨询，决策主体只有一个，那就是决策者，而在协商民主中，政府和民众都应是协商主体，向民众咨询只是由决策者决定，有很大的随意性，而真正的协商民主议程是由法律和制度来决定。

所谓咨询决策，即向政府外部人士征求意见，总结这种民主决策模式的特点,咨询范围大都是政府外部的精英阶层,他们因自身的专业才华和学术成就通过不同的机制参与决策制定的过程,可以说他们在政治决策中发挥着日益重要的作用。但与此同时,这种咨询的方式也暴露了协商目的的局限性。

咨询民主被看成是落实协商民主途中的一条必经之路,但是作为中途之道则必有其缺陷和不足。它的限制首先表现于这样的咨询仅仅是对国家的一些首要困境提出建设性的想法,虽然包含着决策的因子,但是并没有直接参与决策过程,他们的意见只是作为决策参考,而并没有实质性地体现到决策制定中,也就是没有落实到协商民主的根本;另一方面则体现在精英统治与大众参与的冲突,而这种冲突也一直是倡导积极参与的民主理论所面临的一个重要难题。现在已经是在后工业时代,知识的作用会变得越来越重要。“专门技术是取得权力的基础,教育是取得权力的方式。”政治阶层本身就是由具有专门的理论知识和应用技能的人员组成的。但同时大众参与的要求也会越来越强烈。如果说,资本家与工人之间的冲突是工业社会的标志性冲突,那么,专业人员与公民之间在组织内的冲突则是后工业社会的标志性冲突。事实上,精英和大众都是协商民主中不可缺少的部分。一方面,如果没有精英,就无法处理复杂的政策和政治议题;另一方面,如果没有大众,精英也将无法作为。①

一些西方民主的鼓吹者对所谓的大众民主是嗤之以鼻的,他们相信的民主体制中主角并不是人民,而是精英。大卫·杜鲁门说得最直白:“当仁不让,精英就是人民。”

我国的五年规划编制过程中,公众主动参与的渠道不完备,造成

① 卢瑾:《西方参与式民主理论发展研究》,人民出版社2013年版,第140页。

公众对于决策过程的直接影响不足。公众建言献策是公众参与协商民主最重要的途径,但一般是在五年规划将要完成之时才开展,公众建言献策的效果就打了折扣。

但对于公众参与而言,结果固然重要,而过程也同样重要。即便有公众参与的途径,由于五年规划编制的专业性比较强,只有系统深入的研究才能提出有价值的建议,这就很大程度上限制了普通公众的参与程度,更多的是为参与规划编制的专家学者提供了第二通道。我们来看下面这个表格。

表1-1　"十一五""十二五"公众建言献策活动获奖人员的职业类型比重(%)①

	"十一五"	"十二五"
研究机构	38.4	35.6
政府工作人员	30.1	43.3
企业职工	27.4	19.7
农民和农民工	4.1	1.4

从表格我们可以看出,虽然公众参与平台很开放,大家参与也很踊跃,然而"十一五""十二五"公众建言献策活动获奖人员中研究部门和政府工作人员占了大多数,而占据人口比重60%以上的农民和农民工在两次建言献策中获奖比例总和只有5.5%。只是把因由归咎于民众介入意愿不足或是专业知识有限是不确切的,参与的渠道、时间、方式等公众参与的结构性安排同样是影响公众参与有效性的重要因素。

① 王绍光、鄢一龙:《中国民主决策模式:以五年规划制定为例》,中国人民大学出版社2015年版,第196页。

表 1 – 2　公众参与的结构性困境①

	发生原因	解决机理
知识结构困境	存在信息不对称、民众声音易被忽视。	提升教育水平，加强个人的知识储备，促进精英和民众的沟通，为彼此达成共识提供基础。
利益结构困境	人们在利益方面的自我偏向意识以及偏执立场。	古特曼和汤普森说："人们的道德理解可能是构成他们利益的一部分，一部分公民愿意为了他们当作道德利益的东西而牺牲某些个人经济利益，来帮助另外一些在经济上比他们不幸的人。"②要能够不再将眼光局限于自我利益，以宽广的视角去看待彼此的利益关系。
交往结构困境	公众不能够很好地获得并解读相关环境信息，以适当的路径使自己的意见能够顺利传达到相关节点的过程中还有断层现象。	民众在协商过程中的地位需要明确，合法与平等的意义在于每个受到政策影响的人都有发声的必要权利和路径。从问题的发生和沟通、决策的探讨和制定，到最后的落实、指导和监督，都要有充分的民众意见在其中，这里要求民众要以合理的方式表达，以可信服的形式来赢得赞成和回应，为其主体地位的巩固砌上坚实的砖瓦。

① 张保伟：《公众环境参与的结构性困境及化解路径——基于协商民主理论的视角》，《中国特色社会主义研究》2016 年第 4 期。

② ［美］阿米·古特曼、丹尼斯·汤普森：《民主与分歧》，杨立峰、葛水林、应奇译，东方出版社 2007 年版，第 18 页。

但对于公众参与而言，结果固然重要，而过程也同样不容忽视。当群体中的大多数被间接地排斥于公职之外，那么很容易导致对立的局势。于普通民众来说，虽然享用着政策大餐，但是没有参与烹调过程，自觉参与感缺失。

如此来说，当把协商目的局限于咨询，会导致决策质量无法赢得公众的认可和支持。公众是有理性能力和参与热情的，咨询的确是重要的决策方式，要进一步扩大公众参与的途径，创新公众参与的形式，提高民众的参与率。

协商民主开展的意义之一就是使社会决策变得更加合法合理，假若协商对社会决策的影响较小，实际上此时的协商民主就无法再继续留存并发展下去了，由咨询性向决策性转化，才能发掘协商民主的潜力，加快其决策合法化的进程，而这也是协商民主发展的重要目标。

二、协商主体地位不平等

依据 1953 年第四次全国统战工作会议关于统一战线组织问题的意见以及 1994 年人民政协的章程，从一个广泛的含义上来理解，协商主体不仅是协商议题的提出者，同时也是协商过程中的实践参与者，我国的协商民主与中国共产党、人民代表大会、政府、各民主党派、人民团体等密切相关。平等是有效协商的基本前提，致力于追求并实现平等是协商民主的一个重要任务。然而，在现阶段实际的政治生活中，协商主体之间地位仍存在不平等问题，这影响了协商进程中的理性，降低了协商成果的有效性，使得协商民主的核心理念难以被广大主体所接纳，进而无法发挥其制度上的优越性，对中国协商民主的发展造成一定的阻碍。

处于不同社会阶层的群体，政治地位、经济地位不同，存在实践能力、政治素养方面的差异，其拥有的权力和获取资源信息的途径、机会也大不相同。强势群体与弱势群体二者之间的地位差距一定程度上决定了一个人是否有机会进入并参与到协商之中，并影响着他在协商过程中提出的利益主张、个人建议能否得到尊重和接受，参与主体之间地位的不平等阻碍了协商民主有效成果的达成。可从资源、能力、权力等方面对主体的优劣势进行比较，并对该问题为协商民主带来的影响作进一步分析。

多元利益的实现需以相对自由的表达为前提，协商是必经之路，“公共协商不仅是澄清技术和道德信念的过程，而且是人们表达自己愿望和利益的领域，其中，参与者寻找各种路径，使不同的、有时相互冲突的利益和欲望实现融合”①。进行协商时，那些本身具有丰富信息、特殊身份等优势的协商主体，往往表现出强势的态度，试图控制协商的议题、掌握协商的整个议程，他们主导了决策的走向，以此限制弱势群体的表达机会；同时，强势群体会为了自身的利益而蓄意操纵协商进程，试图垄断进程，将协商结果转到利己的方向上。在以上情景中，弱势群体均无法实现真正意义上的协商参与，公共理性被忽视，协商的民主与平等进而难以得到保证。

从理论上来说，公民拥有参与到相关政治对话中的权利，但实际上不是每个人都拥有平等进入协商过程的机会。公民较难平等地发起利益相关的公共协商，无法有效地直接或间接表达自己的利益主张。作为协商民主的一大主体，决策方的部分协商决策更倾向于受

① ［英］马修·费斯廷斯泰因：《协商、公民权与认同》，王勇兵译，《马克思主义与现实》2004年第3期。

到权力结构、经济条件等外界因素的影响。一部分团体为追求切合自身的利益而调用各种资源、使用不同手段，决定协商的主题和形式，独享核心信息，掌控协商议题的话语权，主导协商的发展方向，对参与协商者的范围加以限制，进而达到符合其利益的协商结果。因为对于这类强势群体来说，经济实力是一大优势，通过利用金钱、利益相关的物质资源，干涉民主协商程序的正常进行，比如"承诺"为具有较高决策权的团体提供诱人的利益来换取特定的支持，动用相关势力，通过威胁、胁迫核心决策人员，以达到有利的协商结果等。更广阔的利益表达空间允许他们游走于种种政策限制之间，自由表达自己的利益诉求，而不受到其他群体的威胁。

以基层自治组织为例，政治精英在自治组织中虽占小部分，却主导着大量活动，并对委员会等下属组织实施控制，构成了对协商民主的对话平等的威胁。有时，尽管议题的解决方案并不合理，但无奈之下的合作还是成为大部分普通民众最终的选择。协商的类集权的政治架构，将相当一部分公民置于普通民众的阵列，他们不被认为拥有与政治权利相符的能力，在权势的压制下，平息了表达对已有策略的质疑的欲望，加上监督、激励机制不够健全，协商民主因而难以实践。目前，社会上存在着广泛的资源分配不平等现象，某些被作为将部分公民排除在协商之外的"正当"理由，如技术和工业事故等技术性较强的协商，公民往往因为高技术难度而无法进入。

即使弱势群体有机会进入民主协商的会议，并且看似平等地参与了该决策，但地位的不平等仍在发挥影响：他们几乎不被赋予议题、议程的话语掌控权，同时，积极的精英争取并逐步控制协商的进程以及结果，最终导致大多数弱势群体被排除在外。对于政治精英和普通民众而言，进行协商的先决条件是不平等分布的，由于自身知识水平、道德素养、处事能力、资源占有量的不同，对同一问题的理解能力、人际沟通以及意见表达能力存在差异，而协商是一项需要一定的理性认知、辩证思维、沟通能力的工作，故对两个群体来说，协商达成的效果有所差异。在经济、政治、社会等领域，以至具体事务信息的收集使用、话语表达方面，弱势群体都处于不利的地位，这阻碍了协商过程中主体自由的利益表达，也使得弱势群体对协商民主决策的影响力大打折扣。本该平等的协商效果被削弱，"政治贫困"自然而然地显现出来：詹姆斯·博曼认为，政治贫困包括公民团体没有能力有效参与民主过程，并认为政治贫困会造成公开排斥和政治包容。① 这正是大部分协商主体面临的困境。

福柯在其权力话语理论中提出："话语、权力、知识是三位一体地发挥作用的，一定的权力总是以一定的知识为支撑的。知识使权力合法化，权力使知识体系化，并取得权威地位，成为社会的主流话语。"②社会改革的推进，不仅解放了生产力，也提升了整体的国民素质。在发展过程中，中国共产党始终坚持代表中国最广大人民的根本利益，提出协商民主政策，保障公民的权利。弱势群体不能享有参与民主协商的权利，在观念、思辨、表达等各方面的知识局限，使他们很难在协商实践中掌握作为主体应有的话语权。然而，我国的协商民主之所以处于如此重要的战略地位，就是因为它的民主性是与更多的普通民众相关的，作用于广泛的民众，为其提供直接参与政治过程的相对平等的机会与权利。

---

① ［美］詹姆斯·博曼：《协商民主与有效的社会自由：能力、资源和机会》，陈家刚选编《协商民主》，上海三联书店出版社 2004 年版，第 172 页。

② 张德明：《批评的视野》，上海社会科学院出版社 2004 年版，第 94 页。

三、协商程序不健全

（一）我国协商民主现有程序与制度的不完善

新中国成立以来，我国逐步搭建起了一系列创新的民主政治制度，这些制度是社会主义民主制度的整体框架，是我国社会主义民主制度取得巨大进展的体现，从某种程度上来说呈现了我国协商民主的含义。党的十一届三中全会之后，基层民主体系也逐步成型并不断改善，而以上这些基层民主在实践中经常采用的形式就是“协商民主”，信访、接待日、座谈会等也为了协商民主渠道的搭建而被慢慢开拓，但问题是：这些仅仅是协商民主的外在形式，并没有一套成型的、规范的、完整的协商民主制度体系和程序流程，因而协商民主活动开展的保障力不强。

我国的协商民主形式是不同于西方协商民主理论中的典型制度设计的民主形式，它不仅像协商式民意调查、公民会议、愿景工作坊、协商日等典型设计那样能够完全地具备理性、公平、平等、民主这些协商民主的内核，还存在“上热中温下凉”现象。我国现有的协商民主制度和程序对于保障协商民主的精神和思想来说还不够充分和健全。

协商民主程序化和制度化较低主要体现在政治协商、民主监督以及参政议政这三个方面的不足。

在政治协商方面，其内容要领还不够完善，部分规则不够细化，不具备完备的执行力；在民主监督方面，由于缺乏制度和程序的完善和规范，出现了民主监督的扩展力影响力不够，效率低下，执行力不足，权利落实困难等问题，对于民主党派的建议和意见吸收不够，反馈效果待加强，机制不够健全，民主监督的沟通渠道待拓宽，与会的协商主体的监督权利需要得到有效地保障和落实;在参政议政方面,政策法规的程序化和制度化待完善,党外人士参与政治协商会议的推荐度不高,担任主要职务的参与度不够。协商议程的流程、听取介入观点的程序、创议和见解的办理和反馈等程序还不够恰当,无法保障参政党、民主党派有效地政治参与,并营造一个良好制度环境。造成这些问题的原因主要是程序化和制度化水平不够高,有待提高。

一个完整的协商程序是由协商主体、协商客体、协商步骤和协商效力这四个部分构成的。当协商程序出现不健全的问题,那么实际上就是这四个环节中出现了漏洞和断点。

表1-3　协商程序各环节容易发生的问题简析

协商主体	1. 政治协商的主体扩大程度和范围不够。 2. 协商参与者的结构不够规范,针对性和平等性不足,需进一步调整。 3. 协商主体间信息不对称。每个公民参与协商民主的权利都应是平等的,但是一到落实层面,就会因各种不确定的外在因素使公众主体的地位不太稳定,偏离协商的本质和价值。 4. 新兴阶层融入的程度不高。
协商客体	1. 协商内容在意见交流的流通方向、多样化方面的指导还不够充分。 2. 协商内容的制定主体较为单一,部分意见不能融入协商的各个环节中。
协商步骤	协商步骤包括准备、对话、总结。在第二环节经常出现走过场、投票预先安排、过分顺从领导等问题。

续表

协商效力	1. 协商效力指的是协商结果对最终决策的影响。现有文件中没有明确规定协商效力问题。协商民主制度不具备统一性和整体性。 2. 协商结果反馈机制有待加强。 3. 协商决策的落实监督机制有待完善。

对于协商效力环节反馈机制不足的问题的补充，协商民主的成果和决议之间存在着脱离和不够连续的冲突，具体表现为：在协商对话过程中达成的共识能否被决策机构认同和采纳，这实际上主要取决于决策方的意志，协商民主会的参与者很难对权力机构的决策进行有效的监督和指正，对协商结果的执行监督不够，这使得协商民主流于形式。

（二）程序的不规范与不合理

我国协商民主程序的制定不够规范。程序民主是实质民主达成的首要保障，程序不仅仅是制度的内涵，更是顺利展开协商活动的首要保障。中共中央以及全国政协出台的很多相关文件大都是实质性的规定，缺乏可操作的程序性的规定。

中共中央提出的五个协商程序文件是有关原则性的规定，而不是可执行的细化的实施路径和方式，而且约束力不强，只是参考执行。协商民主中有很多重要原则，比如说“把政治协商归入决议程序”“在决议前期以及决议流程当中举行协商”难以落到实处。

近些年省级党委出台的有关协商民主的文件中，也是以意见为主，而有关程序和规定的较少，这是普遍性的问题，也是瓶颈问题，它阻碍了协商民主工作的推进。很多地区的民主实践由于相应的良性程序的缺乏而无法达到预期的效果和体验。

首先，协商代表是否真的具有代表性，他的提案和发言能不能体现全部民意，与会人员的代表性不足，进而影响决策结果的合法化，筛选和评价协商主体的步骤还有待完善。其次，协商代表的发言是不是有相应的限制，其他协商主体的意见是不是也能得到充分的表达，是不是有足够的时间进行探讨和交流。很多地区协商民主的不规范，率先体现在没有一位训练有素、立场中立、言辞公正的主持人，导致的结果是低效率的协商。再者，协商前后是否有完备的数据统计和分析，这一环节的缺失将使参与协商者的偏好变化与否以及变化的程度指数无从得知。以上三个环节的问题是协商民主程序不合理的主要表征，协商民主需要经过实践检验的具体化的程序，只有这样才能使协商多元化。

（三）公正性较为缺乏

协商程序不健全、制度化程度低，同样体现在其公正性的缺乏，协商民主实际上在古希腊时期就已经有萌芽状态而且有相应的实践，但是与选举民主相比，依然存在着制度、程序上欠缺的问题，尤为缺乏的是公允的协商制度和流程。由于协商民主的方式多种多样，变化弹性强，在协商过程中的公正性较难保证。协商民主的理论建设比较薄弱，协商民主制度包含着平等与正义的要求和特质，但是平等与正义这两个因素有的时候可以融合，有的时候却又会相互冲突，如果把它规则化程序化，兼容难度会较大，还需要大量的实践探索。

公正的协商制度和协商程序的缺乏，一方面会使协商民主参与的广度和深度不够，无法将与社会事务关系密切的公众引入体制化的协商途径当中；另一方面则无法形成具有广泛认可度和代表性的共识，易引起公民对于协商民主的效用和其正义的怀疑。公允的协商程序和协商制度的短缺和贫乏会阻碍协商民主的功能发展。

（四）制度执行力不足

1980年，邓小平在中共中央政治局扩大会议上作了《党和国家领导制度的改革》的讲话，他指出："我们过去发生的各种错误，固然与某些领导人的思想、作风有关，但是组织制度、工作制度方面的问题更为重要。这些方面的制度好可以使坏人无法任意横行，这些制度不好可以使好人无法充分做好事，甚至会走向反面。"[①]邓小平强调了制度建设的重要性。制度不够健全是个问题，但其实制度执行力不足也阻碍协商民主的落实。

在协商民主制度的实行过程当中，不遵守规定或落实力度不足的情况频频发生。比如，中共中央文件中规定"重要问题在决策之前或决策执行过程中进行协商是政治协商的重要原则"，一些地方并没有把政治协商作为党政决策的必要流程，大部分的重要问题在决策的前期不怎么协商，另外还有部分问题即使协商了，但也是以简单化、形式化的方式解决的，有的还用事后通报取代事前协商。再例如，《政协章程》中也对人民政治协商主体的范围和政治协商运作基本要求作了规定，但也没有得到很好地落实，有的协商主体对一些重要议题持不提议协商的态度。[②]

制度是为了维护协商结果的落实，落实的意义实际上就是制度存在的意义。制度存在的意义是当权利受到破坏后可以保障民众寻求合理正规的渠道去维护自身的利益。协商过程浸润着协商主体的

① 董新民等：《政治体制改革的宏伟纲领：学习邓小平〈党和国家领导制度的改革〉》，中共中央党校出版社1988年版。

② 韩冬梅、杨国军等：《人民政协与协商民主》，中央文献出版社2015年版，第320页。

希望和热忱，在他们看来为了一个共同的群体去发出代表他们自身权益的声音是一件非常必要而且非常有意义的事情，当高涨的参与热情得到了相应的结果落实，它就会得以持久，协商民主才能继而更好地发展；但反之，就会出现“厌倦协商”的抵制情绪，影响协商民主的进一步推进。①

（五）法制保障不够充分

协商民主以强调公众参与作为其基本内涵，可以看成是社会权力对国家权力的有效制约。在国家权力施展涉及的各个领域，这样的协商机制都有所表现，在不同的范畴领域内都以不一样的方式表现着，这不仅仅是协商问题，无论哪一种制度的落实都需要依靠法律支撑，它的功效是否能有效正常地发挥，有赖于法律制度的搭建和实施。

从我国目前协商民主落实的现状来看，还有着以下的问题：协商民主机制并没有法制化，我们还并没有形成一个统一有机的法律保障体系。提高我国基层民众参与率并提升协商法律程度亟待解决。法律法规对于各类协商制度没能构成标准化的维护，不够集中统一，达成协商民主目的比较困难。宪法中协商方面的一些公民权利仍有待加强，这就亟须在法制上进行立法处理。法律进程中的协商机制依然存在着理论上的整理合并问题，诉讼外纷争调解机制的领域还面临着进一步扩增的需要。程序上对于行政立法中民众的参与的保障力度不够，形式主义是协商过程中的主要问题。

当法律的监督和指导缺失，一些地方开展协商民主没有实质性的成果。不能否认某些地方协商会议的召开是十分有质量的，这主

① 陈家刚：《协商民主与国家治理》，中央编译出版社 2013 年版，第 173 页。

要得益于一些具有较高政治素养和实践能力的领导人的推动。但需要注意的是，这里的主要决定因素是“人”，但“人”同时又是一个不确定的因素，一旦这样优秀的领导干部升迁或是离任，而后继者没能很好地沿袭下去，那么这样有意义的协商民主就会停滞。只有法律制度才是持久的保障。我国协商民主在落实过程中缺乏有力的法制保障，这些问题的解决也要依靠协商民主机制法律体系的构建。协商民主开展的过程中协商结果执行不力，究其原因，则是缺乏法律法规、制度、监督问责机制的保障。

大量被事实检验的稳健的措施和做法要上升到制度的高度，为成熟的方法和决策的实施提供制度保障。制度化构建一方面可以由顶层设计出发，由上而下进行自小而大的规模性普及和推广，每一步都要做得踏实稳妥，不做“笛子”工程，不留一点漏洞。另一方面，进行横向推广，将某些地区在协商民主工作推进过程中积累下来的优秀经验进行横向传播，供各级机关单位研究学习。程序建设方面要注意的是，“民主就像是一个旋转的陀螺，重要的是旋转的过程，离开了这个旋转的过程，那么民主政治这个陀螺不久就会倒下”①。在这个“旋转”的过程中，程序的作用是非常重要的，前面提到“人”是一个不确定的因素，那么程序管理的实质就是其决定是非人情化的，制度设置是为了限制那些“变量”，限制主观、权力专断以及过度地剪裁。

要想把各界不同的声音平等地纳入一定的场景，就要通过严谨周密的程序以及科学有力的制度来捍卫对话的正义而求得结果，保证社会民主协商对话的公平与公正。

① 俞可平：《民主与陀螺》，北京大学出版社 2006 年版，第 62 页。

四、协商“走过场”问题

走过场的民主实际上是一种缺乏约束的集中。下层官员不敢发声，以官职为大；民众认为自己“被参与”“被代表”，进而认为参与这件事本身就是无意义之事，那么“走过场”现象就在这种缺乏约束的集中下逐渐显露出来了。

邓小平提出，权力过分集中会妨碍民主集中制的实行。他曾尖锐地指出：“权力过分集中的现象，就是在加强党的一元化领导的口号下，不适当地、不加分析地把一切权力集中于党委，党委的权力又往往集中于几个书记，特别是集中于第一书记，什么事都要第一书记挂帅、拍板。党的一元化领导，往往因此而变成了个人领导。全国各级都不同程度地存在这个问题。”①走走过场，聊聊闲天，上级说什么就是什么，没有将个体意见充分地融入集体决策中。

集体协商能否良好地运行其实与最高决策者能否践行民主精神和作风密切相关。集体会议流于形式其实是有一个流程的，很多调研中都有这样的发现，在一些地方的党委常委会会议中，虽然每个常委都能在会上表达自己的意见，但是是否要采纳这些意见和提案还是要看“一把手”的眼色和意见，“走过场”的形式会议如此形成。

西方体制曾提出“分权制衡”来抑制权力的集中现象，但是事实证明这种方式的效率是比较低的。解决“有集中无民主”，就要确立使其更好运行的目标，而不是一味地否定民主集中制。那么最有效的方式就是要将权力运行纳入法制的轨道，让这种运行模

① 王绍光、鄢一龙：《中国民主决策模式》，中国人民大学出版社2015年版，第197页。

式公开化透明化，要让公民能够真正地能够监督权力，监督政府的决策流程。

另一方面，中国的传统文化对我国协商民主中“走过场”问题也有一定的影响。在中国，人际关系是非常重要的社会文化，谁也不愿意得罪谁，中国是典型的熟人社会，每个人都非常看重自身的人际关系，因为这种人际维系可以为未来的不确定发展提供一些保证的因素，最好就是大家都熟，你尊重我，我尊重你，皆大欢喜。但是这种社会文化实际上就为“走过场”问题埋下了隐患。

现象一：“这人我熟，这可是我好哥们儿，不能跟他唱反调。”中国人好面儿，如果协商主导人和自己的关系很好，而且他有在协商会议中持有某个确定的观点，那么自身作为协商人就不太好意思表达出背离的意见和看法。大多数人并不是没有理性的动物，他们也会有自己的判断和异议，但中国文化向来是内敛的基调，在面对关系近的情况时，即使会发声，表达自己的意见，那也一定是非常委婉的，而委婉也会造成真实想法不能充分地表达于众的后果。那么协商结果也无异于“走过场”了。

现象二：“没事儿得罪领导干吗呀，他说什么就是什么吧。”学会照顾彼此的面子，是社会一个不成文的规则，中国人看重自己的脸面，同样会照顾到别人的。我们的公民更习惯于依从而非抗议与革命。协商会议多以座谈会为主，与会者不得已地考虑顾全领导的面子，在这样的氛围下，不走过场都难。有的时候协商过程也许并没有“走过场”，但是受限于中国传统文化中的“中庸之道”“重义气轻得失”，那种以大局为重的集体意识和观念，参与者为了公共认同和利益是很容易达成共识的，但是这种共识的代价是什么呢？它从某种程度上放弃或是牺牲了部分个体的利益，从实质的角度来看是背离了协商民主最初的想法。温和的协商环境是很难得到全面的声音的，不要过于“中庸”，因为如果这样，不同的声音会被归于同一个音频，“不走过场”的过程也会得到一个“走过场”的结果。

五、不同层面协商的广度和深度存在差异

在党的十八届三中全会上，推进社会主义协商民主广泛多层制度化发展被提出，成为一个具有建设意义的阶段性目标。目前，我国已经在多个层面上基本形成了政党协商、人大协商、政府协商、政协协商、人民团体协商、基层协商、社会组织协商的七大协商民主形式。“广泛”要求协商民主横向延伸发展，在社会政治生活的多方面、多领域发挥作用，拒绝局限为单一方面、单一领域的片面民主。“多层”指协商民主的纵向深入扩展，既包含层级上的深度，由基层到中央，也包含贯彻落实的程度，

随着形式的不断丰富、领域的不断扩展、制度的不断完善，横向广泛、纵向多层的协商民主格局已初步形成，但在不同层面上，受现实的具体差异制约，不同形式的民主的落实程度也存在较大差异，协商民主面临着发展不平衡的困境，这极大妨碍了民主进程的深入开展。下面从各种协商民主形式的属性以及现状入手，作简要的分析与比较。

表 1-4 政党协商的属性及现状

政党协商	
立足点	党和国家政治层面
本质属性	本质是政治合作，是政治协商，不是一般的工作性、事务性协商。
制度化程度	制度化程度高。政党制度的框架为执政党和参政党建立了一个制度化、规范化的政治协商机制，强调各政党之间“团结合作、肝胆相照、荣辱与共、互相监督”的协商理念与合作理念①。 相关文件和条例的出台，直接为政党协商的发展提出明确要求，利用法律效力保障政党协商的制度规范化。《中国共产党统一战线工作条例（试行）》，对政党协商的内容作了详细的说明，并介绍了政党协商的多种形式，如会议协商、约谈协商、书面协商等。
协商主体参与度	参与主体为中国共产党与各民主党派。作为政党协商的积极组织者、有力促进者和自觉实践者，中国共产党在政党协商中参与度较高。但仍存在部分党委流于形式，被动协商、象征性协商的现象。 民主党派处于“被动参与”的角色，认为政党协商是中国共产党党委派下的政治任务，提出议题、开展调研的主动性和责任使命意识不强，对协商结果的跟踪和监督不够。
实践成效	通过政党协商，政党精英作为积极的参与者在民主的协商活动中发挥作用，接受集体决策，这极大地提高了中国共产党决策的民主化和科学化水平，有利于构建和谐政党关系，为更好地治理国家提供执政方法路径。 议题科学性不足，对何为“重要”“重大”未进一步确定。形式化现象存在，往往以通报、座谈、咨询等形式代替双向互动式的协商。 中国共产党党委对政党协商的态度呈现出“上热中温下冷”的局面，对协商的重视程度随层级的递减而降低。
地位影响	优势较明显，对社会主义协商民主其他形式的发展起到示范带动作用。

① 杨绪盟：《我国政党协商的先进性及其思考》，《中央社会主义学院学报》2015 年第 6 期。

表1－5 人大协商的属性及现状

人大协商	
立足点	党的群众路线
本质属性	人大发展协商民主，各级人大代表的作用是关键。
制度化程度	从国家角度上来看，以人民代表大会制度为核心的基本制度框架已确立，一些地方的人大常委会缺乏细致的制度规范，监督工作以会议为主，财政预算安排、国民经济和社会发展计划的制订、常委会年度工作计划等领域相关的协商民主配套制度不健全，协商民主程序缺乏必要的规范流程和衡量标准。
协商主体参与度	人大代表通过参加人大常委会会议、参与监督工作等方式，为民表意，普通民众通过代表来参与的意识较弱，代表也往往无法全面细致地了解民情、集中民智。
实践成效	一些地方人大协商民主存在“只征求不反馈”问题，协商深度不足、协商不充分，协商成果未能科学有效地体现在会后的实际工作中。
地位影响	人大协商是坚持人民主体地位的协商民主，人大协商的有效落实能促进基于共同利益的多元诉求，表达与共识的达成。

表1－6 政府协商的属性及现状

政府协商	
立足点	政府层面
本质属性	政府通过直接与社会、民众对话，实现角色和职能的转变，是人民民主与协商民主的有机结合。
制度化程度	民主协商的制度化程度在各级政府中高低不齐，全国范围内的制度设置尚未完全统一。总体来说，中央政府较高，地方政府偏低，较为“碎片化”。

续表

政府协商	
协商主体参与度	政府协商的主体包括政府和政府部门、市场主体和社会公众等。政府协商在必要的信息公开问题上倾向于"被动公开",政府的公共对话能力、包容和尊重的精神有待完善,要保持与社会之间的长久、有效沟通①。
实践成效	政府协商的研究已在探索中摸索出一些规律,如规则型协商、决策型协商、事务型协商和政府预算协商等,但政府协商理论研究具有附带性和边缘性。 政府与社会组织的沟通既符合官方体制下的规范,又具有半官方的性质,但协商对话的平等性与社会性尚未得到很好地落实;由于对协商形式的过分重视,再加上对方法途径的探索不够,政府协商会作为一种政治摆设存在②。
地位影响	政府协商是社会实践发展的现实需要,是化解社会矛盾的现实需要,更是政府与社会进行博弈的现实需要。

表1-7　政协协商的属性及现状

政协协商	
立足点	人民政协
本质属性	以政治协商制度和政协组织为载体和依托实施的协商民主,是在人民政协组织中进行的政治协商。

① 王庆德:《政府协商:一种新的协商民主》,《北京日报》2015年1月19日第1版。
② 曹延汹,张爱军:《政府协商及其实现路径》,《晋阳学刊》2015年第6期。

续表

政协协商	
制度化程度	人民政协在体制内缺乏足够的制度权威，人民政协政治协商程序缺乏制度刚性，部分实践结果的理论未在相关法律上得到体现，宪法中对政协的认识还在统战属性的层次上。
协商主体参与度	政协协商拥有广泛的民主主体，在各类协商主体中，政府的行政协商相对参与度较高。不同行业、不同领域的精英属于政协委员的主体部分，与之相对的民众参与较少。
实践成效	政协委员以界别为载体参与会议、组织讨论、开展活动，区域性限制和层级关系限制等行政性限制的阻碍作用被减弱，来自不同界别的意见及建议被提出、被接收，这些关乎国家的大政方针、法律法规和政策措施的建议可从一定程度上促进党和政府的科学决策与工作①。 政协履行政治协商、民主监督、参政议政的职能，为以人大、政府、党派团体为主体的政治协商提供了平台，为公民有序政治参与提供制度化渠道。但由于其委员产生的方式和工作方式的特点，人民政协尚未与社会建立起相应的一体化机制。
地位影响	制度性法律文件规定了人民政协地位的合法性、权威性，它是中国共产党领导的多党合作与政治协商的重要机构，是政治体制建设的有机内容。

① 孙照红：《政协协商的历史价值及完善对策》，《上海市社会主义学院学报》2015 年第 4 期。

表1-8　社会组织协商的属性及现状

社会组织协商	
立足点	社会组织
本质属性	一种重要的民意表达形式。
制度化程度	制度化程度低。社会组织协商不具有专门的制度规范体系，协商形式、协商内容具有较大的随意性。
协商主体参与度	协商主体直接参与度较高。社会组织包括各工商联、各级工、青、妇等人民群众团体等，具有广泛的参与水平。人民主体性的横向广度得到拓展，公民可就利益相关问题同其他政治主体展开协商，而不是交由人民代表。
实践成效	部分社会组织具有双重制度性身份，在代表群众利益和与有关部门的协调中不易找到合适的平衡点，当国家属性和社会团体两种身份冲突时，其发挥作用往往有限。 在协商民主实践中，社会组织对于“与谁协商”“协商什么”“怎么协商”等问题还存在疑惑，迫切需要建立完善人民团体参与各渠道协商的工作机制。
地位影响	社会组织协商能够把个体的声音，集中到一起，形成系统的意见并加以反映，为利益的保障提供基础平台，便于政府了解民情、把握民意、协调关系、凝聚人心，从而维护社会的和谐与稳定①。

表1-9　基层协商的属性及现状

基层协商	
立足点	广大基层群众
本质属性	基层群众的有序政治参与及民主决策。

① 刘冰、布成良：《人民团体在中国协商民主中的作用》，《山东社会科学》2015年第4期。

续表

基层协商	
制度化程度	制度化程度较低。一些地方基层的协商流程在一定程度上偏离规范化的程序,协商主体的人选变动不大,质询、辩论、反馈等环节缺失。
协商主体参与度	协商参与度较低,协商参与者的确定往往局限在较小范围内,绝大多数的一般民众,特别是社会弱势群体,难以实现有效地参与,基层群众诉求权利无法得到保障。
实践成效	基层协商民主覆盖面有限,落实不到位,重形式、过程,轻结果的实际运用,反馈效果不佳;监督机制的不完善使得协商的落实不够严格、有效;协商权利和监督责任脱节,协商结果执行不力①。
地位影响	基层协商民主既是基层民主制度的重要组成部分,也是一个国家政治制度的基石。

我国协商民主面临着发展不平衡的阻碍,政协协商制度化较高,政党协商社会影响大,而其他一些层面由于处在发展的初步阶段,存在很多不规范的方面。只有贯彻落实协商民主广泛多层制度化发展,横向延伸、纵向深入,充分发挥政党协商、政府协商、政协协商的示范带头作用,充分利用人大协商、社会组织协商、基层协商的实践经验优势,并加以引导,才能实现协商民主的全面、健康发展。

六、缺乏公民参与文化

公民的政治参与是公民"参与制定,通过或贯彻公共政策的行

① 杨根乔:《关于基层协商民主建设的调查与思考》,《中州学刊》2016 年第 1 期。

动”。在民主制度中,“权为民所赋”,公民参与是协商民主运作的核心基础,作为协商主体的重要组成部分,除裁判者外,公民也被鼓励担任参与者的双重角色,要积极地参与到协商进程之中,其重要意义不可忽视。尤其在制定公共政策的过程中,广大群体的主动参与和有效协商,能够使处于不同层级的群体抑制私利的冲动,以一定的理性明确各自的政治立场与利益需求。这对于决策机关全面了解公民需求有重要意义,有的放矢,才能有效维护公民的利益,增强公共决策与公民需求的相互适应性。

在现代社会多元化的文化和价值背景下,就我国目前的状况来看,公民受不同的利益需求、价值理念驱动,存在无法开展理性、有效的协商的问题;协商民主存在制度、流程等方面的不完备,这为公民的参与造成影响。公民参与文化相对缺失是我国协商民主发展过程中面临的一大困境,可从以下几个角度进行深入分析。

从公民自身的角度出发,公民的资源、能力、思想理念之间存在差异,整体素养有待提高。公民某些不全面、不理性的思想意识成为参与民主协商的障碍。受身边社会环境的迁移式影响,部分公民或形成一种理所应当的意识,认为自己的参与行为不足以影响实际的协商结果;或形成一种惯性的思维,选择逃避以维持相对稳定的现状;或表现出一种对协商民主的低信任度,认为大多数的改变无法为弱势群体带来民主意义上的实际效益。

公民理念上的差异受其拥有的资源、能力、权力等因素的影响。资源丰富、能力突出、拥有较高权力的群体,更有可能经历一个相对流畅的良性过程,在积极地表达利益相关诉求之后,较顺利地参与协商决策,并能得到期望的回应,基于此,在实施问题的解决方案时,他们更容易受到自我满足感的激励,在较长一段时期内保持较高的政治参与热情。而对于相对弱势的群体，如处于协商主体困境中的农民群体，缺少对自身权利的自觉诉求，主体地位淡化①，性格内敛、本分，不善于总结并表达出自己的期望与建议；习惯于顺从、克己复礼，被传统的等级观念束缚；个人意识和自由意识淡薄，对现状有较高满足感，批判的思维与远见不足。在部分利益相关的政治活动中，弱势群体抱有“搭便车”的心理，希望其他组织或团体的争取顺带为自己带来好处，而不愿冒险，不敢尝试。弱势地位使参与协商代表将自己定为配角，让渡自身的权利。

目前，社会文化培养的土壤愈来愈深厚，各种各样的思想文化、价值观念蓬勃发展。由于协商是交流所导致的偏好的内在变化，而非聚合。而偏好的转化本身是困难的，协商中的妥协和让步还会抹杀主体的倾向和偏好，加上权力等因素的压制，协商无法保障公民的权益主张，因此，部分公民不情愿（承担）牺牲自己的利益、改变自己的主张的风险。

公民关于政治参与的认识差异造成公民参与文化的不平衡，一些协商主体缺乏必要的政治素养，协商参与意愿和商议水平较低。公民对协商本身的价值认识不够深刻，并不是全体公民都对公共决策程序、政治参与体制有一个全面准确的理解，这在一定程度上影响了协商的实效性和民主性。以公民是否愿意承担协商过程中的某些特定责任为例，这些责任包括对他人的主张作出回应的责任、阐明自己的观点并说服他人的责任、修正方案促成公共决策的责任等。如果公民不认为协商民主具有与其地位相符的价值，就不愿为其花费

① 徐行、陈永国：《主体性困境：农村协商民主进一步发展的障碍》，《长白学刊》2016 年第 2 期。

时间和精力,更不会自觉承担上述责任并发挥其实质性作用。大部分公民无意识地将参与协商视为义务,而不是权利,而在我国当前的体制下,对协商民主的阐释最终归结为对民主的强调,参政是一种主动自愿的理性行为。

协商民主是一个公共决策的过程,决策结果对各个阶层成员的共同利益会产生一定的影响,决策成功则几乎所有成员得以享用利益成果,反之,利益受损的后果将由绝大多数人来承担。公民致力于追求效用的最大化,当投入的个人时间、精力等其他成本与带来的收益不对称时,如遇其他主体"搭便车"、受某些限制而无法表达等,这往往会导致公民参与的消沉。此外,公民在集体行动过程中遇到一些阻碍,受到来自政府等强势团体的约束和限制。公民参与民主协商,试图通过参与的方式获得更强有力的政治力量以影响政府等,适当调整相关策略,进而维护自身的利益需求,是一场政治博弈。

我国的协商民主在实行过程中还存在制度上不完善、流程不规范等问题,缺少公众广泛参与的制度化安排。普通公民的信访、竞选、提案、批评、建议、质询、讨论会、辩论会、座谈会、听证会等常态长效化机制还不够完善,决策方还有可能运用法律、行政手段来限制公民参与的程度和范围。协商过程中"信息不对称"的现象也不同程度地存在。尽管现代社会处于高速发展的信息时代,传统媒体与网络新媒体的力量十分强大,信息传播功能强,决策方仍在信息来源上具有较强控制力,影响和塑造民意。此外,社会上部分群体的道德缺失给整个社会风气带来了消极的影响,这种社会冷漠不仅淡化了人与人之间的关系,同时也削弱了人民对国家的责任感,一种基于不信任而产生的距离表现为政治冷漠。

第二章　舆情表达机制对协商民主的完善

走出协商民主在发展中的困境,增强协商民主在现实中的实际可操作性,需要建立健全能够推进协商民主制度化发展的实现和保障机制。舆情表达机制不仅是协商民主独特内涵的重要内容;同时,舆情表达机制"对接"进协商民主体系具有政治合理性和正当性。舆情表达机制是完善和保障中国协商民主制度化的重要实现路径。

第一节　舆情表达的内涵

一、舆情的界定

在现代社会,我们每个人都与舆情息息相关。就像美国前总统卡特描述的那样:"精确而有用的情报,对国家和个人来说,如同氧气对于我们的健康和幸福那样必要……它帮助人们决策世界上日益复杂的各种问题。”[①]这里的“情报”一词，正是我们所说舆情的一种表现形式。

(一)舆情思想的中外演变

1.“舆情”的字面释义

《说文解字》对“舆”一字的解释为“车舆也”，这也是“舆”这个字最初的用法。据记载，“舆”字最早出现在商代甲骨文中，本意指古代的一种车；与人连用时，也指与车相关的各种人物，如车夫等；后被泛指为庶民百姓。在当今的语义中，“舆者，众也”，舆就是指民众、公众、群众的意思。

图2－1　“舆”字的发展演变

相比之下，“情”字的释义就十分抽象。《说文解字》注“情者，人之欲也”；在《礼记·礼运》中则有“何谓人情？喜、怒、哀、惧、爱、恶、欲，七者弗学而能”的说法，这句话的大意是说，人天生就具有喜、怒、哀、惧、爱、恶、欲七情，不需要通过学习获得。可以看出，这些都是对“情”字内涵的解释。而在当今的语义中，情则可以概括为人的主观意识，比如情绪、态度和意见等。

从以上两个字的释义中，“舆情”的字面意思是指“公众的情绪、态度和意见等”，《新华字典》也采用了这个解释。在《辞源》中，“舆

---

① 王来华：《舆情研究概论——理论、方法和现实热点》，天津社会科学院出版社2003年版，第33页。

情”的释义则为“民众的意愿”,与前者有所不同。据考证,“舆情”一词最早出现在《旧唐书》(卷一百七十七),是记载于乾宁四年(897)呈于唐昭宗的一封诏书中:“……朕采于群议,询彼舆情,有冀小康,遂登大用……”这是目前发现中国古籍文献中最早出现“舆情”连用的正式文书。

2. 中国历代包含舆情思想的代表性观点

“舆情”这一词语的使用是在唐朝后期才开始出现的。然而,含有舆情思想的类似说法早已出现在我国古代先贤的典籍记录中。按《辞源》将“舆情”释义为“民众的意愿”来考究,最早可追溯到战国后期思想家、道家学派的代表人物庄周最早使用“民意”一词。《庄子》有言:“上法圆天,以顺三光,下法方地,以顺四时,中和民意,以安四乡。”①庄子用剑来比喻治国之道,劝谏赵文王要善用“诸侯之剑”,因为它“对上效法于天而顺应日月星辰,对下取法于地而顺应四时序列,居中则顺和民意而安定四方”。此外,历史上古人还使用“民心”“民本”“民欲”“民隐”“民瘼”“民之口”等词语来表达广大民众的意愿,传递来自人民的声音。例如,《左传·昭公七年》中讲:“六物不同,民心不一,事序不类,官职不则,同始异终,胡可常也?”其中民心指人们的思想、情感。《尚书·五子之歌》记载:“皇祖有训,民可近,不可下。民惟邦本,本固邦宁。”强调民众就是国家的根本。《尚书·泰誓》还记载:“天矜于民,民之所欲,天必从之。”谈到了民众的欲望。《国语·周语上》中说:“先王非务武也,勤恤民隐而除其害也。”韦昭注释为:“隐,痛也。”民隐指的是人民的痛苦。《诗经·大雅·皇矣》记载:“监观四方,求之民莫。”民莫指的是民众的疾苦。

① 王先谦:《庄子集解》,上海书店1987年版,第86页。

(1)“民心”与“民本”

历代明君贤臣都十分重视民众的力量,重视了解人民的思想、感情、意愿等。《尚书·五子之歌》是夏康之弟劝诫夏康而作的诗歌,意思就是统治者要敬民、重民、爱民,认识到蕴藏在广大人民中的力量,自我约束,修善德行;慎重地处理民事、国事。

苏轼也曾在《送表忠观钱道士归杭》一诗中写道:“先王旧德在民心,著令称忠上意深。”这是对“前任统治者在人民中拥有极高威望,现任统治者借此来维护自己统治”的描述。在中国漫长的封建社会中,因民心得失而引起的国家政权更迭的例子不胜枚举。

(2)“防川”与“鼻息”

《国语·周语上》中记载:“防民之口,甚于防川,川壅而溃,伤人必多,民亦如此。是故为川者,决之使导;为民者,宣之使言。”是召公劝谏当时的统治者周厉王要理解民声通达的重要性。召公认为,压制百姓发表批评意见,就像强行堵截河流一样,一旦河水被堵塞而决堤,必会造成极大的灾难,伤害的人一定很多。随后,召公又指出正确的处理方式,对待民众的批评意见要像疏浚河道一样,让水畅流;统治者也应该让百姓自由地发表看法和见解,使之能够畅所欲言。但是,周厉王并没有采纳召公的劝谏,最终引发政治动荡,在“国人暴动”中仓皇下台。

与召公以“防川”喻“防民之口”相似的另一说法是《吕氏春秋》中提到的“民欲”,《吕氏春秋》中记载:“国益有郁,生德不通,民欲不达,此国之郁也。国郁处久,则百恶并起,而万灾丛至矣。”国家的“郁结”就在于统治阶层与民众之间的沟通表达渠道不通畅,上层统治者不了解民众的要求,长此以往,国家的统治基础就会动摇,社会秩序混乱不堪,“国将不国”。

清代启蒙思想家魏源曾将民众的舆情比作“鼻息”，在《治篇十二》中他讲道：“天下其一身欤？后，元首；相，股肱；诤臣，喉舌；然则孰为其鼻息，夫非庶人欤？九窍百骸四肢之存亡，视乎鼻息。口可以终日闭，而鼻息不可一日梶。”①国家就像人的机体一样，帝王是头脑，丞相是四肢，诤臣是喉舌，民众就是鼻息。他认为必须使上下情况得以贯通，才能保持一个政体的生命力。此外，魏源还把民众表达意愿的途径比作“受光”，“受光于隙见一床，受光于牖（注：窗户）见室央，受光于庭户见一堂，受光于天下照四方，君子受言以达聪明也亦然”②。这是希望统治者能够广开言路，充分考虑来自被统治阶层的意愿。

(3)“水舟”

作为中国传统政治哲学主流的民本思想，“君舟民水”的观念早在战国末期就已经出现。在《荀子·王制》一文中提出：“庶人安政，然后君子安位。传曰：‘君者，舟也；庶人者，水也。水则载舟，水则覆舟’，此之谓也。”荀子把“庶人”也就是大众百姓当作政治安定的基础，只有获得民众的支持，君王的地位才能安稳。当然，更为我们所熟知的则是唐代《贞观政要》中“舟所以比人君，水所以比黎庶，水能载舟，亦能覆舟”的概括。一代贤臣魏徵因此被唐太宗李世民誉为“人镜”。在中国传统的政治哲学中，对“庶民”的重视程度是历代统治者都不得不面对的问题，这也构成了中国传统舆情思想的重要组成部分。

3. 西方“民意”思想的渊源

关于“民意”概念的出现，虽然早在中国战国后期就已经被庄子

① 魏源：《魏源集·默觚》，中华书局1976年版，第67－69页。
② 魏源：《魏源集·默觚》，中华书局1976年版，第67－69页。

率先使用①,但是,这一概念比较广泛地运用却是在近代,尤其是法国大革命之前启蒙思想盛行的欧洲国家。舆情与民意,这两个概念中都基本包含“民众的意愿”这一含义。

在18世纪的法国启蒙运动中,思想先驱卢梭首次提出了公众意见(opinion publique)的概念。据《牛津英语大辞典》的介绍,英文的“公众意见”(public opinion)一词最早出现于1781年。关于“public opinion”的中文翻译有很多种,国内(含港、澳、台)很多译者都直接将其翻译为“舆论”。除此之外,它还可以被翻译为公众意见、公共意见或公意、民众意见、群众意见、群意;同时,也有一些台湾学者直接将其翻译为“民意”。

从雅典的城邦民主时代起,西方的民主政治就登上了历史舞台。经过公元前594年的梭伦改革,雅典民主政治在伯里克利时期得到前所未有的发展,主权在民的理念成为其民主的重要标志。公元前4世纪中叶,雅典城邦的法律规定所有年龄满20岁的男性公民都是公民大会的成员;每个公民都可以提出议案,同时具有投票表决权。② 虽然雅典城邦时代的民主并非现代意义上的民主,也存在非常多的弊端;但它使得公民具有直接参与城邦治理的权力,是人类历史上民主进程中的重要一步。

罗马共和国末期,著名政治家西塞罗提出国家是“人民的事业”,在政治上人人平等的思想,并据此概括了国家和人民的内在联系。他认为:“人民并不是由偶然事物联系起来的人群,而是共同拥有法律和各项权利,希望分享共同利益的为数众多的人们的集合。”③西塞

① 《庄子》有言:“上法圆天以顺三光,下法方地以顺四时,中和民意以安四乡。”

② 齐世荣:《世界史·古代史》,高等教育出版社1994年版,第261页。

③ [古罗马]西塞罗:《共和国》,商务印书馆1999年版,第35页。

罗的观点表达了“人民的意愿要表达出来”并被统治者充分考虑的这一民意思想的基本内涵。

文艺复兴时期意大利的政治思想家马基雅维利在其著作《君主论》(1513)中也谈道:“君主必须同人民保持友谊;否则,身处逆境的他就没有回天之力。”他还认为,君主无论怎样取得君权,成功之后的第一件事就是要想方设法争取人民的支持;只有如此,君主才能够坐稳江山。

启蒙运动的先驱卢梭是首先提出“民意”(public opinion)这一概念并对其作深入研究的思想家。在被誉为“现代民主制度基石”的《社会契约论》中,他提出了“人民主权”的原则:主权是民众意愿的运用,民意就是公众的共同意志,那么,主权属于人民。卢梭认为,在产生公意的全体人民之中,一切决议都必须遵守以公共利益为出发点的原则。在这一点上,“公意”与我们所研究的以自身利益为出发点的“舆情”有一定的区别;在某种意义上,卢梭所提出的公意概念是舆情更为高级的呈现方式。

英国资产阶级革命之后,论证人民地位的政治思想家与代表作品逐渐增多。例如潘恩的《人权论》、黑格尔的《法哲学原理》、塔尔德的《民意与公众》等。这些作品或从政府角度、或从哲学角度、或从社会角度等不同侧面叙述了在维系一国政治稳定中民众所发挥的不可替代的重要作用,成为西方民意思想的重要组成部分。

现在,很多国家经常使用民意测验或民意调查(public opinion poll)来反映来自民众的声音;用民情(public sentiment)表示民众的情绪。这些词语都包含有一定的民众意见与意愿的含义,与我们所说的舆情有一定的相似内涵。

(二)舆情的定义与内涵

在本书中,舆情是指公众对某一社会“焦点”“热点”问题或与公众切身利益相关的社会公共事务所蕴含着的不同主观情绪、态度和意见的总和,它反映着公民情绪和民众的社会政治态度。但并不是所有的群众议论都能构成舆情,议论通过一定的表达渠道并借助一定的表达载体体现出来,同时发表意见的公民达到适当的比例,才能构成舆情。

现代社会中,借助于互联网等新媒体发展起来的网络舆情正在逐渐成为舆情表达的主流形式。网络舆情就是指现实社会中的某一热点问题或是某一现象,在网络等传播媒体上引发网民的初步关注之后,借助媒体平台的传播和放大作用,使更多的网民利用各种网络传播方式,比如论坛、微博、微信等各类即时网络通讯工具,对该信息进行加工传递,逐渐形成一种或者多种观点鲜明的舆论观点;与此同时,网络上的声音开始对现实中的社会产生一定的影响力,引起现实社会中公众的共鸣,据此,线上线下产生互动导致网络舆情的影响不断扩大。

1. 关于舆情定义的一些主流观点

学者王来华是首先提出并阐释了“舆情”概念,从民众社会政治态度和国家管理角度出发,将“舆情”释义为“在一定的社会空间内,围绕中介性社会事项的发生、发展和变化,作为主体的民众对作为客体的国家管理者产生和持有的社会政治态度”①。如果把中间的一些定语省略的话,舆情就是指“民众的社会政治态度”。这个定义把民

① 王来华:《舆情研究概论——理论、方法和现实热点》,天津社会科学院出版社 2003 年版,第 32 页。

众的意愿限定在民众的社会政治态度方面，在内容、阐发对象以及表现形式上等，都相应地缩小了。但是，它所包含的民众与国家管理者之间的利益关系却变得更突出了。这也是称其为狭义性定义的主要原因。在探讨舆情主客体间的相互关系之后，这一定义将舆情界定为民众的社会政治态度；此外，在舆情这一概念上，民众与国家管理者之间的主体与客体在理论意义上的关系，在具体实践中的关系等，这些问题还待进一步探讨。

《舆情信息工作理论与实务》的作者认为：所谓舆情，是指在一定的社会空间内，围绕特定的舆情因变事项的发生、发展和变化，在民众中产生和存在的对执政者及其所持有的政治价值取向的社会政治态度。① 或简述为，舆情是舆情因变事项发生、发展和变化过程中，民众所持有的社会政治态度。

还有的学者则在公众的社会心理在可见的形式下寻求表达的基础上，将舆情概括为"公众的情绪"②。

另一位学者认为，舆情即民意情况，包括公众对社会公共事务各个方面显露出来的问题尤其是热点问题的公开意见（即外露部分）或情绪反应（既可能外露又可能不外露部分），它是社会脉动和公众情绪的自然而然的流露和体现。③

也有学者从民情、民力、民智等的角度出发将舆情定义为："国家决策主体在决策活动中必然涉及的、关乎民众利益的民众生活（民情）、社会生产（民力）和民众中蕴含的知识和智力（民智）等社会客观情况，以及民众在认知、情感和意志基础上，对社会客观情况以及国

① 张兆辉、郭子建：《舆情信息工作理论与实务》，辽宁大学出版社 2006 年版，第 13－14 页。
② 齐中祥：《舆情学》，江苏人民出版社 2015 年版，第 36 页。
③ 丁柏铨：《略论舆情——兼及它与舆论、新闻的关系》，《新闻记者》2007 年第 6 期。

家决策产生的主观政治态度。”[①]简单来说，就是将舆情等同于民众的主观政治态度，强调在政治方面的特点。

对于西方学者关于民意的研究，台湾学者王石番在其著作《民意理论与实务》[②]一书中，作了比较详尽的介绍。德国哲学家加尔夫认为：“民意，是一个国家的大多数公民，每个人反省或实际了解某件事所得到的判断后，许多人的共识。”[③]

社会心理学家雅尔保在《迈向民意科学》中认为：“民意是在许多人的情境里，个人可随时发表自己的意见，或被要求表达自己的意见，来赞成或反对具有普遍重要性的特定状况、人、计划等，并表现出人数、强度和稳定性的比率。”

美国学者韩念西在其著作《民意》中，将民意概括为：“民意是一群特定的人，针对具有一定重要性的事务，所表达出来的各种不同看法的总和。”在这一定义中，他指出了构成民意的五个因素：问题的呈现、公众的性质、好恶的综合、意见的表达和涉及的人数。

研究民意与宣传的美国学者杜伯则首次提出了内在（internal）民意和潜在（latent）民意的区别。他认为，前者是人们对于一项问题的态度不表达出来时的意见；而后者是指人们对于一项问题的态度处于尚未形成之时，或者该问题不足以影响态度之时的意见。

德国新闻传播学者诺尔纽曼对民意的定义有独特的理解。她认为，民意定义在观念上属于社会系统的层次，突出其社会心理层面的特征。诺尔纽曼曾提出一种“沉默螺旋”现象：当人们感觉到自己的意见（可以是全新的意见，也可以是旧有意见的重复）属于“多数”意

① 张克生：《国家决策：机制与舆情》，天津社会科学院出版社2004年版，第23页。
② 王石番：《民意理论与实务》，黎明文化专业公司1995年版。
③ Christian Garve, *The New Encyclopedia Britannica*, 1911, Volume 15, p. 211.

见或处于“优势”地位时，便倾向于积极大胆地发表这种意见；反之，当发现自己的意见属于“少数”意见或处于“劣势”地位时，即使有公开发表的机会，也可能会为防止被孤立而倾向于保持“沉默”。意见一方的沉默会造成另一方意见势态的增强，如此循环往复，就会造成一方越来越强大而另一方越来越沉默的“螺旋式”发展过程。在之后的研究中，诺尔纽曼不断更新对民意的解释：民意是在位者与人民必须注意的盛行意见（1973）；民意是一个人在争议的氛围中，能公开而不受到孤立地表达意见（1977）；民意是能公然表达而不怕受到制裁的意见，也是能据以公开行动的意见①。

2. 舆情的内涵

本书将舆情定义为：公众对某一社会“焦点”“热点”问题或与公众切身利益相关的社会公共事务所蕴含着的不同主观情绪、态度和意见的总和，它反映着公民情绪和民众的社会政治态度。

首先，舆情是依托于社会现实而存在的，是社会意识的一部分。换句话说，舆情不能离开社会独立存在，它是对现实社会问题的一种感知。而这种社会问题一般是当前的“焦点”问题，也可以是近期的“热点问题”，也可以是关系到民众切身利益的一些问题。而舆情作为一种社会意识，反映的是民众对社会现实的态度。从这个角度上来看，舆情在本质上是公众持有的、以公众和国家管理者之间对立统一利益关系为基础的一种主观态度。② 这又包含两个基本内涵：第一是公众对国家管理者及其行为的认可程度。认可程度关系到民众对

① Noelle – Neumann. E. *The Spiral of Silence*: *Public Opinion – Our Social Skin*, the University of Chicago Press, second edition(1993).

② 王来华：《舆情研究概论——理论、方法和现实热点》，天津社会科学院出版社 2003 年版，第 6 – 8 页。

国家管理者地位和作用的接受程度,关系到国家政权维护、经济发展和社会稳定程度,也关系到一国的国家安全和国际声望。第二是国家作为管理者对公众的利益代表程度。这包括管理者的管理责任、权力和权威,以及服务。而最佳状态下舆情的社会政治态度,就是以上两个基本内涵的统一。但古今中外的历史实践都表明,以上两个基本内涵的统一是不容易实现的。而开展舆情理论和实践问题研究的重要性,就是通过调查和研究以上两个基本内涵来实现的,为实现两个基本内涵的统一提供可参考和具有实际操作意义的依据。

其次,舆情是一种集合性表达,是民众不同情绪、态度和意见的总和。舆情可以说是群众议论的一种,但并不是所有的群众议论都能构成舆情,议论通过一定的表达渠道并借助一定的表达载体体现出来,同时,发表意见的公民达到适当的比例,才能构成舆情。舆情是由具有代表性的民意汇集起来而形成的,代表了一定数量民众的情绪、态度等主观意识,不可避免地会成为影响国家与社会稳定和发展的重要因子。这也是我们研究舆情理论的重要现实意义。

最后,舆情与舆论的区别。舆情的内涵天然就包括两个组成部分:隐性的态度和显性的意见。简单来说,就是未被表达出来的“舆情”和被公开表达出来的“舆情”两个部分,即无论民众是否表达,都是舆情。但是,大多数关于舆论学的研究都在强调舆论在具有“公众意见”基本含义的同时,也会明确或不明确地指明其“公开言论”的含义。[①] 此外,舆情的表达渠道众多,包括媒体上的信息,还可以通过民意调查等手段采集;相比之下,舆论则更依赖于利用大众传播媒介进行传播、收集。

---

① 徐向红:《现代舆论学》,中国国际广播出版社1991年版,第110页。

二、舆情表达的界定

(一)什么是舆情表达

舆情表达指将舆情表达出来的过程,是作为舆情表达主体的民众将关于某一客观社会事件的情绪、态度、意见等主观意识通过一定的舆情表达渠道公开表达出来,并期望得到有利于自己权益的回应的过程。舆情表达通过展现不同群体、载体的话语特征来实现对整个舆论环境的改造。同时,舆情表达是群体化、共识化的一种意见表达,在某种特定的程度上是民意的体现。这和协商民主中不同协商主体通过对话讨论、相互妥协、进而使得偏好转移,最后达成共识的内在要求是高度一致的。

舆情是民众关于某一具体客观社会事件不同的态度看法经过充分互动而形成的集合性主观意见。舆情包括表达出来的和未被表达出来的两部分,即外显的意见和内含的态度两个部分;而舆情表达就是其中属于外在意见那部分舆情的直观显示,表达出来的就是公开的显性舆情。对于舆情是否被表达出来的区别具有极为重要的理论意义,这就是说只有通过一定的渠道表达出来的舆情才具有公众的力量,才会对社会现实形成实质性的影响;否则,内含的舆情态度就只能成为个人情绪的一部分,失去当下的影响力,外界也就不会对此作出任何反应。同时,只有表达出来的舆情才更有可能对政治过程产生影响,才更有可能吸引决策者的关注,才更会成为"政府应慎重加以重视的意见"①。民众表达意见的目的之一就是对利益的诉求,民主政治可以看作是社会中不同的个人或团体,为了保障及争取其

① V. O. Key, *Public Opinion and American Democracy*, New York: Knopf, 1961, p. 7.

权益所设计的政治体系。从民众诉求的出发点看,舆情表达是一个维护或争取权益的过程,在这一过程中,其表达所产生的影响力需要政府加以重视。从政府执政的角度看,舆情表达是政治过程的一个重要阶段,意味着政治过程的开始。

（二）舆情表达的四大要素

1.舆情表达的主体

舆情表达的主体,是谁在表达的问题。从利益诉求角度看待舆情表达中的主体——民众,就会发现公民在这里代表的不仅是不同的个体或其集合,而且是处于被管理者地位的不同利益群体。社会公民的被管理地位是与权力机关的管理者地位相对应的。

民众作为舆情表达的主体,是一个构成极其庞大和复杂的群体概念,除了处于国家管理者地位的个人和群体,其余全部利益个体或集合都应该被包含在内。民众是由不同社会阶级阶层、社会利益群体、生活群体共同构成。而它所包含的不同利益群体都是舆情表达主体的具体构成部分,可以成为一个整体,也可以成为相对独立的组成部分。

不同人群、具有不同特征的民众舆情表达的方式和影响力不同。什么样的民众更愿意将内隐的态度表达出来?以及什么样的民众所表达出来的内容更具有“政治力量”?国外的民意研究学者在对中国公民关于民意表达的调查研究中发现,受教育程度、社会地位、年龄、性别及工作单位类型等是其中影响较为活跃的因素。我们知道民众是一个群体概念,社会群体的受教育程度、职业类型、社会关系、居住环境、群体规模等都会影响其表达能力,即是否愿意表达以及表达的有效性。舆情表达主体受其内在的表达能力与外在的社会化关系、组织化程度、代表性程度等影响,会对舆情表达产生不同的效果。

受教育程度及年龄等因素会影响表达的准确性和严谨性，总体上呈正相关关系。而社会群体的组织化程度影响其表达能量的高低，一般来说，有组织的群体比无组织的群体拥有更多的共同利益，具有更大的凝聚力，也因此会产生更大的影响力，即具有更大的“政治力量”①。社会群体表达意见，通常需要推选出代表做发言人，代表能否真正反映群体的声音，对于舆情表达效果有直接影响。同时，表达的主动性也是一个不容忽视的影响因素，与表达能力有所不同的是，划分表达主动性的界限往往是不清晰的，不能单纯依靠群体特点来判断。内在的主观感受更能准确地判断民众的表达意愿。而这里的感受主要就是指民众的利益感受：自己的利益是否受到不公正待遇，以及是否需要维护或争取。

2. 舆情表达的内容

舆情表达的内容，是表达什么的问题。舆情表达的内容就是围绕某一社会性话题所形成的各种看法和意见，对决策方来说是一种舆情信息。设置舆情表达是以完善社情民意反映制度、构建官民良性沟通互动机制、推动公民有序政治参与为主要目的。舆情信息与舆情是两个截然不同的概念。舆情是指由特殊社会事件而引发的民众社会政治态度，包括显性意见和隐性态度两个部分；而舆情信息则是指人们有组织、有目的地对舆情进行汇集后，经过分析而形成的，是对一些特殊舆情状态及其变化情况进行专门描述、反映的一种表现形式。② 中共中央宣传部舆情信息局在《舆情信息工作概论》③中

① Floyd H. Allport. “*Toward a Science of Public Opinion*”, *Public Opinion Quarterly*, Vol. 1, No. 1 (January 1937), p. 20.

② 《什么是舆情信息?》. http//blog. sina. com. cn/s/blog_5e8d115d0100da31. html. 2009-05-22.

③ 中共中央宣传部舆情信息局：《舆情信息工作概论》，学习出版社2006年版。

提出，舆情信息是社情民意的交汇聚集。所以，舆情信息与舆情最主要区别就在于舆情是客观存在的，而舆情信息只是舆情其中的一种表现形式。

3. 舆情表达的对象——国家管理者

舆情表达的对象，是向谁表达的问题。舆情表达的对象是国家管理者、公共权力机构。国家管理者，从舆情角度出发来看，是对处于管理民众地位的政党、政府、参政议政机构及军队、警察等国家机器中各类国家和社会事务的公共权力机构总称。国家管理者是指这一群体处于国家和社会的管理者地位，并代表着民众利益和国家利益来行使管理权利和义务。其扮演的社会角色是双重的，不但要扮演具体的工作角色，同时还要扮演民众的“利益代表”角色。同时，国家管理者还是社会舆情事件的产生者、控制者和协调者，在相关的公共决策和实施中具有决定性权力。一般来说，舆情表达的对象涉及国家的管理机构及其主要部门，这包括执政党、人民代表大会和各级人民政府及其办事机构以及其他的国家权力系统部门（如司法、警察机关、军队）等。

4. 舆情表达的渠道

舆情表达的渠道是指民众与国家公共权力机构进行交流与沟通的各种途径和方式。在中国历史上，无论是政治家还是思想家，古人大都能认识到舆情、民意的重要性，因而舆情表达渠道拥有较为悠久的历史。《国语·厉王虐国人谤王》中：故天子听证，使公卿至于列士献诗，瞽献曲，史献书，师箴，瞍赋，矇诵，百工谏，庶人传语，近臣尽规，亲戚补察，瞽史教诲，耆艾修之……①

① 《国语》，商务印书馆1933年版，第11页。

在现代政治体系中，常见的民意表达渠道主要有“两会”、信访、听证会、网络论坛和博客、基层对话会等。通过两会把民意反映给政府部门是现代中国特色社会主义民主的重要体现。其中人民政协在利益诉求中的意义就在于，它的设置为社会各界人士的合理表达提供了合法保障。信访是极具中国特色的一个制度设计，是党和政府联系群众的重要渠道。随着互联网的兴起，政府和各大网站的论坛以及个人博客、微博、微信等逐渐成为民众意见表达的平台和窗口。有学者认为，现阶段的网络存在的一些舆情表达的局限，比如网民并不能全面地覆盖公众，网络只能部分地反映民意。也有学者持有比较积极的态度，认为与论坛相比，各种新媒体的意见表达方式更为严谨，表达空间更为稳定，将逐渐成为公民政治参与的重要方式。近几年，基层政府和社区逐渐开始探索民意表达的新途径，比如武汉市的“社区对话”活动①，河北省邯郸市邯山区的“市民论坛”活动②，以及获得社会各界普遍关注的温岭民主恳谈会等，这些活动的参与者是百姓和政府相关部门，对话内容多元化，具有收集信息、处理问题、反馈结果的功能，成为舆情表达的良好平台和渠道。

---

① 王敬尧：《参与式治理：中国社区建设实证研究》，中国社会科学出版社2006年版。

② 尹善：《“社区互动会”，互动促和谐》，《社区》2006年第2期。

第二节　舆情表达机制及其评价标准

一、舆情表达机制的界定

（一）什么是舆情表达机制

要使舆情表达更好地起到推动社会进步的作用，良性的表达保障机制是必不可少的。在现实生活中，普通民众在与公共权力的协商中往往处于弱势地位。当有关社会客观事件发生以后，民众会从自身出发对此形成观点，并在一定的主客观条件下表达出来，而表达出来的舆情能否得到有效回应，是需要相应机制来保障的。

社会学中“机制”的内涵是：在正视事物各个部分存在的前提下，协调各个部分之间的关系以更好地发挥其整体作用的具体运作方式。舆情表达机制是用来保障舆情表达的制度机制，它包括舆情表达的发生、沟通、实现、保障的各个阶段及其组成要素，这些阶段的协调配合使得舆情表达机制得以良性运行。

舆情表达机制主要解决如何使舆情表达的各个阶段能够协调运行的问题。舆情表达中的各个阶段包括民意培育阶段、理性沟通与科学回应阶段、良性保障阶段等。

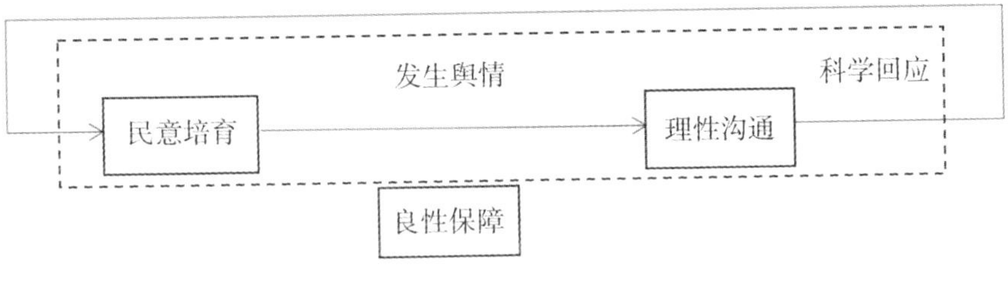

图2－2　舆情表达机制的运行阶段

1. 民意培育阶段。这是舆情表达的第一阶段,也是前提阶段。理性的民意是进行合理利益诉求表达的前提,理性民意是需要提前培育的,这需要进行与民众切身利益相关的政策普及学习;协商民主同样也要求民众尊重彼此的利益和诉求,形成彼此都能接受的解决方案,这就需要民众具有包容意识、妥协意识和公益精神民主气质。很多社会舆情事件会涉及大量领域的专业知识和政策背景,民众有时不能很好地了解,再加上决策方常常忽略这一环节,导致民众只能通过自己有限的认识进行理解,形成对某些事件的片面感知,引起对公共事务的偏差认识。因此,需要加大政策的宣传引导力度,提前培育民众的理性意识,保障舆情信息能够被合理地表达出来。

2. 理性沟通阶段。这是舆情表达的第二阶段,也是过程和结果阶段。在有民众参与的政治体制内,决策方"决定—宣布—辩护"的封闭式决策模式不再适用。只有确实倾听来自民众的意见,制定出的政策才能更好地服务于民,也才能被更好地接受和落实。对话沟通,是表达和协商的必要方式。形成"双向"的沟通渠道,民众向公共权力机构表达出自己的要求和意愿,决策方不能只是被动地去"听"群众的意见与想法,而要主动采用对话、协商等沟通与交流方式,与公众进行双向互动,促进舆情表达朝着一个理性、良好的方向进行。而理性沟通的结果是决策方对相应合理的舆情表达作出科学的回应。

3. 良性保障阶段。良性保障阶段是贯穿整个舆情表达两个阶段始终的一个环节,具有全程管控功能,用来保证整个舆情表达机制能够顺利运行。这一阶段主要是采取舆情表达机制之外的相应配套措施来使舆情表达机制得以良性运行。要建立健全相关的法律规范。在全面推进依法治国的政治环境下,保障舆情表达的相应机制仍需进一步完善。在一些舆情表达渠道,如请愿、申诉、示威、抗议、游行等的相关立法上较为薄弱,一些规定没有细化到实处,加上执行力不强,民众在实际操作中仍然面对较大阻力,很难通过合法手段进行关于利益诉求的舆情表达,要对整个舆情表达中的两个阶段进行有效的监管。在民众将舆情公开表达出来之后,有时会受到相关利益团体的影响,阻碍决策方作出积极回应。在这种情况下,无直接利害关系的政府机关、相关政府部门的上级监管机构等第三方的监督十分必要。

(二)舆情表达机制的影响因素

除了按舆情表达过程将其划分为三个子环节外,还有构成各个子环节的四大要素:舆情表达的主体、舆情表达的内容、舆情表达的对象、舆情表达的渠道。

舆情表达主体,即谁在表达——民众;舆情表达内容,即表达什么——围绕某一社会性话题所形成的各种看法和意见;舆情表达对象,即向谁表达——国家机关等公共权力机构;舆情表达渠道,即怎样表达——民众与国家机构进行交流与沟通的各种途径和方式。其中,作为舆情表达主体的民众和表达渠道是影响舆情表达机制发挥作用的核心要素,即,表达主体能否有效进行表达以及表达渠道是否畅通有效。

舆情表达的主体是影响舆情表达能否得以良性运行的一个关键因素。这是指民众的内在表达能力及外在社会化关系、组织化程度、代表性程度等对舆情表达的效果有显著影响。主体的能力越强,其表达出来的舆情就会获得更好的效果。舆情表达主体的表达能力是可以进行培养和引导的,公众的政治参与感和政治参与度是可以培养和提升的。

舆情表达的渠道是影响舆情表达是否能够良性运行的另一重要

因素。舆情表达的渠道是作为连接舆情表达主体与舆情表达对象之间的一座桥梁，将舆情信息从此端运送到彼端。现代民主政治体系中，普通民众拥有一定的进行相关利益诉求的权利，即利益表达权。

图 2－3　舆情表达四要素之间的关系

从政府管理者角度来看，可以从舆情表达方式渠道的合法与否来进行梳理。现代生活中民众进行利益表达的方式方法非常多，比如通过私人关系网、发言人（代理人等）、大众传媒手段、民主党派、立法机构、司法机构、行政机构等合法的方式进行表达；当然，几乎所有的现代政治体系都会禁止诸如暴动、恐怖袭击等非法的表达方式；在合法和非法之间也存在着一些“非暴力但激烈的压力活动”①，例如罢工、游行、示威等需要法律规范的表达方式。

从民众即表达发起方参与的角度来看，舆情表达的渠道还可以分为主动和被动两类，前者主要是指民众主动向公共权力机构表达相关利益诉求的想法和意愿，比如民众可以给政府管理部门写信或者政府门户网站、拨打市长热线电话等，也可以通过劝说、请愿、抗议、申诉、游行、示威等方法来引起管理机构的注意；后者则多是公共权力机构主动邀请民众参与到管理活动中来，民众就诸如政策制定等的相关事件给予自己的意见和看法。民众能够进行舆情表达的被

---

①［美］加布里埃尔·A. 阿尔蒙德、小 G. 宾厄姆·鲍威尔：《比较政治学——体系、过程和政策》，曹沛霖等译，东方出版社 2007 年版，第 188－202 页。

动渠道在现实生活中有很多方式，比如说近年来逐渐兴起的听证会、座谈会等，以及传统的民意调查、公民投票等渠道。在一个合理的现代化政治体系中，一般都会设有合法的舆情表达渠道，这其中既包括民众主动表达的渠道，也包括有助于管理者发现隐性态度的被动表达渠道。

良性运行的舆情表达机制能够服务于现代协商民主的建设，并促进其趋于完善，但是在形成这种应然状态的舆情表达机制过程中，还需要注意存在的一些问题。首先是要防止既有利益的阻挠。协商民主体现了参与协商的主体之间的平等关系，但在现实中，公共决策讨论的参与者对最终决策的影响力并不对等，普通民众往往处于弱势地位，公共权力机构或一些既得利益群体会抵制民众的有效参与。其次，避免出现“尾巴主义”。在民主协商的过程中，既要避免出现对舆情的忽视现象，也要防止产生对民意盲目服从的“尾巴主义”。这就要求民主协商的参与者在交流讨论之前充分了解和分析舆情信息，掌握沟通的主动权。最后，要合理规避新媒体给舆情表达带来的潜在风险。在信息化时代，随着网民数量以及代表性的提高，网络舆情逐渐成为和谐社会的晴雨表，互联网等新媒体越来越成为公民表达个人意愿的有效渠道。与此同时，群体盲思[①]、群体极化[②]等现象在这种环境下也愈发容易出现。通过政府部门的外部监管和新媒体的内部控制，过滤不当和过激的舆情内容，可以为协商民主创造一个理性的舆论环境。

---

① Irving L. Janis, *Groupthink: Psychological Studies of Policy Decisions and Fiascoes* (2nd ed.), Boston: Houghton Mifflin, 1982, p. 9.

② ［美］斯科特·普劳斯：《决策与判断》，施俊琦、王星译，人民邮电出版社 2004 年版，第 184 页。

良性的舆情表达机制所传递出的准确有效的民意信息和理性有序的舆论环境,可以为协商民主顺利进行提供充分的机制保障,成为中国民主政治不可或缺的组成部分。克服现有舆情表达中存在的问题、建立良好的舆情表达运行机制,能够帮助明晰公共权力的权责边界、夯实民主政治建设的社会基础,使得中国改革发展向着更全面、稳定和可持续的方向推进。

二、舆情表达机制的评价标准

古语有云:没有规矩,不成方圆。制度机制能够约束社会成员的行为,任何一项机制的产生,都是各方社会成员相互博弈得到的现实中的均衡结果,是多数社会成员认同并且能够接受的机制。而一项机制产生之后,多数社会成员的认同和接受又会反过来维护这一机制的具体实施,使得机制得到自我强化,这一过程本身就是一个良性循环的阶段。因此,判断一项机制是否优良、有效,要看它是否达到了预期设置时希望得到的"均衡结果"。

舆情表达机制预期达到的"均衡结果"就是在设计这项机制时希望实现的目的,这可以从舆情表达的主体和对象两个方面进行讨论,也就是从民众的表达目的和国家公共权力机构设置舆情表达渠道的目的来分析。舆情与舆情表达作为民主政治中政治协商的现实依据与群众基础,是否得到重视及其表达渠道是否畅通,不仅关系到协商民主议题的合理性、科学性以及结论执行的效率,而且关系到民众享有参政议政的基本政治权利的实现程度。这是良性的舆情表达机制在落实过程中需要统筹协调好的两个基本方面。

从舆情表达主体的角度出发,民众进行舆情表达的目的是想要通过自身意愿与需求的公开表达,引起相关决策方的注意来争取或者维护自身权益的实现。良性的舆情表达机制应当是能够保障民众的有关权益诉求准确、有效地到达舆情表达对象一方,并被其考虑或采纳的。

从舆情表达对象的角度出发,国家管理者设置舆情表达渠道的目的是为了了解社会现实情况和民众真实需求,希望将舆情有序地纳入政治过程,为决策提供现实依据、为执行提供民意支持,巩固作为执政者的合法性和合理性。因此公共权力机构会将舆情表达机制能否理性、真实、准确、全面地反映民众意见作为其优劣的主要考量。

舆情表达机制一个最重要的目标诉求,是要通过舆情问题的解决和科学理性回应民意来争取民心,而不是简单地将舆情信息平复、压制下去,消除呈现在表面的社会舆情张力。舆情表达机制要取得民众对政府机构的认同和亲近,积累执政方的民众情感资源,获得人民的价值认同、关系认同以及情感认同。在以上两个角度里,还有一层隐含的关系:民众与其所表达舆情内容的关系,以及国家机构与其允许设立舆情表达渠道的关系。这就从评价方面再一次地将舆情表达机制的四个要素有机结合了起来。

习近平总书记在河北省调研指导党的群众路线教育实践活动时,曾引用东汉思想家王充《论衡》中的一句话来说明民众舆情表达的重要性:“知屋漏者在宇下,知政失者在草野。”民众议论的得失不会像科学家那么严谨,也不会像新闻工作者那么客观,有时是不理性的情绪化语言以及空穴来风的猜测;这就要求舆情表达机制能够在复杂的社会舆情中“去其糟粕,取其精华”,透过舆情的喧嚣看到其背后的民心所向和社会现实。

从以上的舆情表达机制想要实现两种目的的分析中不难看出,舆情表达机制是否能够良性运行与其所包含的四个要素是密不可分的，那么对于舆情表达机制是否能够良性运行也要从这四个方面出发来作相应评价。①

（一）舆情的准确度与真实度

从舆情表达主体的角度来看，舆情表达机制所传递出来的舆情是否真实准确地反映了民意，是衡量舆情表达机制是否优良的首要标准。

舆情信息的准确度和真实度会受到来自两个方面的影响：舆情表达主体的代表性和舆情表达渠道的类型。一般来说，舆情表达主体的代表性越强，其反映的舆情信息就越准确、越真实；舆情表达渠道的直接性越强，其反映的舆情信息就越准确、越真实。舆情表达主体的代表性，就是指民众作为一个群体概念，不会每一个个体的声音都能够传递出来，此时就需要有一个代表这个群体共同利益需求和意见的声音显现出来，为该群体说话。在舆情传递出来之前，会经历一个内部协调一致的过程，而这个协调过程所呈现出结论的有效性就是这个主体所具有的代表性。民众内部协调结论的有效性越强，也就意味着它更能代表更广大群体的利益，它的代表性就越强，所反映的舆情信息就越准确、越真实。而舆情表达渠道作为连接民众与公共权力机构的中间环节，在层层传递过程中由于人为疏忽或制度漏洞会使得部分舆情信息失真。最好采用能够与政府部门直接沟通、或沟通中介较少、受到其他干扰因素影响较小的表达渠道，这样可以提高传达出来的舆情信息准确度和真实度。

（二）舆情的整合度

从舆情表达内容的角度来看，舆情表达主体通过合适的表达渠

① 于家琦：《论民意表达渠道的“四维”评价标准和有效性分析框架》，《理论界》2010 年第6期。

道传递出来的舆情信息到达接收方后，国家管理者能否通过舆情表达机制有效地整合相关舆情信息，成为衡量舆情表达机制是否优良的重要标准。

舆情的整合就是指舆情内容是否融合了不同舆情主体的意见和态度。舆情的整合度是通过对舆情内容的汇集和分析来实际操作的，这是推进协商民主过程中重要的一步。汇集起来的舆情可以从以下两个方面的分析来评价舆情的整合度：一是这些理论上具有代表性的民意是否能够在实际中全面代表不同民众的意见。事实上，这一步是对舆情表达机制评价标准中的“民众内部协调”过程的一种外部监督和事后反馈。要通过判断由代表进行表达的渠道是否可以全面代表各个群体的意见，来认识到已经表达出来舆情的代表性和全面性，即整合度。二是舆情表达渠道是否能够为不同的民众群体提供较为平等的对话机会和程序。国家管理者会为提高舆情的真实性和准确性而专门设置一些中间环节较少的、较为直接的舆情表达渠道来服务民众，例如听证会和座谈会的形式。但是，这些渠道对舆情表达的主体都有较高的要求，比如要求参与者具有较高的参与素质。不是所有民众都能够通过参加这种与公共权力机构直接沟通的方式来表达诉求，因此，表达渠道的多样化就成为重要要求。

（三）舆情表达过程的通达度

从舆情表达的过程来看，舆情表达渠道的畅通与否是衡量舆情表达机制是否优良的关键标准。

党中央近年来反复强调维护和保障民意表达有效进行的重要性，这是对“以人民为中心”政治理念的具体落实方法。党的十六届四中全会从构建社会主义和谐社会的高度提出了“拓宽社情民意表达渠道”“健全社会舆情汇集和分析机制”的要求。通常说来，舆情表达主体或沟通中介的表达效能越强、中间环节越少的表达渠道,舆情通达度越高。在这里还需要注意的一点是,舆情表达机制还要通过提供相应的监督与制衡机制,防止话语权被社会强势群体所垄断,降低舆情表达过程中受阻挠的可能性。改革开放的过程中,社会分化逐渐形成了所谓的强势群体与弱势群体:因为市场经济体制与法制建设的不完善,使得一些强势群体盲目追求自身利益的最大化,影响了部分社会弱势群体的权益。舆情表达机制要维护弱势群体可以“发声”的合法权益,保障弱势群体声音传递的通达度。

(四)公共权力机构对舆情的接纳度

从舆情表达对象的角度来看,作为国家管理者的公共权力机构对经过舆情表达机制筛选的舆情的接纳度,是衡量舆情表达机制是否优良的决定性标准。

公共权力机构对舆情的接纳度是指,表达出来的舆情内容在多高程度上会被决策者重视与考虑。在与公共权力机构交涉的过程中,普通民众处于弱势地位。一方面,公共权力机构处于各种信息聚集的顶层,掌握各种公开或未公开的信息。因而政府有时会认为普通民众的参与能力有限,专业知识匮乏,并且缺乏政治理性,无法做出正确、合理的决策判断。[1] 另一方面,公共权力机构拥有最终决策权。在这一层面上,如果决策者执意漠视民意,单单凭借民众自身的力量较难改变。所以需要舆情表达机制来确保国家管理者能够充分理性地考虑舆情,并在与民众的互动和沟通交流后可以对其作出科学的回应。公共权力机构是舆情消息传递的输入方,也是舆情表达机制中结果的输出方,它对舆情信息的吸纳和重视程度,是决定整个

① 李永展:《邻避症候群之解析》,《都市与计划》1997 年第 1 期。

舆情表达机制是否有效的最重要环节。公共权力机构对社会舆情的接纳过程,实质上就是国家管理者和民众在沟通交流中达成一致共识的过程。

在衡量舆情表达机制的四项标准中,有以下两个方面的问题需要我们注意。

第一,舆情表达渠道中的中间环节,或者称之为沟通中介。在舆情表达机制中,多数民众是不会直接与相关政策决定者交流沟通的,类似于舆情表达渠道在舆情表达主体与对象之间的作用,沟通中介也是联系两者的常见存在。如果将舆情表达渠道比作舆情表达主体与对象之间的一座桥梁,那么沟通中介就是携带舆情信息往来于桥梁两端的邮递员。舆情表达渠道中间环节通常包括:民众推举的代表、新闻媒体、民意调查机构和智库、政府的舆情信息部门等。一般来说,沟通中介的层级越少,舆情的准确度和真实度、通达度就会越高;沟通中介的层级越多,就越可能出现舆情信息被过滤、遗漏等失真问题。所以,在合理范围内减少舆情表达主体与对象之间的沟通中介可以保证舆情的有效性和时效性。

第二,舆情表达的规则。任何机制的顺利运行都依赖于一定的规则约束,舆情表达机制也不例外。在规范舆情表达机制的三个阶段和四大要素的过程中,必要的表达规则可以促进舆情表达的顺畅运行。舆情表达规则主要用来解决的是怎样提高舆情的整合度以及公共权力机构对其的接纳度问题,它的基本理念是要保证参与者可以平等地发表意见、提出需求,公平地影响决策过程。舆情表达规则不仅会影响民众和公共权力机构之间的相互尊重、平等对话,更可以从更广大的范围内影响民众之间的协调过程,使这些主体能够遵守基于互相认可基础上的表达程序,理性而有序地讨论社会舆情议题。

在现代的民主政治中，一套运行良好的舆情表达机制可以贯穿协商民主过程的始终。从协助制定协商议程到理性选择协商参与者，从科学界定协商议题到营造良好协商环境以及最后对协商进行监督和评估，舆情表达机制对协商民主各个环节的保障，使得协商民主的操作性和制度化程度大大增强。

第三节　舆情表达机制是协商民主独特内涵的重要内容

协商就是不同协商主体通过对话、讨论等方式进行卓有成效的沟通交流，在理性思考的基础上达成共识的过程。民主，在具有中国特色的政治制度中是通过人民当家作主体现出来的，是人民掌握国家权力。人民民主主要体现为人大制度的选举民主和人民政协的协商民主；人民的民主权利主要是通过各级党的组织、人大代表、政协委员履行职能间接实现的。协商民主是民众在对话、协商的基础上达成共识、进行公共决策的一种民主形式。协商是现代民主的基本组成部分，而协商民主是现代民主的重要前进方向。① 新世纪以来，我国经济、社会结构转型和深层变革，使得民众的利益表达意识和民主参与意识不断高涨。在新时代，如何切实保障和实现人民当家作主的基本政治权利，夯实党执政和政府决策的民意基础，逐渐成为提高国家治理体系和治理能力现代化的重要课题。②

① 习近平：《在庆祝中国人民政治协商会议成立65周年大会上的讲话》，《人民日报》2014年9月22日。

② 林尚立：《协商民主是我国民主政治的特有形式和独特优势》，《求是》2014年第6期。

党的十八大报告中提出要“健全社会主义协商民主制度”，并将社会主义协商民主定位为我国人民当家作主的重要形式。社会主义协商民主是中国社会各界人士在自主实践、自我探索中诞生的，无论是在理论方面，还是在实践、制度方面都逐步形成了自身特色和优势。[①] 在国家宏观层面上，人民代表大会制度以及中国共产党领导的多党合作和政治协商制度的发展与完善为实现协商民主提供了稳定的实践平台和制度基础。在地方基层和社会层面上，发展协商民主要因地制宜，灵活发挥各个地方自己的特色与优势。这就需要建立健全相应的、能够确保协商民主可以有效嵌入不同决策制定和政策实施过程的实现机制和保障机制。

一方面，舆情表达的重要性日益凸显，无论是对党和政府制定政策的影响、还是对社会和谐的稳定作用都在日益增强。随着民众权益意识、表达意识和参与意识的增强，舆情所反映出的对民意的重视程度，正在逐渐成为公共政策科学制定和顺利贯彻落实的重要影响因子。因此，完善舆情表达机制，切实做好舆情疏导与回应工作，对推动协商民主的进步具有极大的现实和理论意义。另一方面，协商民主的核心是民众合理利益诉求的表达、听取和接受。舆情表达及其机制作为公民意见表达的综合体现，是协商民主制度化发展的必然选择。两者具有十分密切的内在联系，舆情表达机制既是体现和保障公民民主权利的重要途径，也是推进社会主义协商民主制度化的必要内容。

---

① 陈家刚：《中国协商民主的比较优势》，《新视野》2014 年第 1 期，第 20 – 26 页。

一、舆情表达机制有利于提高协商理论的实践性

中国协商民主理论源于实践，又指导着实践，并且随着实践的创新不断与时俱进。我国优秀传统文化中的求同存异、兼容并蓄等理念奠定了中国协商民主形成的文化基础，马克思主义民主理论则为其发展完善提供了理论上的指导。毛泽东曾明确指出："提倡民主作风，遇事先和党外人士商量，取得多数同意，然后去做。同时，尽量地鼓励党外人士对各种问题提出意见，并倾听他们的意见。"①周恩来也认为："新民主主义的议事精神不在于最后的表决，主要是在于事前的协商和反复的讨论。"②从抗日民族统一战线理论的形成到《新民主主义论》对民主政治制度的设计，从中国人民政治协商会议第一届全体会议的协商建国，再到改革开放以来国家政权机关、党派团体和基层治理中各种协商民主的实行，中国的协商民主走的始终是理论与实践互相结合的道路。

舆情表达机制的建设为推进协商民主提供了新的实践平台。比如，重庆市在长期实践中总结经验教训，针对成为直辖市后的新重庆成为直辖市中面积最大、人口众多的特大城市这一特殊的市情，在2004年建立政府与民众的见面机制，并先后推出"创建法治政府四项制度"。其中，《重庆市行政决策听证暂行办法》对行政决策涉及事项或调整收费项目及标准、重大建设项目的环境影响评价、直接和广泛涉及群众利益的重大立法项目等11个事项作出了应当进行听证的规定。③ 此外，该《办法》还就如何保障民众广泛参与，如何规范听证活

---

① 《毛泽东选集》(第二卷)，人民出版社1991年版，第742～743页。
② 周恩来：《周恩来统一战线文选》，人民出版社1991年版，第134页。
③ 徐焱：《重庆：倾力打造"法治政府"》，《中国纪检监察报》2007年第6期。

动、如何科学集中民意等作出了规定。舆情表达是公民政治参与的基本前提,而舆情表达机制的完善,能够为实现舆情平等、充分表达,为民众良性的政治参与提供多样的制度渠道。特别是新世纪以来,国家越来越重视相关的舆情表达制度建设,不仅不断完善人大、政协、党和政府各级组织以及各类社会组织、新闻传播媒体等间接的舆情表达方式,而且积极发展基层自治、健全信访制度和重视网络民主等直接的舆情表达方式,为公民平等、自由地表达权利提供了丰富的实践平台。舆情表达的机制和平台,在一定程度上也是保障协商民主中公民参与的机制和平台。

二、舆情表达机制有利于维护协商主体的广泛性

中国特色社会主义中的协商主体包括不同社会阶层和各类政治的主体力量。新时期下的爱国统一战线,已经发展壮大为全体劳动者、社会主义事业的建设者、拥护社会主义和国家统一的爱国者最广泛的联盟。协商民主的基本原则就是平等参与和平等协商,它要求在充分反映公民最普遍愿望的基础上,也要注意个别群体的合理主张。民众在社会背景、文化层次以及所拥有社会资源等方面的不同,使得有差异的社会群体在利益诉求表达中很难做到平等,要做到尊重少数人的表达权利、保护好少数人的利益,对协商民主的发展具有特殊意义。

舆情表达机制的建设有利于维护协商主体的广泛性,并且有利于实现协商民主过程中不同社会群体平等地表达和参与。比如,在保障少数人的利益诉求方面,江浙沿海一带的基层政府就进行了卓有成效的探索。近年来,我国东南沿海地区民营经济逐步发展起来,吸引了大量的内陆地区务工人员。而随着外来人口持续不断地

涌入，社会管理面临着新的挑战。浙江省慈溪市委、市政府于2006年4月创设了以村为单位，由市、镇两级党委、政府引导推动，村党支部、村民委员会和经济合作社直接领导，当地群众与外来建设者共同发起的村级和谐促进会。和谐促进会在采用召开座谈会、议事会、党（团）员组织生活会等形式的基础上，吸纳当地村民会员同时包纳外来建设者会员，参与村事共商、村务共担、矛盾共解的基本政治活动，充分发挥村级和谐促进会在参与社会管理、维护社会稳定中起到的积极作用。截至2011年11月，慈溪市347个村（社区）全部建立了和谐促进会，大多数的镇（街道）建立了和谐促进联合会，使得外来人口的基本民主权益和社会保障逐渐得到重视。[①] 因地制宜的舆情表达机制能够使得各方面民众广泛地参与到国家的政治生活中来，对国家事务、社会发展重大事项和基层自治事务等进行充分协商。

通过不断发展和完善基层民主、民间组织、新闻网络等多样化的舆情表达方式，使得普通民众的舆情表达渠道不断拓宽，表达机会不断增多。特别是近年来，随着互联网技术的发展和网络应用的普及，网络舆情表达日益普遍化、经常化，影响力逐渐上升，受到社会各方的重视。网络舆情表达渠道为社会中的弱势群体、草根群体的意见表达创造了更为方便、平等的机会，对维护和实现他们合理的表达权利和参与权利具有重要意义；同时，维护了协商主体的广泛性，而这正是当前发展协商民主的关键所在。

① 俞可平：《中国地方政府创新案例研究报告（2011—2012）》，北京大学出版社2014年版，第51页。

三、舆情表达机制有利于体现协商内容的多元性

中国的协商民主包容差异与多元,能够更好地开展协商对话、主动地寻求共识,可以有效地化解社会冲突。不同地区的历史、文化、传统等差异作为一种既定的社会现实,既需要重视,又需要在其基础上化解可能带来的挑战。协商民主能够在包容不同利益需要的基础上,积极主动地推进政府治理的良性发展。在促进社会经济和谐发展、社会进步的同时,如何才能更好地推动社会公平正义?协商民主就是一种行之有效的解决办法。这是由协商民主的独特内涵所决定的,协商民主能够广泛地包容差异性和多样性,继而在促进不同利益群体以及政府与民众之间的沟通、理解方面发挥作用,并建立起互相信任的良性互动关系,使民众能够认识到每个公民都是社会整体的一个组成部分,每个公民都应该承担起应负的责任,这样才能促进社会整体的繁荣与进步。

舆情表达机制在体现协商民主中参与者可以自由、多元表达的这一内在要求的基础上,也发挥了保障民众表达权的特殊作用。公民表达权是人民民主的基本政治权利之一,同时也是协商民主发展的基础和先决条件。湖南省的"妇女参加村级治理"就在切实保障农村妇女参政议政的合法权利方面有所创新。从2001年推动相关政策出台,到2004年湖南省妇联、省委组织部和省民政厅联合在长沙开福区参与试点工作,继而先后实施教育培训、强化宣传倡导,到2005年湖南省第六届村委会换届选举后,女村委占村委会委员总数的30.1%,比同期全国平均水平16%高出将近一倍。[1] 在湖南省,农村

① 湖南省妇联:《"妇女参加村级治理"项目方案》,《中国妇运》2006年第4期。

妇女的表达权体现在民主选举、民主决策、民主管理和民主监督等公民行使基本政治权利的全部阶段。美国政治学家罗伯特·达尔在《论民主》中指出,“多种信息来源”(即知情权)和“表达意见的自由”(即表达权)是民主政治的两项必要条件。① 表达权的实现是知情权能否奏效,参与权和监督权能否实施的重要途径。② 地方政府通过设立合理的舆情表达机制,确保了协商民主能够有效地进行,拉近了政府与民众之间的距离,化解社会矛盾,维护国家稳定,充分体现了协商民主的价值取向。民意的自由表达是协商民主过程的第一个环节,也是最为基础的环节,没有意见与需求表达的协商是无从谈起的,通过建设合理的舆情表达机制来保障和实现公民的表达权是推进协商民主的重要途径。

四、舆情表达机制有利于实现协商形式的多样性

在长期实践过程中,我国逐步形成了从政党到国家、从国家到社会、从中央到基层的多层次、广泛的民主协商机制。在党的重大决策方面,有党内民主协商,还有执政党与各民主党派、无党派人士、社会团体等的政治协商;在人民政协参政议政方面,有专题协商、对口协商、界别协商、提案办理协商等多样的民主协商形式;在基层政治生活中,有民主恳谈会等协商方式;在立法机构立法方面,在决策之前执政党与政协、人大等方面的协商之外,还设立有立法听证会等民主实践;在社会生活领域协商形式则更加丰富,有社会协商对话、居民议事会、公民评议会、社区论坛、网络论坛等多样化的具体实践。不

① [美]罗伯特·达尔:《论民主》,李柏光、林猛译,商务印书馆1999年版,第93页。

② 张夏:《民众知情权参与权表达权监督权在社会主义民主政治中的地位和作用》,《西藏发展论坛》2012年第1期。

同层次、不同领域的具体协商实践使得社会主义协商民主的多样性不断地得到丰富。

舆情表达机制在有效地拓展公民有序政治参与的渠道、实现最广泛的政治参与方面发挥了不可替代的作用。例如，上海普陀区长寿路街道办事处组建的民间组织服务中心，在协助政府解决下岗职工再就业问题上发挥了重要作用。在政府提出解决下岗职工再就业这一议题后，长寿路街道民间组织服务中心充分发挥民众智慧，积极发动组织内的党员和群众共同参与到解决办法的收集工作中去，最终采取民间组织服务中心与民办非企业单位联合开办各类技能培训班的办法，在短短四年之内培训5000多人次的社区人员，其中3500多人重新走上工作岗位。[①] 长寿路街道民间组织服务中心为民间组织、政府部门搭建参与社区建设的桥梁，加强民间组织与政府和居民的联系，使民间资源与政府需求信息对接，形成政府、社团和社区资源共享、优势互补、相互促进的良好局面。良性的舆情表达机制在反映民意、保障民众表达权方面作出了突出贡献，进而对化解舆情危机、维护社会稳定产生特殊影响。中国的协商民主涵盖主体众多、范围广泛，而舆情表达机制能够使社会各群体中个别、分散的意见和态度通过不同的表达渠道得到更为全面、准确的反映，从而在最大程度上保障广大人民的民主权利。舆情表达机制开拓了民众参与民主协商的新渠道，搭建了民众参政议政的新平台，使得公民有序参与的协商民主的形式更为丰富。

① 俞可平：《地方政府创新案例2007—2008》，北京大学出版社2009年版，第9页。

五、舆情表达机制有利于达到协商目的的公共性

在我国,具有中国特色的协商民主始终坚持一切为了人民、一切依靠人民的根本出发点。在最广大人民根本利益一致的基础上,追求公共利益的同时兼顾各方利益,达成共识,为推动决策的科学合理制定和顺利贯彻执行提供民意支持。中国协商民主通过与选举民主的有机结合、两者互为补充,极大地提高了公民政治参与的广度和深度;既实现了多数人的共同意愿,又尊重了少数人的合理要求,在夯实民意基础之上,推动经济社会的和谐稳定前进。我国的协商民主是基于广大人民共同利益的、人民充分享有基本民主权利的重要形式和有效保障。

舆情表达机制有利于达到协商目的的公共性,舆情表达的内涵与协商民主参与主体的多元精神高度一致性。舆情是民众对某一事项形成的一种群体性主观意见与态度,舆情表达本身就是一种集合性的意见表达,它反映了在一定范围内多数人的态度和观点。舆情生成与表达的过程,和协商民主在实施过程中各协商主体通过交流讨论和协助商讨、形成偏好转移、最后达成共识的要求具有很大的相似性。舆情表达天然就具有与协商民主精神相一致的内核,构建合理的舆情表达机制也是协商民主所追求的对话协商与多元整合的目标价值实现的合理路径。舆情表达机制能够利用规范化的表达渠道,广泛吸收民意,听取利益相关者的意见表达,通过民主协商进而在达成共识的基础上作出科学合理的决策。现实中这样的例子不胜枚举。比如,党的十八大报告形成的过程就是一次广泛的协商民主实践:中共中央组织了46家单位就15个重点课题进行调研,形成57份调研报告;此外,中共中央还专门听取了各民主党派中央、全国工

商联领导人和无党派人士的意见。报告讨论稿广泛征求了各方面意见,征求意见人数共 4511 人[①],这是一份具有坚实民意基础的报告。在这个过程中,上下通达的舆情表达机制最大限度地保障协商目的的公共性,并推动了协商民主在实践中的顺利实施。

六、舆情表达机制有利于保障协商制度的规范性

中国的协商民主是制度化、规范化的协商民主。通过法律、法规和规章制度等规范的形式将具体的制度设计、机制建设和程序优化确立下来,协商民主是在实践中得到稳定保障的一种制度化、规范化的民主形式。在我国特色社会主义政治制度的背景下,协商民主的不同制度设计在实践中得到了顺利的贯彻实现。党的领导、人民当家作主和依法治国的有机统一为协商民主能够茁壮发展提供了根本的法理保障;民主集中制在保证有关各方充分协商、整合多元利益诉求、最终达成共识方面提供基础的制度支持;中国共产党领导下的多党合作和政治协商制度,为在国家层面开展协商民主提供了基本的制度平台;国务院建立了参事制度,各民主党派和一些社会团体也陆续建立起适应各组织需要的日常协商对话机制;一些地方政府和社区还通过村民评议会、社区议事会、民主恳谈会等制度,使得基层协商民主实践向前迈进。中国的协商民主从不同层面逐步形成了一套能够完整地保证民众意见表达、达成广泛共识和作出科学民主决策的制度基础,为协商民主的稳定和持续发展提供保障。

舆情表达机制对保障协商民主制度起了外部监督的作用,使得其

① 王兆国:《关于〈中华人民共和国物权法(草案)〉的说明》,中国政府网. http://www.gov.cn/2007lh/content_545775.htm. 2007-03-08.

向着更加规范化的道路迈进。设立良性的舆情表达机制对拓宽协商民主的制度渠道,保障公民有序的政治参与,具有重要支撑和维护作用。在实际操作过程中,制度可以确保舆情表达渠道的正常运转,更好地实现舆情表达机制设计之初的职能。浙江慈溪市的“和谐促进会”成立之初,制度设计者就充分考虑了相关的制度建设问题。① 和谐促进会建立了不同的保障制度,围绕着和谐促进会的基本中心工作和基础工作方法,保障和谐促进会在运行过程中顺利操作。

表 2-1 浙江省慈溪市和谐促进会的制度建设

单位	宗汉街道周塘西村	古塘街道旦苑社区	全市范围
制度	1)学习培训制度 2)例会制度 3)情况报告制度 4)群防群治夜巡制度 5)星级和谐促进员积分制考核办法	1)信息报送制度 2)工作例会制度 3)学习培训制度 4)议事制度 5)人员选任制度 6)考核激励制度	1)“六必访”制度 2)情况报告制度 3)矛盾化解制度 4)治安联防制度 5)学习培训制度 6)工作例会制度 7)一案一档奖励制度 8)考核评比制度 9)和谐促进员积分制管理制度

舆论监督是公民通过舆情表达实现参政议政的主要形式之一。随着公民参与意识的增强以及互联网技术的发展,公民参与舆论监督的

① 俞可平:《中国地方政府创新案例研究报告(2011—2012)》,北京大学出版社 2014 年版,第 53 页。

积极性、主动性高涨，网络舆情的影响力也逐渐显露。在协商民主实践过程中，规范化和程序化的舆情表达机制将会成为推动公民有序政治参与的强大动力，以及实现协商民主效果规范化的有力保障。①

建立合理的舆情表达机制和推动协商民主的发展完善，在当前社会结构不断调整和社会深层次变革的环境下，是民主政治工作的重中之重。舆情在协商民主中处于核心地位并且发挥着关键作用。协商民主的核心是民众合理利益诉求的表达、听取和接受。而舆情表达及其机制作为一种体现公民意见的综合建设，是机制性的制度体系，不是随意、非理性的。发展完善良性舆情表达机制既是保障公民协商民主权利的重要途径，也是落实社会主义协商民主独特内涵的重要内容。

第四节　舆情表达机制"对接"协商民主体系的政治合理性和正当性

一、舆情表达机制明确了协商民主的价值取向

社会主义协商民主，是我国特有的一种民主政治形式，也是我国政治制度的独特优势所在。中国共产党领导下的人民民主保证和支持人民当家作主的顺利实现，人民群众是社会主义协商民主的重点。解决人民要解决的问题、尊重人民主体地位、尊重人民首创精神是协

① 叶国平：《舆情表达与回应机制视阈下的协商民主建设》，《理论与现代化》2014 年第 5 期。

商民主最重要的价值取向。基层的决策和工作大部分是涉及民众切身利益的，舆情表达机制的作用就变得极为关键。涉及人民群众切身利益的决策需要充分听取民众的意见，通过舆情表达机制在各种渠道、各个层级、各个方面与民众进行协商，在做好上情下达、下情上传工作的基础上，使民众能依法管理好自身事务。同时，舆情表达机制能在促进公共权力运行透明化，反映协商民主发展广泛性、规范性的要求等方面发挥自己的独特作用。

舆情表达机制使得协商民主中人民主体地位的价值取向更加明显。党和国家一切工作的出发点和落脚点就是要坚持实现好、维护好、发展好最广大人民根本利益。因此，公共权力机构的重大决策要识民情、接地气的；舆情及其表达就是对“民情”“地气”的最佳呈现方式，是真正做到真诚倾听民众呼声，真实反映民众愿望，真情关心民众疾苦的必要途径。人民当家作主从来都不是一句口号、一句空话，在实际的国家政治生活和社会经济生活之中，要有具体可实现的方法路径来保证民众依法有效行使权利，舆情及其表达就是一种行之有效的方式。在陕西杨凌农业高新技术产业示范区，“服务承诺制”成为找寻社会意愿和要求最大公约数的大胆尝试。通过实施服务承诺制，使得群众和政府形成了良性互动、持续改进的局面。政府广开言路，将收到的意见和建议作为政府部门改进工作的参考依据。示范区的管理委员会在当地报纸上专门开辟了《群众服务台》栏目之后，在2003至2006年间连续三年的服务承诺制的满意度测评活动中，先后收到来自社会各界的意见和建议700多条。[①] 管委会将这些

---

① 俞可平：《中国地方政府创新案例研究报告（2005—2006）》，北京大学出版社2007年版，第102－103页。

意见和建议经总结分类后，又及时反馈给相关部门。地方政府的这些做法使得公民参与意识和能力不断提高，夯实了协商民主在现实中的群众基础。

在人民内部各方面广泛商量的过程，是舆情表达机制发挥作用的过程，是实现民主、保障人民当家作主权利的过程。协商民主融入了中国社会主义民主政治全过程，在这一过程中，舆情表达机制起到了不可替代的作用。只有广泛且不失规范地完善舆情表达机制，国家治理和社会治理才能获得理性的民意支持，也才能凝聚起强大的民众力量，推动社会的发展与进步。舆情表达机制是对协商民主中人民主体地位的又一次强调，对协商民主形式的又一次丰富、对协商民主渠道的又一次拓展。

二、舆情表达机制保障了协商民主的真正实现

古今中外的诸多政治实践表明，民主是通过依法选举、让人民的代表来参与国家生活和社会生活的管理；而采用选举以外的制度和方式让人民参与到国家生活和社会生活的管理中来也是十分必要的。如果民众只有投票的权利而没有实际参与的权利，那么这只是形式上的民主，是表面民主。在中国这个人口众多、幅员辽阔的社会主义国家里，人民通过选举、投票来行使当家作主的权利以及在人民内部不同方面的重大决策之前进行充分协商，尽最大可能性就共性问题取得符合大多数人利益的结果，是中国社会主义民主的两种重要形式。舆情表达与协商民主之间良性关联中有意义和有价值的部分，是建立起一种舆情表达机制，用舆情表达机制自身完善推动协商民主发展，推动民主政治的前进。

舆情表达机制在明确协商民主的价值取向基础之上，也在提供

丰富多样的表达渠道、提供自由多元的表达内容等方面切实地保障了协商民主的真正实现。全心全意为人民服务,始终代表最广大人民根本利益,是我们党能够实行和发展协商民主的重要前提和基础。舆情及其表达在其中发挥着汇集民意、上传下达、科学回应的疏通作用,为民众的权益诉求与需要提供理性有序的表达渠道。浙江温岭的“民主恳谈会”是良性舆情表达机制保障协商民主顺利实现的典型案例,平等对话、民主参与是温岭“民主恳谈”的核心。① 这主要体现在其参与主体是广大群众;其议题的提出方面有多种途径,充分体现参与性和民主性;其讨论事项的决定、实施与监督环节,也是群众充分参与和实施民主权利的重要方面。

在舆情表达机制顺畅运行的情况下,广泛听取舆情和民意,广泛接受批评和监督,通过多种形式的协商,可以畅通各种利益要求和诉求进入决策程序的渠道、形成发现和改正失误或错误的机制、使得民众能广泛地参与各层次管理和治理中去,从而改善民众在国家政治生活和社会治理中无法表达、难以参与的情况,有效提高各项政策的社会共识并促进其顺利落实执行。国内比较成功的实践,如北京西城区街道公共服务大厅重视民愿接待受理②、浙江省武义县后陈村的“村务监督委员会”制度③等。这是中国特色社会主义协商民主的独特优势所在。

协商民主是以人民广泛多层次参与为基础,通过公平、公开和规

---

① 俞可平:《中国地方政府创新案例研究报告(2003—2004)》,北京大学出版社 2006 年版,第 221 页。

② 俞可平:《中国地方政府创新案例研究报告(2007—2008)》,北京大学出版社 2009 年版,第 161 – 162 页。

③ 俞可平:《中国地方政府创新案例研究报告(2005—2006)》,北京大学出版社 2007 年版,第 25 – 35 页。

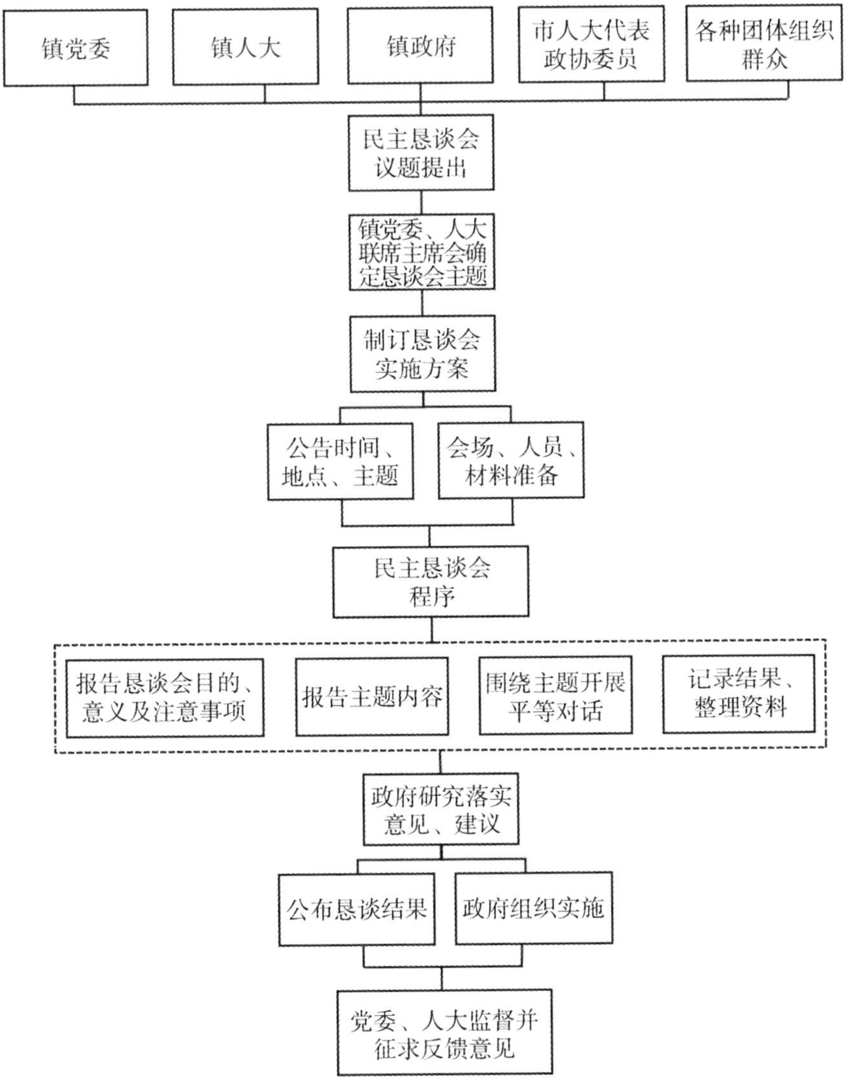

表2－4　松门镇民主恳谈会流程

资料来源：中共松门镇委、松门镇人民政府编《民主恳谈——原创性的中国基层民主政治建设的崭新载体》。

范的沟通与协商,创造有序公共生活的民主政治形式,是我国人民民主的重要实现形式。而舆情及其表达的本质就是广泛的民意基础,这也是协商民主的有效进行的先决条件。与舆情表达机制的合理对接,使得协商民主在我国的运行与发展具有自己的特色。协商民主制度在中国的确立与发展是人民民主实践的产物,而与舆情表达机制的有机结合则体现了人民民主的本质要求。在良性舆情表达的政治环境中,中国共产党通过协商民主制度,有效地将党的群众路线转化为全面吸纳公民参与民主决策和民主管理的制度体系。协商民主制度是与中国共产党所领导的民主实践共同成长的,在新时期更需要与舆情表达机制相结合,为中国人民有效行使当家做主的权利提供真正的实现保障。

三、舆情表达机制提炼了协商民主模式的共性

民主和民意是实现国家良性有序治理的两大互为依托的支持要素:民主需要民意来支撑,民意需要民主来实现。我国长期的政治实践表明,舆情表达是国家管理者为了更加充分地了解与顺应民意而采用的有效机制,客观上也健全了协商民主制度、促进了协商民主的发展,更为广泛地实现了人民民主。而实现民主的形式是多样的,要考虑到不同地方的不同社会民情,是不存在一种放之四海皆准的评判标准的。我国的协商民主不是局限在某个层面的,而是全国范围内都要实施的。舆情表达机制在协商民主的发展完善中提炼了一种普适性的方法路径,有利于构建程序合理、环节完整、执行顺畅的社会主义协商民主体系,保障了协商民主在不同的社会实践中都能做到有制可依、有规可守、有章可循、有序可遵。

伴随互联网在社会生活中的飞速发展,以及其在人民民主政治

生活中发挥的越来越重要的作用，利用互联网建立民众利益的表达机制，促进网络舆情表达程序化、有序化建设与协商民主的实现过程具有高度一致性，是当前协商民主制度化建设的一个极为重要的环节。如安徽芜湖市政府网站上设立的“市民心声”栏目，是成功创新舆情表达机制的典型代表。通过建立了民意在线征集机制，真正起到了沟通政府与市民的桥梁和纽带作用。[①] 从 2005 年起，市政府先后组织市民群众在网上就“关注两会”“和谐芜湖”“中部崛起”“遏制房价过快增长”“资源节约型、环境友好型社会”等一些与民众切身利益相关的话题进行专门讨论，将网民自发的建言献策变为政府部门主动引导，充分发挥民间智慧，夯实政府决策的民意基础。对一些批评性的意见，有一些政府部门比较难以允许其在网站上出现，但是“市民心声”网站却对此持开放宽容的态度。只要遵从四项基本原则、不存在攻击党政部门或者人身攻击的言论，只要从实事求是角度出发的、具有建设性的意见和建议，“市民心声”都允许在网站上出现。许多政府部门在开会或报告中看不到的问题，都能在网络空间中感受到。这是舆情表达机制结合互联网优势促进协商民主发展的成功案例。

建立健全通畅的网络表达渠道以及完善的沟通反馈机制，引导民众通过理性、合法的渠道表达利益诉求，是一种常态的民主发挥机制。要充分发挥互联网既作为实现协商民主的一种特殊平台，又作为推动网下协商民主落实的一种技术手段在舆情表达机制中发挥的特有的作用，也要发挥舆情表达机制在提炼协商民主模式共性的积

---

① 俞可平：《中国地方政府创新案例研究报告（2005—2006）》，北京大学出版社 2007 年版，第 225 - 228 页。

极作用：即，要让民众的合理利益诉求得到表达，又要求这种表达是有序的、有组织准备的、有程序和环节、有理性限制以及有法律保障的，而舆情表达的“机制”建设，就是以“一种稳定的、共通的工作方式”的方式，嵌入具体的协商民主过程中。

四、舆情表达机制增强了协商民主的“实际可操作性”

党的十八大以来，健全社会主义协商民主制度，促进协商民主主体广泛、形式多样、制度规范化发展，已成为中国民主政治的重要内容。协商民主作为一种多元参与、透明决策和应对经济社会快速发展的有效治理形式，在民主建设中的重要地位越发突出。协商民主的发展，需要从制度环境、制度结构、社会基础和程序设计等各个方面加以推进，需要一系列支撑其良性运转的实践条件，而舆情表达机制的建设就有利于增强协商民主的“实际可操作性”，让民主拥有可操作的策略与程序。习近平总书记曾指出，要发展社会主义协商民主，扩大人民群众有序的政治参与，保证人民能够广泛地参加国家治理和社会治理中来，形成生动活泼、安定团结的政治局面。

协商就要真协商，真协商就要让民主演化为具体解决实际问题的操作方法。学界曾提出“开会使民主变得可以操作”的观点，是基于安徽阜阳南塘合作社借鉴国外议事规则——罗伯特规则推动形成的“中国农村版”试验议事规则，即“南塘十三条”而产生的。人们的社会交往、公共治理、信息传播大都是通过会议进行的。“南塘十三条”是增强协商民主实际操作性的一次有益尝试。

舆情表达机制的建立健全也是使协商民主拥有可以操作的策略以及强化程序规范性的重要一步。通过引入具有现代科学技术特征的舆情表达机制，协商民主制度所包含的“理性协商”“平等对话”“共

主持人不能发表意见

第一条： 会议主持人专门负责宣布开会制度，分配发言权，提请表决，维持秩序，执行程序。但主持人在主持期间不得发表意见，也不能总结别人的发言。

必须有动议

第二条： 会议讨论的内容应当是一个明确的动议："动议，动议，就是行动的建议！"动议必须是具体的、明确的、可操作的行动建议。

第三条： 发言前要举手，谁先举手谁优先，但要得到主持人允许后才可以发言，发言要起立，别人发言的时候不能打断。

不同意见避免面对面发言

第四条： 尽可能对着主持人说话，不同意见者之间避免直接面对面的发言。

第五条： 每人每次发言时间不超过二分钟，对同一动议发言每人不超过两次，或者大家可以现场规定。

不能违规

第六条： 讨论问题不能跑题，主持人应该打断跑题发言。

第七条： 主持人打断违规发言的人，被打断的人应当中止发言。

轮流发言

第八条： 主持人应尽可能让意见相反的双方轮流得到发言机会，以保持平衡。

第九条： 发言人应该首先表明赞成或反对，然后说理由。

第十条： 不得进行人身攻击，只能就事论事。

第十一条：只有主持人可以提请表决，只能等到发言次数都已用尽或者没有人再想发言了，才能提请表决。如果主持人有表决权，应该最后表决。

先让赞成方举行

第十二条：主持人应该先请赞成方举手，再请反对方举手。但不要请弃权方举手。

第十三条：当赞成方多于反对方，动议通过。平局等于没过。

表 2-5　南塘十三条

识导向”等基础要素将得到进一步地推广和实践，一些带有传统精英色彩的政治协商也会发展成为能够实现民众广泛参与的一种民主实践。中共芜湖市委出台的《2014年度重点民主协商活动计划安排》使得协商民主从内容到程序更加规范、操作性更强，通过建立良性的舆情表达机制让协商民主的运行更加畅通，通过舆情表达机制来收集来自民众的意见和建议，以进行公共权力机构工作上的调整和决策。舆情表达机制通过不同的途径以及渠道就改革、发展、稳定的重大问题尤其是事关民众切身利益的问题进行反映，为协商民主的顺利进行夯实了民意基础。

协商本身就是一种参与，就是一种表达。协商在给民众提供协商本身就是一种参与，就是一种表达。协商在给民众提供参与民主政治广阔的空间与机会的同时，也要求人们通过参与来表达自己的意见、维护自身的利益，参与推动协商，这就是舆情表达的一种。此外，舆情表达机制也在拓宽各类团体表达与协商的渠道中发挥了作用；为开展政治协商、社会协商、基层协商等多种协商提供了民意基础；为建立健全提案、会议、座谈、听证、网络等多种协商方式提供了方法渠道，切实提高协商民主在实际中的可操作性。随着社会的进步，协商民主将成为公民有序政治参与的主要渠道，“开明协商、开门协商、开放协商”，建立合理的舆情表达机制，扩大社会公众的参与，汇聚社会公众的声音，将使协商民主由国家层面的制度设计转化为公民的一种自觉行为和生活方式，为推进公民社会建设达到新高度的政治文明添砖加瓦。

第三章　舆情表达机制与协商民主“对接”的规范化

第一节　舆情表达机制与协商民主的“对接”原则

自20世纪80年代以来,协商民主的概念被赋予了多重含义。协商民主被认为是我国国家政治建设上的一种政府形式、决策形式、治理形式。协商民主同时也是一种决策民主,它是与选举民主的“授权”相衔接的“限权”过程。协商民主主要关注的是在权力运行过程中,如何更合理更民主地解决问题,并且它倡导以公共利益为归依,以公开对话为手段,以理性共识为基础,以程序制度为保障。舆情表达是一个争取权益的过程,体现了民众的情绪和民众的愿望。舆情表达机制则是主要涉及如何使舆情表达各个部分协调运行的问题。

协商民主与良好的舆情表达机制之间是相契合的。较高的舆情真实度和整合度对协商民主的发展是十分有益的,同时,完善的舆情表达机制能够对协商过程起到良好的促进作用。同时,两者从目的、主体、相关法律等方面上来说仍然有一定的差异性。从目的的角度上来说，舆情表达机制主要关注是否真实反映了民意，协商民主则主要关注的是解决问题的民主方式。因此，在舆情表达机制与协商民主“对接”时，应充分而全面地考虑到两者各方面的差异性，根据这些差异调整好对接的注意事项，促使舆情表达机制与协商民主相统一。

进一步来看，协商民主中的民众合理利益诉求，一旦被纳入协商民主的过程中，就会受到协商民主本身特有的“规范性”和“复杂性”的制约，并受到工作过程的正常约束。而起着制约和约束的因素包括利益诉求内容的合理性、诉求人和听取诉求人的组织性和理性、诉求和听取诉求的双方的平等性、诉求过程的有序性和合法性等。这些被涉及的因素包括人的素质因素、开展对话的环境因素（包含组织条件、解决诉求问题的物质条件等）、落实协商结果的权力因素、保证互动有效性的制度因素（涉及责任认定、监督和保障协商结果实施的各种规章和法规等）等。

针对协商民主“规范性”和“复杂性”的制约，以及舆情表达机制与协商民主之间的差异性，在“对接”过程中要注意和遵循相应原则，这些原则涉及地位平等原则、秩序原则、理性表达或行为合理性原则、责任原则以及法律保障原则等。这些原则作用于开始互动、直接对话、相互商议、减少分歧和达成共识以及形成解决方案等各个环节。

一、地位平等原则

舆情表达机制和协商民主“对接”过程中应遵循协商主体的地位平等原则。在协商民主的条件下，协商主体之间，即协商参与者之间应该是平等的。协商民主的主体包括参与协商的公民、正式组织以及非正式组织等。同时协商民主的参与者也包括国家治理过程中相关团体和机构的参与者、多元化利益格局中的每个个体、不同文化背景下的族群以及作为公共权威机构、执行国家各项决策的人民政府。协商民主是一种参与型民主，它强调的是协商主体的广泛参与和积极主动参与。为了更好地保障协商主体能够广泛并积极参与舆情表达和协商民主，协商主体之间的地位平等就显得尤为重要。

协商民主的推进是一个漫长的过程，社会主义协商民主是社会主义民主的一种表现形式。它的执行过程不能偏向协商主体的任何一方，各个主体在参与协商时，它们在法律上是平等的关系，这种平等关系意味着相同的权利与义务要能够平等地提供给协商的各个参与者。坚持地位平等原则有两层含义，第一层含义是协商的参与者应具有平等的参与权，第二层含义是协商的制度和机制平等地保护协商参与者的权利的执行。协商的参与者在协商过程中，它们所拥有的权利和义务也是平等的，不应有差别，在法律层面上来说是具有平等地位的。良好的舆情表达机制与协商民主“对接”时，应当给予协商参与者平等表达己方利益诉求的权利与机会，并且应当平等对待各个协商参与者的意见和建议，不能因为各自的喜好而决定参与者的资格与意见建议的表达。

我国的协商民主与舆情表达机制是基于人民当家作主的，协商民主的参与者涉及我国多元社会中代表不同利益、拥有不同社会背景以及不同文化程度等各方面都差异极大且各不相同的群体，然而协商民主却能够跨越这些障碍，使参与协商的群体能够自由地交流和对话。为了保证协商民主的顺利开展以及协商民主的各个主体均能充分表达不同的思想，要确保协商民主的各个主体之间的地位平等性。只有拥有平等的地位，以及平等的话语权，参与协商的各个主体才能畅所欲言，充分表达人民的意愿与人民最迫切的需求，并为解决这些问题献计献策,使得良好的舆情表达机制贯穿整个协商过程,协商民主才能真正地实行起来,舆情表达机制和协商民主才能更好地“对接”。

对于大多数公共政治问题而言,只有大多数普通公民广泛地表达了自己的政治意愿、展现了自己的政治热情和自己的政治力量,协商的主体才能更好地寻找到这些公共政治问题的解决方法,满足大多数公民的需求。作为协商民主的参与者、决策者和立法者的平等地位有助于促进相关政策的变革,这些变革有助于打破长期存在的僵局。协商民主不是一种垂直的、自上而下的制度,而是一种横向的制度,协商主体通过平等的地位、平等的表达权进行充分的交流与沟通。使舆情表达机制充分与协商民主“对接”,保证协商主体之间的平等地位,有利于扩大普通民众的政治参与积极性,促进更广泛的公民参与协商,使得协商中了解到的信息与听取到的意见更加全面,一方面避免了协商决策时的信息不完全性,另一方面也避免了信息完全但只考虑到一部分人利益或只遵循了一部分人观点的问题。

遵循协商主体间的地位平等原则,是保证舆情表达机制与协商民主对接的基础。我国是社会主义社会,强调的是公平正义,在协商中确保协商主体之间的平等关系,是社会主义社会的要求,也是做到协商民主的先决条件。遵循地位平等原则,贯穿整个协商过程,协商主体间的开始互动、直接对话、相互商议、减少分歧和达成共识以及形成解决方案这几个协商环节都涉及地位平等原则。

二、秩序原则

在舆情表达机制和协商民主的对接过程中要遵循秩序原则。秩序原则指的是在协商民主制度化推进,以及与舆情表达制度对接过程中构建起的自洽、健全、完备的协商民主规范体系。社会主义协商民主规范体系是在中国共产党的领导下，人民内部围绕国家涉及改革发展与稳定等各方面，以及关系到广大人民群众切身利益的问题等，在决策之前以及决策过程中开展广泛的协商工作，努力达成共识并且共同遵守的、具有相互联系性的权威性规定和准则的统一。社会主义协商民主规范体系包括协商原则的确定、协商机构的设置、协商主体的产生、协商权利的拥有、协商义务的承担、协商计划的确定、协商议案的提出、协商内容的明确、协商会议的召开、协商成果的实践和协商反馈的监督等方面的有机统一及相互协调，是由各种不同的协商民主形式搭配各种协商规则而组成的有机整体。

我国的社会主义协商民主规范体系具备三大基本特征。[①] 第一，它同时具有一般性和特殊性。社会主义协商民主规范体系是一般民主规范体系的具体形式，它有一般民主规范体系的特征，并且与一般民主规范体系拥有几乎相同的要求和思路，符合了一般民主规范体系的构建规律。协商民主规范体系与一般民主规范体系又有所区别，前者重在强调主体对协商相关权力的拥有和施行、保障和落实，相关义务的承担和履行，而后者重在强调我国是人民当家作主的国家，民主权利为人民广泛拥有。第二，它同时具有集中性和分散性。社会主义协商民主规范体系作为一种体系结构，应具有一般系统的特征，即圈层结构。其核心是宪法中条例对协商民主的规定，以及社会主义协商民主规则，其中间层为具有示范和指导意义的政治协商民主规范体系，其外层为其余协商民主形式的规范体系。社会主义

① 罗振建、林华山：《关于构建社会主义协商民主规则体系的思考》，《广州社会主义学院学报》2016 年第 1 期。

协商民主规范体系是一种主要规范,这体现了它的集中性,与此同时,它又是由各种协商民主形式规范体系组成的,体现了它的分散性。第三,它同时具有国际性和民族性。协商民主并不是中国特有,西方国家早先就有相对系统的协商民主规范体系,社会主义协商民主规范体系在一定程度上借鉴了西方协商民主规范体系的制定办法,为我国社会主义协商民主规范体系的构建提供了理论和实践上的参考。社会主义协商民主规范体系不仅仅借鉴了西方协商民主规范体系,它还具有社会主义的基本特征,是符合我国国情的,符合我国现阶段发展状况的,符合我国基本政策和政治指导思想以及我国国体、政体的协商民主规范体系。我国的协商民主规范体系既吸收了西方协商民主规范体系的优势,又具备符合我国社会主义社会协商民主的各项需求,同时具有世界性和民族性。

在舆情表达机制与协商民主的"对接"时的秩序原则,即构建完善的协商民主规范体系,并严格遵守相关规则,这对"对接"过程来说起到至关重要的作用。遵循秩序原则,有利于增强协商民主的可操作性和实效性。长期以来,我国的民主建设重内容轻程序,对协商民主概念的提出、规则的制定、部署的确定都明确得较晚,我国协商民主程序制定得也相对较晚,很长一段时期,我国的协商民主一直处于摸索时期,只有部分协商民主形式的某些方面有规则的约束,具有一定的秩序性,这就使得我国的协商民主规范还较为简单、覆盖面较小、可操作性较低、约束力较弱,缺乏一定的监管审查措施。遵循秩序原则,构建完善的协商民主规范体系,其目的不只是使舆情表达机制与协商民主"对接"时有制度可循,有制度的约束和指导,更重要的是能够促使我国协商民主在推进过程中,充分地将协商民主规范体系落实到实处,并在实践过程中进一步完善协商民主规范体系,使之在运行中得到改善。在舆情表达机制与协商民主“对接”过程中遵循秩序原则，使社会主义协商民主走向程序化，有利于扩大协商民主的效果。一方面，遵循秩序原则有助于保证协商内容的真实性、吸引更多新阶层的人民群众踊跃参与协商民主的过程，反映自己的愿望和利益诉求，为国家的建设献计献策。另一方面，保证舆情表达机制与协商民主的秩序化、程序化，有利于社会中许多阶层的愿望能够得到相应渠道的及时表达，广大人民群众在某些场所“办事难”的情况能够得到缓解和改变，有利于我国社会清廉风气的建设，腐败问题在一定程度上得到改善。

秩序原则有利于完善社会主义政治制度体系。党的十八大会议提出的“健全社会主义协商民主制度”的要求，其中最重要的是构建程序合理、环节结构完整的协商民主制度，也就是意味着要加强协商民主程序化建设，即遵循秩序原则。协商民主要确实成为社会主义民主的一种重要形式，只有通过构建完备的协商民主规范体系，才能实现协商民主的规范化、制度化和刚性化，才能使舆情表达机制与协商民主“对接”时能够有完备的规范制度作为行动参考与准则。遵循秩序原则是舆情表达机制与协商民主“对接”时的基本保障。

三、理性表达或行为合理性原则

理性表达或行为合理性原则是舆情表达机制与协商民主“对接”时要遵循的一项重要原则。理性表达或行为合理性原则是指在舆情表达机制与协商民主“对接”时，协商参与者要明确自己的协商权利和协商义务，在法律以及相关规范的约束下合理有序地对协商议题进行协商，按照规范表达自己的意愿、想法和诉求。

首先，能够成为舆情表达者与协商代表的前提是具备协商和表达能力，这就意味着是具有代表性以及民主素养的公民。他们不仅仅由各级党的代表大会、人民代表大会和政协委员这样的重要协商参与者组成，还有普通公民的直接或间接参与，协商民主是协商精英性与协商草根性的有机统一，体现了人民当家作主是我国社会主义民主政治的本质和核心，保证了我国人民广泛参与协商民主，协商机构和各个主体能够广泛地听取人民的建议和意见，得到更多的反馈信息，更好地解决协商的议题。根据舆情表达机制与协商民主“对接”时的参与者的广泛性来说，参与者政治面貌多样、文化程度、社会背景等各不相同，在表达和协商过程中容易产生意见分歧等沟通和协调障碍，这就需要每个参与者遵循理性表达和行为合理性原则。

其次，每个协商参与者都拥有平等的协商权利和协商义务。包括真实准确地表达广大人民群众对于协商议案的建议和意见，尊重并认真听取其他协商参与者对于协商议案的建议和意见，在被其他协商参与者或人民群众质疑询问时冷静接受并积极回应，不随意向其他人泄露需要保密的协商内容、资料等，以及积极融洽地和其他协商参与者讨论等。这些权利和义务都反映了各个协商主体在舆情表达机制和协商民主“对接”过程中，以及整个协商过程中都需要遵循理智表达和行为合理性原则。理智表达和行为合理性原则是意见交换和沟通中需要保证的，它有利于协商过程有序、高效地进行。

最后，协商的开展和监督需要对协商议题的民意表达，需要舆情表达机制的参与。在这两个环节中，理智表达和行为合理性原则也要被协商参与者共同遵循。协商开展过程是协商最主要的环节，从协商会议的前期准备到协商会议进行时的讨论，再到协商会议结果的执行和办理。协商中的监督过程包括协商结果执行后的情况反馈、考核以及出现执行困难等问题的问责。这两个环节中舆情表达都是不可或缺的,理智表达或行为合理性原则应当贯穿两个过程。

舆情表达机制与协商民主的"对接"过程中,只要有协商参与者的意见交流、协商民主程序的进行,那么协商参与者在整个协商过程中就应遵循理智表达或行为合理性原则。为了保障理智表达或行为合理性原则的有效遵循,确保协商进程和协商结果的及时、有效传达是十分必要的,同时协商过程中在确保协商规范的前提下还可以扩展多渠道多形式的交流,这样能够使得协商信息交流得更加快捷和及时。协商结果的产生包括两种方式,一种是普通的协商沟通得出结果,另一种是通过投票产生。合理利用这两种方式或将这两种方式进行有机结合,能够更高效地得出协商结果,减少问题解决不及时而产生的纠纷。理智表达或行为合理性原则不仅保障了协商过程的有序进行和开展,能够有效减少协商主体之间以及协商主体与广大人民群众之间的矛盾,即社会各个阶层、各方利益之间的利益冲突,保障了广大人民群众、各个利益方的意见和建议能够得到完全充分地交流,还能够体现各个协商参与者的文明素养,为我国的精神文明建设发挥良好的带头示范作用。

四、责任原则

责任原则是舆情表达机制与协商民主"对接"过程中需要遵循的一项重要原则。责任原则指的是,在舆情表达与协商民主的"对接"过程中,协商参与者应根据协商的相关法律法规以及协商的相关规范,承担相应的责任;同时,在协商过程中,在舆情表达机制与协商民主"对接"过程当中,如果出现重大问题或涉及广大人民群众切身利益的问题,相关协商机构应当积极承当相应责任,及时高效地解决问题,为协商程序的进行提供重要保障。

首先，遵循责任原则，不仅需要依靠社会主义协商民主规范的约束，也需要相应协商民主法律法规的约束。构建完备的社会主义协商民主规范体系和制定健全的社会主义协商民主法律法规是协商民主最迫切的需要，是保证协商参与者能够承担自己相应责任的前提条件。

其次，遵循责任原则，协商参与者需要明确自己的责任究竟是什么，明确自己的权利和义务，在相应规范与法律的约束下，合理地行使自己的权利和义务，积极承担自己作为协商参与者的义务和责任。每一个协商参与者都能够做到遇事不推脱，并且及时积极地协商与沟通。各个协商参与者都是整个协商过程的重要组成部分，他们在舆情表达机制与协商民主"对接"过程中扮演着极其重要的角色，每一位协商参与者都需要积极主动地表达己方利益的诉求与对协商议题的意见与建议，并且客观理智地阐述这些想法。

在协商结果执行以及监督的过程当中，相关协商参与者、协商机构以及相关司法执法机构，更加需要遵循责任原则。在执行监督过程中，最容易引发群众与协商结果之间的矛盾，执行过程就会遭遇困难，协商参与者、舆情表达参与者以及相关执法机构积极承担起自己相应的责任，积极地与群众沟通协商才是最优良的解决办法。在法律和规范的限制范围内，各协商参与者承担起自己的责任，采取积极有效的解决方法，这是保证协商结果能够顺利执行的有效手段。

遵循责任原则不仅指参与舆情表达机制与协商民主"对接"以及整个协商过程的参与者，还涉及我国的全体公民。每一个公民都有权利和义务知晓、了解并参与民主协商的过程，为自己的利益和需求发声，为国家的建设献计献策。为保障更广泛的公民能够切实参与舆情表达与协商民主的"对接"过程，以及整个协商民主过程，不仅需要民主协商在广大人民群众中的普及，同时还需要公民自觉、积极、主动地承担。

责任原则是舆情表达机制与协商民主“对接”时帮助协商中问题解决的一项重要原则，有利于促进协商民主的有序化、规范化、高效化的发展进程。为更好地遵循责任原则，每个公民，包括协商参与者需要明确自己在舆情表达与协商中扮演的角色，明确自己的责任与义务，并且在相关法律法规及各种协商规范下积极承担自己的责任，及时解决协商时产生的问题，一切以广大人民群众的切身利益为准，积极完善舆情表达机制与协商民主的“对接”过程，为我国协商民主的发展作出不懈努力。

五、法律保障原则

在舆情表达机制与协商民主“对接”时，法律保障是必不可少的。法律保障对协商过程来说是一种保护，同时也是一种约束。法律保障原则是指在舆情表达机制与协商民主“对接”的过程中，遵守相关法律法规，并在必要情况下，用相关法律法规捍卫协商参与者的权益和广大人民群众的权益。

从目前社会主义协商民主的发展状况上来看，我国协商民主的相关法律还在完善当中，这是一个需要长期发展、积累的过程，构建与社会主义协商民主规则体系相契合的完善的社会主义协商民主法律体系是必然要求。一套成熟的法律规则体系是我国舆情表达机制与协商民主“对接”以及整个协商民主过程落实的重要保障和行为准则。

从宪法上来看，宪法作为我国的根本大法，协商民主作为我国民主建设的重要组成部分，它的内容及地位要在宪法中有所体现，有所明确。在我国遇到重大改革和重要决策时，要就相关议题在广大人民群众之间进行充分广泛的协商，并且应以最广大人民实际利益的保障作为协商目的。

对于舆情表达与协商民主“对接”时所依据的基本法，需要一套专门法律来明确规定我国社会主义协商民主的规范体系，包括《中国共产党领导的多党合作和政党协商法》《中国人民政治协商会议法》《中国人民政治协商会议协商法》等。[①] 对政治协商、舆情表达机制与协商民主的基本程序作出比较完善、明确、科学的规定，以保证“对接”过程和协商过程能够有序高效地进行。

在具体的规章制度方面，需要制定出专门为特定部门而设立的专门法律，将某些部门的零散的规章制度总结归纳为具体的法律，这样做就使得这些零散的规定变得更加系统化，更加完整，以及具有更强的约束力。例如，可制定《中国共产党党内协商民主法》来协商党内事务，对党工作开展中的舆情表达机制与协商民主“对接”环节作出明确的规定以及约束。积极制定出相关法律法规还能够发挥党内协商对社会中各种不同形式的协商民主的带动作用，促进社会主义协商民主法律法规的建设和完善。立法机关可制定《立法协商法》，来协调广大人民群众对立法机关的沟通事宜，对立法协商的具体操作程序作出详细的法律规范。针对政府机关制定的《行政协商条例》，针对民族区域自治地区制定的《民族协商法》，针对国家特别行政区制定的《特别行政区协商条例》，针对基层制定的《基层群众协商法》，针对网络制定的《网络协商法》，针对各个企业制定的《职工民主

---

① 罗振建、林华山：《关于构建社会主义协商民主规则体系的思考》，《广州社会主义学院学报》2016 年第 1 期。

管理法》等涉及我国社会发展所需的各个方面、不同形式的协商规范。不同方面的具体法律法规的制定,有利于推进社会主义协商民主法制化的进程,保障协商民主的高效有序进行,保障舆情表达机制与协商民主"对接"时协商参与者权利与义务的合理履行。

遵循法律保障原则,也意味着需要完善相应的社会主义协商民主规范体系的执法、司法、守法体系。在全面推进依法治国的形势下,要把社会各层面需要进行协商民主而制定的各项法律的执行情况、监督情况以及普及情况纳入协商民主的规范体系,推动全社会协商民主法制化进程。同时,应当把依法协商作为党和政府决策时的重要程序,用来确保决策的合理性。在舆情表达机制与协商民主"对接"时,也需要协商参与者以及政府为广大人民群众普及舆情表达和协商的相关法律法规,提高广大人民群众的民主协商的素养,加强社会民主协商的群众基础。

社会主义协商民主规范对每个公民都有约束力和规范性,但只有具体的法律法规才能真正地约束协商参与者的协商行为和协商行为的随意性,有利于让每个参与者都真正地参与到舆情表达和协商中来,增强了决策的民主性、科学性、高效性,在一定程度上避免了决策的失误。

第二节　舆情表达机制建设与协商民主"对接"的层次性

将合理的舆情表达机制建设与协商民主体系构建完整有效地"对接"起来的本质就是让舆情表达以一种稳定的工作方式嵌入协商

民主过程中，而“对接”工作的具体过程就是在协商民主体系构建过程中分别研究合理舆情表达机制嵌入协商民主时的以下内容：舆情表达的对象——即向谁表达，一般为公共权力机构；舆情表达的主体——民众①；舆情表达内容——进行协商的议题；舆情表达的形式——具体协商形式的应用；舆情表达成果的应用——实现舆情表达向公共决策的常态转化；舆情表达的制度化和法制化保障——通过制度和法制建设保障舆情表达机制与协商民主的“对接”。

中国社会主义协商民主在整体上具有三个层次，分别为政治协商、社会协商和基层协商。政治协商是党政层面上的协商民主工作，主要涉及国家重大方针政策和国家重大事务；社会协商是地方党的机构、人大和政府机构之间以及与相关民众、社会组织等开展的民主协商，主要涉及社会发展问题和实际民生问题；基层协商则是广大基层党政工作部门或相关组织与基层广大民众之间开展的民主协商，主要涉及具体的发展问题和利益冲突。分别在上述三个层次中研究合理舆情表达机制嵌入协商民主，阐述舆情表达机制建设与协商民主“对接”的层次性。

一、政治协商中的舆情表达机制

政治协商制度是中国共产党领导下，各政党、各人民团体、少数民族和社会各界的代表以中国人民政治协商会议为组织形式，经常就国家的大政方针进行民主协商的一种制度。② 政治协商制度作为我国协商民主的重要层次，是我国的一项基本政治制度。政治协商

① 于家琦：《舆情表达机制与协商民主实践》，《新视野》2015 年第 4 期。

② 陈家刚：《协商民主与政治协商》，《学习与探索》2007 年第 2 期。

对我国发展策略的制定起到决定性的作用，而我国作为人民民主专政的国家，人民在政治协商过程中的作用不可替代，政治协商中舆情表达机制的建设既有其必要性又有其重要性。

我国政治协商制度的实现主要采取三种方式：一是中共中央邀请各民主党派领导人和无党派人士代表举行民主协商会，就中共中央将要提出的大政方针进行协商；二是中共中央主要领导人根据形势需要，不定期邀请民主党派领导人和无党派人士代表举行高层次、小范围的谈心交流，沟通思想、交换意见；三是由中共中央召开民主党派和无党派人士代表座谈会，通报或交流重要情况，传达重要文件，听取政策性建议，或讨论某些专题。除会议协商外，民主党派可向中共中央提出书面建议。[①] 从以上三种方式可以看出，中国共产党在政治协商中处于领导地位，中国共产党的领导地位突出表现在政治协商的内容和时间等核心要素主要由其决定，而且政治协商的工作制度和流程由其全权负责，而其他的协商参与人员负责问题协商和提交等工作。鉴于中国共产党在政治协商中处于领导地位，中国共产党在政治协商制度中承担更多的责任，舆情合理性表达嵌入政治协商时的职责就落在了中国共产党的肩上。组织政治协商工作的中国共产党组织结构是中央委员会，其工作的主要内容是根据年度工作重点或政协党组提出的建议研究并决定协商的议题、部署安排协商活动、就相关问题通报情况和认真研究意见建议并及时反馈处理情况。考虑到中央委员会在政治协商工作中的全面性和整体性，中央委员会要负责政治协商中的舆情表达工作。中央委员会可建立专门的舆情表达工作小组主持工作，工作小组作为独立的工作单元

① 李超：《略谈政治协商》，《天府新论》2006 年第 S1 期。

存在于中央委员会中。政治协商工作具有特殊性——工作强度在不同时间段有差异,且随时间呈周期性变化,其特殊性突出表现为在中国人民政治协商会议召开期间相关组织工作量增加,而全年的其他时间段工作量相对较少。考虑到政治协商工作的特殊性,应吸取其他组织的经验建立常设机关,如中华人民共和国全国人民代表大会设立常设机关全国人民代表大会常务委员会,建立舆情表达常务工作小组,主持舆情表达的日常工作,而在中国人民政治协商会议召开期间组建舆情表达临时工作小组辅助完成会议期间的工作。工作制度以委派工作制常见,上级制定工作任务交给下级去执行,这种工作制度责任分明有利于工作的顺利开展,但从上级到下级信息传递层次过多造成信息纰漏或信息丢失以致工作信息的可信度下降影响工作质量。政治协商中对舆情表达机制的信息要求较高,传统的委派责任制应被弃用,而直接负责制符合舆情表达工作小组的工作模式和工作要求,工作小组直接开展工作完成自身的工作任务,这就需要建立相应的工作机制和工作队伍。直接负责制有利于提高政治协商舆情表达机制的真实度、整合度和通达度,为政治协商舆情表达机制的正常运行和政治协商的民主性进程提供有力保障。

政治协商的内容为国家和地方的大政方针和重要问题,政治协商的结果影响深远、波及范围广泛,政治协商的重要性毋庸置疑。同时还应注意政治协商的广泛性,政治协商的广泛性具有双重含义:政治协商的结果影响国家的每一位人民群众,体现其广泛性;每一位人民群众都可直接或间接地参与政治协商,体现其广泛性的第二重含义。政治协商广泛性的第二重含义体现了舆情表达机制与政治协商"对接"的必要性,也反映出政治协商中舆情表达主体——广大人民群众。广大人民群众的利益从根本上讲就是中华人民共和国的利益,广大人民群众作为舆情表达主体充分体现了舆情表达的广泛性。

广大人民群众作为政治协商中舆情表达的主体,以普查的形式进行调查。普查存在工作量大、人力物力资源消耗大和工作周期长等问题,不适合舆情表达工作的开展。可采取既能反映全体民意又能符合工作要求的调查方式,分层抽样就是一种理想的调查方式。分层抽样既能减少调查工作的工作量,又能保证调查的全面性以确保信息的可用性。分层抽样的两个主要问题就是确定样本总量和分层方式,样本总量的确定应考虑数据分析方法所需要的信息量以及对分析结果的误差要求,而分层方式的选择则较为复杂,应考虑多方面的因素选择一种混合式的分层方式,在选择分层方式时应考虑的因素包括地区人口、社会阶层和受教育程度等,根据分析需要赋予不同因素相应的权重从而确定一种科学的混合式分层方式。在确定样本总量和分层方式后进行的工作是在各个层次进行随机抽样完成舆情表达,随机抽样可根据居民的身份证号等独特标记进行。被调查总体的结构与规定的舆情表达主体结构一致,被调查总体是规定的舆情表达主体的等比例浓缩,理论上可以认为实际的舆情表达主体就是规定的舆情表达主体,即广大人民群众。

政治协商是对国家和地方的大政方针以及政治、经济、文化和社会生活中的重要问题在决策之前进行协商和就决策执行过程中的重要问题进行协商①,协商内容多涉及宏观层面,对我国的发展建设具有指导作用。政治协商中舆情表达内容要与政治协商内容接轨,尽可能涉及我国发展建设的宏观层面,这样既能更加直接反映人民对我国发展的期望又能降低后期舆情合理性表达向公共决策的常态化

① 仲泉松:《关于提高政治协商实效的思考》,《四川省社会主义学院学报》2000 年第 3 期。

转换工作的难度。政治协商中的舆情表达内容主要包括以下几个方面:国家战略决策;社会建设规划;政府工作效率和透明度;外交政策和战略;宏观经济目标和决策;教育科研体制改革;生态环境保护与污染治理;社会福利保障体系建设;国家法律体制建设完善;人民民主政权建设等影响我国发展建设的建议和评价。政治协商舆情表达内容涵盖广大人民群众对我国战略决策的建议和意见。

我国人民政协采用多种方式进行政治协商,从而形成了主席会议、常务委员会会议、秘书长会议等组成的政治协商会议体系,每一种会议形式都有其特定的功能及意义,其共同组成了我国体系架构完整的政治协商系统。政协全体会议和常务委员会会议协商涵盖的内容较为全面,一般涉及国家政治、经济、文化和社会生活等方面,会议结果的直接受众广泛;主席会议协商内容一般涉及国家的核心利益,其会议内容具有极高的重要性,会议结果对国家的发展有关键性的作用;各专门委员会会议和按需召开的协商会议主要就近期国内外发生的影响力较大的事件进行协商,会议内容具有独特性、会议召开时间具有不确定性,会议结果具有时效性。政治协商中舆情表达涵盖内容广泛,回馈机制同样有着较大的受众群体。基于以上的特性,政治协商中舆情表达要选择政协全体会议和常务委员会会议,这样既满足了政治协商舆情表达的要求也符合政协全体会议和常务委员会会议工作需要。政协全体会议协商舆情表达临时工作小组所反映的舆情表达信息,常务委员会会议定期协商某一时间段内舆情表达常务工作小组所反映的舆情表达信息。如关于我国计划生育基本国策的变化的舆情表达信息交由政协全体会议进行协商,关于房地产市场非理性增长的舆情表达信息应交由常务委员会会议进行协商,上述舆情表达的信息来源和协商结果的影响均具有广泛性。

从民众角度看,政治协商舆情表达机制为其参与国家重大方针和重大事务的决策提供了途径,政治协商舆情表达机制应能促进民众意见被决策者采纳或考虑。从国家角度看,政治协商舆情表达机制为其了解社会和民众的现实需求提供了途径,将舆情有序地纳入政治过程,为决策提供依据、为执行提供舆情支持,巩固执政的合法性和合理性。实现舆情合理表达向公共决策的常态转化是舆情表达机制建设与政治协商“对接”的关键步骤,实现舆情合理表达向公共决策的常态转化的工作主要由中央委员会负责。在政治协商的过程中中央委员会承担多项工作任务,其中一项是通过总结工作内容和各界建议提出政协协商议题这项工作任务为舆情表达机制与政治协商的“对接”提供了“对接”接口,而且舆情表达工作小组隶属于中央委员会,这就大大降低了工作交接的复杂性。中央委员会在取得舆情表达信息后要先对舆情信息进行定性筛选,筛除无用信息,如不属于政治协商舆情表达内容的信息、无可靠依据的信息等。在完成定性筛选后,进行舆情表达信息的分析,分析的重点是归纳总结出民众所关心的政治协商议题以及民众对议题所持有的观点及建议,形成书面报告性质的文件。将书面报告性质文件与中央委员会确定的政治协商议题进行比对,如果书面报告性质文件中包含的某一议题与中央委员会确定的某一政治协商议题相同,则在中央委员会确定的政治协商议题后补充民众观点和意见;如果书面报告性质文件中包含的某一议题不包含于中央委员会确定的政治协商议题,则将该议题补充到中央委员会确定的政治协商议题并附上与该议题关联的民众观点和意见,经上述工作后生成最终提交的文件。依据此文件,政治协商决策结果受到舆情合理性表达的影响,进而实现舆情合理性表达向公共决策的常态转化。

我国政治协商制度在不断革新完善的过程中已初步实现制度化和法制化,人民政协高度重视制度的构建,根据《政协章程》的有关规定建立了一系列制度;政治协商法制化建设虽然没有实现构建完善的实体法律框架,但存在支撑其运行的必要法律。制度建设具有根本性、全局性和长期性的作用,是保障政治协商正常运行的核心所在;法制建设是中国共产党依法治国的重要体现,也是人民政协提升履职实效的重要保障。

要建立一系列的管理制度和实体法律框架实现政治协商中舆情表达机制制度化和法制化,对政治协商中舆情表达机制进行保障。我国政治协商中舆情表达机制制度化和法制化关系到我国核心决策机制,由全国代表大会进行审核监督。制度建设要从工作流程、人员管理和监督管理三个方面进行,工作流程主要规定工作机制中工作人员所承担的工作任务以及各个工作任务之间的衔接关系,在工作流程中应注意各项工作开始和结束时间,其是连接的关键节点;人员管理主要限定工作机制中工作人员数量以及管理工作机制中的工作岗位;监督管理主要负责监管政治协商舆情表达机制是否正常运行且经过研究提高政治协商中舆情表达机制的工作效率。《宪法》的各项原则规定是制定其他法律、法令的基础和依据,政治协商中舆情表达机制法制化建设应以宪法为立法依据;现有的政治协商法律为政治协商中舆情表达机制法制化建设提供了法律框架,应以其为基础进行法律条文的扩展。制度建设为法制化建设提供了原则框架,具体的法律条文应根据工作制度来制定,这样既提高了法律条文的全面性又提高了法律条文的可行性。

二、社会协商中的舆情表达机制

社会协商，既不是一个按协商领域划分的概念，也不是一个按协商内容划分的概念，而是从国家与社会的互动关系中理解社会协商的特定内涵。① 此处的“国家”不是通常所指的地域性共同体，而是特指拥有公共权力、具有公共权威处于领导地位的地方性的党的机构、人大和政府机构；此处“社会”也不是通常所指的“一切交往关系的总和”的“人类社会”，而是特指地方民众自身在物质、精神和社会三个方面活动的总和，它有高度自适的内在规则和不受地方性的党的机构、人大和政府机构干预和侵犯的权利，但同时又要接受或服从地方性的党的机构、人大和政府机构的领导。社会协商以建构地方社会秩序和促进地方社会发展为中心展开，对地方民众生活产生长远而深刻的影响，社会协商中舆情表达机制的建设成为完善社会协商的必然选择和构建和谐社会的主要途径。

社会协商的协商主体由地方性的党的机构、人大、政府机构和地方群众两部分组成，在特殊情况下还存在第三类特殊的主体，即由特殊团体或公益团体代表组成的具有监督功能的主体。社会协商在实际运行过程中地方性党的机构、人大和政府机构虽作为一类主体，但其中各部分的重要性和工作量存在差异，政府机构在社会协商工作中处于主导地位，其承担大量的工作任务；党的机构、人大以及其他机构在社会协商工作中处于协助地位，其承担少量的工作任务。在很多情况下党的机构、人大以及其他机构还会对政府机构进行放权，政府机构主要承担了社会协商工作。考虑到工作的信息对称性和流

① 阎孟伟：《协商民主中的社会协商》，《社会科学》2014 年第 10 期。

程衔接性，社会协商中舆情表达机制的建立主要由政府机构负责。政府机构已有从事舆情表达方面的工作，如市长热线的设置。政府机构中可设立专门的行政部门从事社会协商中舆情表达机制建设的工作。该行政部门既要有专属的人员配置和工作机制，又要吸收政府机构中现有的与舆情表达有关的工作人员和工作任务，提高舆情合理性表达嵌入社会协商时职责的统一性和透明性。该专设行政部门的工作内容可分为两大类：第一类是内部工作，内部工作指政府机构应处理的社会协商工作；第二类是外部衔接工作，外部衔接工作指除政府机构外所有的机构应处理的社会协商工作与政府机构应处理的社会协商工作的衔接与互动，该类工作存在的目的是保证社会协商中舆情表达机制的同步和协调运行。将该专设行政部门的工作内容分为以上两个大类，是因为该专设行政部门隶属于政府机构的特殊性。社会协商中舆情表达机制的建设不仅需要政府机构中专设行政部门的工作，还需要政府机构其他部门以及其他机构的支持配合。

社会协商主要涉及的是地方性党的机构、人大和政府机构与相关民众、社会组织之间，就社会发展问题和实际民生问题开展的民主协商。社会协商具有地域局限性，但社会协商地域局限性没有基层协商地域局限性显著，其是社会协商的显著特点之一。社会协商的这一特点决定了社会协商结果受众的特征，受众为某一地域范围内的民众，部分民众受社会协商结果影响较大，部分民众受社会协商结果影响较小。协商结果受众的特征决定了舆情表达主体，社会协商舆情表达主体具有独特性——该地域内所有民众为舆情表达主体但主体的权重不同。考虑到地域人口基数仍然庞大，故社会协商舆情表达不采取普查的调查方式，而是与政治协商相同采取了抽样调查的方法。抽样调查的权重在实际工作中主要从两个方面体现：在明确舆情表达的主体后对受众分类进行划分，对主要受众和次要受众进行归类，再根据两者受影响程度的不同，确定调查样本中主要受众和次要受众的比例，再根据信息需求量确定样本数量，后根据比例随机选取民众进行调查；数据分析在信息收集完成后进行，由于地方政府机构人力物力资源有限，故要对其进行有效分配，将优质的人力物力资源分配给主要受众数据分析，而适当减少分配给次要受众数据分析的人力物力资源，关键数据的准确性得到了必要的保证。抽样调查的权重既保证了舆情表达的有效性又不失全面性，具体的调查方法还应根据具体情况进行必要的调整。

社会协商的内容十分广泛，往往涉及地方经济建设、政治建设、文化建设、社会治理、生态文明等各个领域中发生的重大问题和实际问题，社会协商中舆情表达的内容应与社会协商的内容在基本面上保持一致，即内容的领域保持一致性。关于地方经济建设的舆情表达内容包括地方经济质量和速度要求、地方产业结构升级、地方税务制度改革和地方金融政策等；关于地方政治建设的舆情表达内容包括地方政府信息公开、地方党政信息宣传、地方政府构建等；关于地方文化建设的舆情表达内容包括地方文化宣传、地方非物质遗产保护和地方道德文明宣传教育等；关于地方社会治理的舆情表达内容包括地方法律法规建设、地方执法监控力度和地方法治宣传等；关于地方生态文明的舆情表达包括空气质量监测、整治重污染企业、污染事件报道和绿色生态宣传教育等。上述内容具有高度代表性，但社会协商舆情表达内容并不局限于此，一切与地方民众利益有关的内容都属于社会协商舆情表达的范畴，这是协商民主和民众利益的必然要求。

社会协商的基本特质之一是地方民众可以直接参与到协商过程

中,体现其直接民主的性质。民众参与社会协商有多种方式:第一,民众可以以个人身份直接与政府机构展开对话,政府接待日和信访都可以为民众提供直接与政府机构展开对话的机会;第二,民众可以通过媒体平台、手机 App(应用程序)等直接向政府机构或社会公众发表个人的意见和建议,向政府机构申诉控告,以实现同政府机构和社会民众进行对话协商解决相关问题;第三,民众可以根据个人需要加入相关民众组织或团体,然后在组织或团体内部通过某种方式推选出具有代表性的民众代表和问题,最后民众代表同政府机构和社会民众进行对话协商解决相关问题。民众参与社会协商的第一种方式,不具有普遍性,该方式不适用舆情表达机制。民众参与社会协商的第二种方式较为特殊,网络环境为舆情表达提供了便捷的途径,降低了工作的难度。在遇到此类情况时应根据具体情况采取恰当的策略,如根据网络访问量等信息明确该问题的普遍性,如果该问题具有普遍性,则利用网络的便捷性一同开展舆情表达相关工作,如果该问题不具有普遍性,则政府机构可不进行舆情表达相关工作直接着手解决问题。民众参与社会协商的第三种方式所提出的问题具有普遍性,协商对话开展过程中需开展舆情表达相关工作,如某一小区居民就拆迁补偿对政府机构提出要求,相应政府机构在协商对话的过程中有必要在周围地区进行相应问题的舆情调查。

社会协商中舆情表达机制存在的意义是使社会协商的结果能最大限度地维护地方民众的权益和使地方决策部门作出合理的决策,社会协商中舆情表达机制应根据其存在意义进行合理的应用。社会协商中舆情表达机制的应用主要从两个方面展开:社会协商的问题可通过舆情表达机制产生。社会协商的问题一般由政府机构或其他权力机构根据工作重点等纲领性文件总结提出,其能反映涉及地方民众利益的大部分问题,但并不能包括涉及民众利益的全部问题。当民众组织或团体的民众代表就某一问题与政府机构进行协商时,政府机构将问题与备案中的问题进行比对,如发现相同问题则进行合并处理,如未在备案中发现该问题则将该问题加入备案并开展相关的舆情表达工作。舆情表达机制为社会协商的公共空间提供必要的空间“环境”。实现社会协商存在诸多前提,其中最重要的前提是地方政府与地方民众的互动,这种互动所形成的地方政府和地方民众的公共空间则成为社会协商的公共空间。社会协商的公共空间是社会协商工作的载体,其空间“环境”影响参加社会协商的两类主体的协商对话思维,从而间接影响社会协商的结果。在社会协商进行的过程中,舆情表达机制为政府机构提供了问题的基本社会环境,为参加社会协商的民众代表提供了进一步了解民众需求的机会。公共空间的空间环境还为协商结果的矫正和加快社会协商工作进程提供了可能。

我国社会协商舆情表达机制的制度化和法制化处于起步阶段,但社会协商舆情表达机制的制度化和法制化为社会协商舆情表达工作的顺利开展奠定了坚实基础,要加快社会协商舆情表达机制的制度化和法制化建设。虽然社会协商舆情表达工作制度与政治协商工作制度存在较多差异,但考虑到两者的工作本质相同,社会协商舆情表达工作制度的建立要在政治协商舆情表达工作制度的基础上进行。工作内容和工作方式相仿的工作,社会协商舆情表达机制的相应工作制度要在政治协商舆情表达机制的相应工作制度的基础上进行适当调整;而工作内容和工作方式相差较大的工作,地方政府机构应根据自身舆情表达工作特点建立与现有工作制度相衔接的工作制度。如社会协商舆情表达和政治协商舆情表达的舆情信息收集工作极其相似,前者可借鉴后者并在必要方面根据自身特点进行适当修改,而两者的舆情表达应用工作存在较大差异,前者应自己摸索恰当的工作制度。社会协商舆情表达机制法制化建设受行政级别的限制,与政治协商舆情表达机制法制化建设存在较大差异,后者因处于权力中心其正常运行得到相关法律条文的充分保障,有关法律条文具体且丰富,而前者的行政级别相对较低,不会存在大量的法律条文对其运行进行保障,但其纲领性的保障法律条文依然有存在的必要性,其他具体的保障以地方行政条规的形式较为常见。如在我国法律中对地方的社会协商舆情表达机制工作作出相关规定,地方政府会出台相应的行政条规对该条法律作出具体解释。社会协商舆情表达机制的制度化和法制化对地方政府机构工作能力提出了较高要求,需要地方政府机构各部门的协调工作。

三、基层协商中的舆情表达机制

基层协商是涉及广大基层党政工作部门或相关组织与基层广大民众之间,就具体的发展问题和利益冲突开展的民主协商。基层协商是基层民主的重要渠道和方式,是协商民主开展的前提,对国家的决策起到重要的修正作用,而且国家治理的根本立足点在基层,推动基层协商的发展具有重要意义。但基层协商在实际运行过程中存在概念及主体认识不清等问题,造成基层协商的民主协商功能受到限制,建立基层协商舆情表达机制对基层协商工作机制进行完善是建设中国特色社会主义的必由之路。

基层协商的协商主体与前两种协商相比具有极强的特异性,其具体表现为对某一确定的协商议题具有特定的协商主体。如某一村庄需对村庄的规划建设进行协商,则参与协商的主体即村民和村委会是特定存在的。根据协商背景的不同，基层协商可分为乡镇协商、行政村协商和企事业单位协商等，不同协商背景下权责机构同样存在特异性，基层协商由其协商的直接负责机构负责，如乡镇协商由乡镇政府负责，行政村协商由村委会负责，企事业单位协商由单位管理部门负责。基于基层协商的特异性以及工作的内部关联性，基层协商舆情表达工作的职责要由相应的基层协商权责部门负责。不同的基层协商权责部门要根据自身协商背景建立专属的工作组织，从事该协商背景下的舆情表达工作，在舆情表达工作组织建立的过程中基层行政机构可向上级行政机构吸取必要的工作经验。基层协商舆情表达权责的明确，有利于推动基层协商的发展完善，促进我国协商民主的进步。

基层协商舆情表达机制同样具有特异性，基层协商舆情表达主体要与舆情表达机制相一致，选取特异性民众作为表达主体。舆情表达主体深受基层协商结果的影响且在主体内部无明显的权重之分，要对舆情表达主体的意见和建议进行全面而深刻的调查。同政治协商舆情表达工作相同，基层协商舆情表达同样对表达主体进行全面的信息收集，但后者不同于前者的是，后者的主体容量远小于前者，故在选择调查方式时政治协商舆情表达选择了对整体有等效替代作用的抽样调查，而基层协商舆情表达应选择普查为调查方式，选择普查作为基层协商舆情表达的调查方式，不仅考虑到舆情表达主体范围小，同时主体分布较为集中，为普查提供了便利条件。普查开展的方式可以是相应权责机构组织人员进行上门调查，也可以是相应权责机构设立舆情调查组织对舆情主体实行注册调查。无论采取何种方式进行普查，保证调查信息的准确性和全面性是首要前提。

基层协商在不同的协商背景下协商内容不尽相同，协商内容以协商背景为支撑根据实际情况进行扩展。基层协商的内容虽然在不同协商背景下存在差异，但协商内容都是以基层建设和基层民众利益为核心展开的。基层协商舆情表达的内容应以基层协商内容为基础展开，基层协商舆情表达内容可根据不同的协商背景进行分类。如乡镇基层协商舆情表达的内容可以包括乡镇范围内经济发展规划、生态环境保护、改善民众生活质量、公共服务设施建设以及社会和谐发展等重要事项；行政村基层协商舆情表达的内容可以包括行政村经济社会发展计划、行政村事务管理和服务以及涉及行政村民众核心利益的其他事项（土地权益的变更；基础设施的兴建；行政村村风和道德文明体制建设；行政村财政收入和支出；行政村建设用地分配规划等）；企事业单位基层协商舆情表达的内容可以包括企事业单位经营战略与重大决策、员工安全以及公平分配等。基层协商舆情表达内容从某种意义上讲具有随机性，其不同于前两者范围较为固定，应根据实际情况开展基层协商舆情表达工作。

基层协商内容和对象决定基层协商方式，协商方式影响协商结果从而影响民众利益。为满足实际情况的需要，基层协商形式多样，具体的协商方式有以下几种：会议协商，召开由协商对象参加的协商会议，可建立议事会制度、民主日制度、同心会客室等方式，广泛征询意见；点评协商，组织协商对象开展评议活动，就相关重点工作（项目）进行现场分析点评、事后绩效评议；咨询协商，对专业性、技术性较强的公共决策事项，邀请专家或委托专家学者、上级专业部门及辖区专业人士等，进行咨询论证、评价分析；书面征询协商，对公共决策事项以及涉及公民、法人或其他组织切身利益的决策事项，采用书面形式征询辖区有关单位、社会团体、功能界别和利益相关群体代表人士的意见；个别访谈协商，以走访座谈、约请面谈等形式就某一特定事项同辖区有关单位、团体和代表性人士进行个别走访，沟通交流意见；网络互动协商，采用网上公示、网上民意调查、网络平台政民互动、网上征询意见等形式，进行议政问政和互动协商。① 舆情表达机制提供了民众舆情信息，其适用于需要大量民众舆情信息的基层协商方式，经过对如上常见基层协商方式的分析可知，基层协商舆情表达机制主要应用于会议协商和书面征询协商，其他基层协商形式也可根据实际情况适当采用基层协商舆情表达机制。

政治协商和社会协商都间接采用舆情表达机制，即舆情表达机制对协商结果的影响是间接的。基层协商实际运行的过程中，协商主体与舆情表达主体基本一致，在基层协商中直接应用舆情表达机制。舆情表达机制的直接应用是指舆情表达信息取得后进过分析直接转换为协商意见，该协商意见与基层协商过程中的协商意见同样对待，从而实现了基层协商舆情表达机制对基层协商结果的直接影响，完成了基层协商舆情表达机制的直接应用。

基层协商舆情表达机制的制度化和法制化对保障基层协商舆情表达机制的正常运行有重要作用，是基层协商舆情表达机制发展的必然要求。目前我国基层协商舆情表达机制缺少基本框架，还没有形成完备的工作制度，缺乏必要的程序和步骤使基层协商舆情表达机制处在无序状态。基层协商舆情表达工作制度的建立应充分考虑基层自身的因素，做到“因地制宜”，还要吸取上级行政机构舆情表达工作制度建立的工作经验。基层协商舆情表达机制的法制化建设要与社会协商舆情表达机制的法制化建设保持形式上的一致，即国家应考虑制定基层协商基本法律规定，形成基层协商法律纲领，基层再

① 阮桂春：《基层协商民主建设应注意的问题》，《学习时报》2015 年 6 月 29 日。

依据法律纲领根据自身实际情况出台相应的较为具体的条规政策。基层机构还要培养基层民众参政议政的民主意识并提高基层民众的政治素养,发挥民众自身的自主性,促进基层协商舆情表达工作的顺利开展。

第三节　舆情表达机制与协商民主“对接”中的几种关系

协商民主与舆情表达机制的“对接”中存在几种关系,包括协商民主与整个民主政治发展进程的关系、协商民主与党的群众路线的关系、人民政协作为协商民主重要渠道与其他渠道之间的关系、不断提高民众政治素养与推进协商民主制度化之间的关系、协商民主建设与基层社会治理之间的关系、整个协商民主体系发展与互联网协商民主体系发展之间的关系、协商民主与国家治理体系和治理能力建设之间的关系。这几种关系对于协商民主和舆情表达机制的结合具有重要的现实意义,体现了协商民主和舆情表达机制“对接”的不同角度,在本质上揭示了实现舆情表达机制嵌入协商民主体系的具体实现方式,是对协商民主和舆情表达机制“对接”在理论研究的基础上进一步的实践扩展与应用延伸。

一、协商民主与整个民主政治发展进程的关系

(一)协商民主是民主政治进程的组成部分

英国资产阶级革命最早,但民主进程却较为滞后。光荣革命后,英国以财富的多少来决定选举权,选举权掌握在财富较多的大地主

和资本家手中。此后，工人阶级发起“宪章运动”争取普选权，提出按照人口分配议席，取缔财产约束。随后英国扩大了选举范围，废除公开制实行秘密投票，财产仍然是选举权利大小的决定性因素。之后，英国的财产限额、居住期限和教育程度的约束逐渐减少，1928 年，女性获得与男性相同的选举权；1948 年，英国实现一人一票制；1969 年，英国将选民年龄由 21 岁降为 18 岁，实现全民普选，前后历时约 300 年。英国由议会多数党领袖担任首相，政府与议会互为牵制。

美国建国初期，选举法规定只有拥有较多财产的白人男性具有选举权，即使在白人男性中也仅有 10% 比例，后来按照交税数额确定选举资格，有效扩大了白人男性选举权的比例。1870 年，黑人获得选举权，1920 年，妇女获得选举权，1973 年，选举年龄由 21 岁降到 18 岁。1979 年，美国实现最终的普选，历时约 200 年。美国实行三权分立，立法权、行政权、监督权互相制约，互为补充。美国的历时比英国略短，但二者民主政治过程大同小异，早期都是以财产衡量选举权，然后逐渐在财产、教育程度、种族、性别、年龄等方面放大范围直至选举权变成全民的权利。

法国的民主政治历程相对英美更加复杂和曲折，民主政治进展充满了战争与革命，始终在帝国与共和制度间循环往复。1789 年，法国大革命开始，推翻旧王朝，随后实行君主立宪；1792 年建立第一共和国，强化议会权力；拿破仑称帝后，法国实行两院制议会；1830 年再次实行君主立宪，扩大议会权力；1848 年，法国成立第二共和国；后波拿巴政变，成立第二帝国；1875 年，法国正式建立第三共和国。二战后法国建立第四共和国，但政府更迭频繁，内阁反复重组。1958 年，法国修宪，削弱议会权力，加强总统权力，第五共和国逐渐走向稳定，共经历了 160 年。

在中国，鸦片战争后，洋务运动首先兴起，一些有识之士开始学习接触西方的民主政治体制。随后许多早期资产阶级维新派主张君主立宪制和开设议院，提倡西学，改变教育制度等，是中国近代民主政治思想的开端。康梁维新变法失败后，资产阶级革命派掀起民主革命，发动武装起义，建立民主共和国，孙中山提出“民族、民权、民生”三民主义，颁布《中华民国临时约法》，民主共和的观念深入人心，新民主主义革命兴起，陈独秀、李大钊等人带领《新青年》等民主思想新阵地走进人民视野。

五四运动后，马克思主义迅速在中国传播，新民主主义篇章开启。1921 年中国共产党诞生，开始了民主政治探索之路。中共二大制定民主革命纲领，1923 年第一次国共合作开始，促进了新民主主义革命初期中国民主政治的发展。共产党坚持马克思主义和新民主主义理论武装，建立工农革命政权，发展民主政治制度，最终得到了各民主党派的拥护与各地人民的支持，解放战争胜利，成立新中国。

新中国成立后，中华人民共和国确立人民代表大会制度，中国民主政治进入新阶段，形成社会主义民主政治发展道路。我国的国体是人民民主专政，无产阶级作为统治阶级，代表中国最先进生产力。我国政体是人民代表大会制度，也是根本政治制度。我国在政党制度上独树一帜，实行多党合作和政治协商制度，共产党与各民主党派坚持“长期共存、互相监督、肝胆相照、荣辱与共”的方针；实行民族区域自治制度，促进民主制度在各少数民族中的落实，推进民族团结和民族繁荣；推行基层民主自治制度，加强基层民主治理。我国的民主形式除最常见的民主选举外，还包括民主决策、民主管理、民主监督等。

现阶段，社会主义协商民主制度建设逐渐被提上议程，越来越多的人开始意识到协商民主的重要意义，鼓励推行协商民主的广泛化与多层次发展，提倡中国共产党领导和建设协商组织，完善协商制度，拓宽协商渠道，突出我国社会主义民主政治的独特优势。中国的协商民主由此进入全新的历程。

不同的民主政治历程选择了不同的协商民主，不同的协商民主成就了不同的民主政治，二者互相影响，互相作用。中国的民主政治进程相对于西方更加彻底，中国民主进程最终是靠革命和武装战争建立了完全的新政权，统治阶级是底层工人阶级，更加能保证民主实质。西方虽然有许多工人运动，但国家政权仍然掌握在资产阶级手中，民主具有一定的被动性。虽然法国也是靠革命建立新政权来建立民主制度，但是法国的政权更迭导致政权不稳，并且统治阶级并未从根本上取得改变，中国的政权有广大的人民群众作为基础，比法国的民主制度更加稳定和坚固。同时，我国提出中国特色社会主义的概念，民主政治也是独树一帜，许多制度与协商民主协调发展。

中国民主政治进程与西方民主政治进程都经历了许多挫折与艰辛，都是民主人士在遭遇了许多阻挠与失败后仍然不屈不挠、决不放弃争取到的成功，二者离不开民主人士的主观努力，都经历了漫长的过程。

中国的协商民主制度独立于西方的协商民主制度，中国的协商民主有自己独创的框架和内容，是由中国的民主政治进程所决定和衍生的，是与中国的实际相结合的，符合中国国情，中国的协商民主比西方更具有适用性，具有更强的生命力和独特的优越性。

目前，随着西方一些国家相继出现的问题，我国协商民主的优越性和正确性逐步体现出来。西方普选的结构导致一些媒体舆论导向影响公民投票，或者是存在大量对于政治问题没有相关知识的人在进行投票时随意，受喜好、情绪等因素支配。不重视自己的投票，导致最终结果出现许多问题，西方民主逐渐开始受到冲击。

（二）协商民主与民主政治本质精神相契合

民主政治的概念，最早是由古希腊政治文明衍化而出，表示“人民掌握权力”。也就是说，大多数人代表的观点和意志即为民主，民主制被界定为多人的执政方式，这是民主政治最早的雏形。但古希腊民主多有局限之处，是部分贵族的民主。

民主政治的形式与内容多有创新与发展，民主的范畴也更加宽泛，越来越多的人能够真正参与到民主政治决策之中。马克思将民主政治与国家制度和统治阶级相结合，对于民主的本质和含义进行了概括和说明。协商民主正是民主政治的有力体现。

民主政治在早期发展进程中，统治阶级以大多数人的意志和利益为标尺治理国家，是一种以人民意志为核心的政治统治手段，也是统治阶级统治和巩固国家政权的重要工具。协商民主作为一种国家民主政治的方式，是以民主的意志支配国家主权的一种体制，协商民主又为大多数人来决定国家政策方针的主要方向提供了一种强有力的方式，国家政权活动需要与民意结合，与法律结合。协商民主推进了民主政治进程发展，也是民主政治进程目前的重要产物之一。协商民主存在于民主政治进程中，又作用于民主政治进程。

协商民主是民主政治具体落实的方式之一，民主政治有很多方式，协商民主是比较有效的一种方式。它不仅能够将民意传达到上层机关，更能够让民意来影响和决定国家政策，但是协商民主又会有其他人的约束，取得更好的决策。

协商民主能够推动现代经济和文化进程。经济、文化进程的基础是体制稳定。协商民主能够最大限度地使人们的利益得到满足，同时又有统治者加以约束和决策，最大限度地实现了资源和利益的最优分配，从而对于经济文化的进步与繁荣起着推动作用。

协商民主能够解放思想，促进国民思想提升。协商民主使人民参与到民主政治国事决策中，人民能够更加近距离地关心国家大事，更深入地思考国家建设的战略方向。对于国民思想的解放、国民素质的提升都具有很重要的意义。

协商民主和民主政治的意义丰富，所涵盖的内容涉及政治领域的各个方面，在政治进程中占据着举足轻重的地位。民主一直在人类文明的探索和实践中前行，民主的方式、渠道和民主的自由程度等，一直都是政治理论研究和实际应用中所关注的问题。协商民主反映了人类社会组织结构的完善进步，促进了民主政治决策的进一步科学化、民主化，标志着人类文明跨出的一大步，是一种至今适用的政治文明体制。

二、协商民主与党的群众路线的关系

（一）思想根源一致、本质目标相同

党的群众路线是“一切为了群众，一切依靠群众，从群众中来，到群众中去”。“两个一切”是党的群众观点最根本、最核心的问题，“一来一去”解决了如何落实党的群众路线的问题，是党实行民主的具体方法和途径。

党的群众路线与协商民主和舆情表达机制研究的都是如何保障民主，经过了时间和实践的检验，反映了我国千年传统的民本文化，自古我国统治者就高度重视民心，曾以舟水比喻统治者和人民，强调统治者必须要顺应民心，这为党的群众路线和协商民主思想奠定了基础。

党的群众路线理论来源与核心是马克思主义唯物史观，与人类社会的发展规律相结合。人在生产力中起着重要的作用，人民群众是最终的历史创造者。因此，党的群众路线和协商民主思想的落脚点都是人民群众。

党的群众路线，重点在于群众，协商民主和舆情表达机制，重点在于人民。他们的服务对象是相同的，最终所追求的目标也是相同的，这与党的性质和宗旨分不开，也与我国的民主政治分不开，民主决定了政党路线，政党路线体现民主制度。党的群众路线和协商民主都是为了更好地进行民意表达，更加透彻地了解群众要求，获取真实可靠的民意，保障最广大人民的根本利益，调动群众的积极性，进而创造丰富的社会物质财富和精神财富，建立富强的国家和稳定的社会。

（二）协商民主是党的群众路线在政治领域的重要体现

"从群众中来，到群众中去"，揭示的是人民在国家政治生活中的地位，党的历届领导人都高度重视人民地位和舆情表达，积极将党的群众路线落实于行动。协商民主是党的群众路线在政治领域的重要体现，是党的群众路线的基础和保证。同时协商民主和舆情表达机制也规范了民意的表达，对于一些不可行的想法具有约束性和限制性，最大地减少损失，达到相对令人满意的决策。舆情表达机制建设与协商民主之间的契合，在很大程度上就是党的群众路线在中国民主政治进一步完善过程中的一种制度化建设。

党的群众路线体现了舆情表达机制建设的精神实质和根本要求。党的群众路线要求执政的共产党要尊重人民群众的创造力和生产力，集中群众智慧，了解群众需求，听取群众意见，推动决策科学化、民主化，保证人民当家作主，最大化维护人民根本利益。

党的群众路线为协商民主和舆情表达机制提供了条件，它既强调广大群众政治参与的主动性，也强调领导者深入群众的主动性，实际上是一种更全面、更真实的参与型民主，这也正体现了舆情表达机制建设的精神实质和根本要求。

党的群众路线要求党自身深入了解人民群众的需要，思考群众的诉求，满足人民群众的愿望，做好调查落实工作，检验党和政府是否决策利民，是否真正代表人民群众的利益，是否满足人民群众的需求，使民意可以更加全面、具体、快速地反映到决策上层，贯彻和落实协商民主制度。

协商民主与党的群众路线互相补充和完善。群众路线是自上而下的模式，是领导决策者行动方针和纲领，舆情表达机制是自下而上的模式，是人民向上反映意愿的重要渠道。两个从不同的方向完成了民主方式的“对接”，从两个端点完善民主制度。因此两者互为辅助，互相补充，两者都需要与时俱进，都应当与时代相适应，共同为民众服务，其中任何一方面的完善和提高都可以对另一方面起着积极的促进作用。

在舆情表达机制中人民群众起着巨大的作用，人民需要通过一种方法来表达意愿，群众路线是有效的途径。从党的群众路线的角度来说，群众路线是在许多历史实践中提炼出来的，提纲挈领指导党的工作，协商民主和舆情表达机制在某种程度上是党的群众路线的一种实施方式。党的群众路线要求党高度重视舆情表达，群众路线要求来源于群众，这就需要协商民主和民意表达机制互为延伸和完善。

三、人民政协作为协商民主重要渠道与其他渠道之间的关系

（一）人民政协作为协商民主重要渠道的作用

人民政协是专门协商机构，是实行协商民主的载体，人民政协体制的建设能够较大程度上影响协商民主的落实。人民政协的体制建设需要从空间上的全局性和时间上的长远性出发，保证制度的制定和建设内容完备、功能齐全，保证体制的贯彻和落实牢固可靠、稳定可行，既要做好总体的全面协调规划，又要做好局部细节和要求。

人民政协体制建设的重点和难点是推进其中舆情表达机制与协商民主制度的结合，舆情表达机制要通过人民政协这一重要渠道进入协商民主机制中，拓展人民政协的协商民主功能。要加强对于舆情表达机制的研究，将舆情表达的方式和体系规范化纳入人民政协的建设中，将舆情表达机制嵌入人民政协的各项职能和各项活动中，充分发挥人民政协作为协商民主重要渠道作用。

人民政协的政治协商是党和国家实行民主科学决策的关键一环，是国家领导的重要信息来源，主体涵盖不同的阶级、政党、民族、宗教、团体组织、行业等，集合众多来自全国各地的高素质学者与专家，深入研究国家各个领域，在政治、经济、文化等各个方面的发展方向，为制定国家方针战略提供科学的建议，所提出的方案涉及国计民生的方方面面，对于国家政策有很大影响。

人民政协要充分考虑底层人民的意见，引导民主渠道发展，作为协商民主的重要渠道能够将民意完整传达，也能够提出许多领导决策阶层现阶段无法了解或者尚未意识到的问题，调动全体人民的智慧，推进人民政协协商民主向基层社会和普通民众延伸。人民政协

在组织上就要求有广泛的代表性，收集各方面意见建议，要求能够代表和反映真实、全面的状况，强调政协委员的责任意识。推动政治协商和社会协商多渠道变化，降低决策的局限性、任意性和偶然性，党和国家能够更加周全地对多方意见进行权衡度量，这种以丰富的主体作为基础和依托的协商民主方式，要合理、科学地对于各种组织的范围进行分类和界定，还需要注意的一个问题就是均衡比例，避免代表某一方利益的人数过多或者过少造成的比例失衡，充分发挥丰富的主体的优势作用。

人民政协制度体现了政治上协调关系，兼容并蓄理念。我国是中国共产党领导的多党合作和政治协商制度，人民也可以自由地选择加入各民主党派，民主党派有很多机会表达民意。这是我国独特创新的一种新型政党制度，它避免了一党制的独断性，也避免了多党制的混乱性，我国的政党制度也是一种民主的直接体现。要协调和处理好中国共产党和民主党派的关系，巩固中国共产党领导的多党合作的现有政治格局，发展中国共产党领导的多党合作的政治制度。人民政协是各民主党派与中国共产党领导协商的重要平台和主要途径，对于各民主党派来说，这是展现能力和建设国家的重要方式。人民政协要积极听取其他民主党派的意见，鼓励民主党派为国家发展献计献策，对协商通过的意见予以肯定和积极采纳。

协调处理好各民族的关系，鼓励民族代表提出建议，共同促进各民族团结和发展，尊重宗教信徒，允许存在不同的宗教信仰，对于不同的阶级平等看待、一视同仁，了解当前不同阶级生活状况，对弱势阶层和群体给予保护。加强人民群众的凝聚力和团结精神，只有民主团结，才能更好地促进民意表达机制和民主制度的实施，建立和谐稳定的社会，这些也都是舆情表达机制在协商民主中的体现。

（二）充分发挥人民政协的引导、示范和带动作用

人民政协积极采纳其他协商民主渠道的意见。允许人民群众通过各类丰富的渠道进行意见反馈，尊重人民群众的所有意见，听取人民群众的所有需要，遵循自由、平等、包容、理解的态度，充分调动人民群众的主观能动性，鼓励公众参与立法、制定政策，了解各个方面的需求，处理目前存在的问题和矛盾，使人民群众的权利得到最大程度的保障。

对协商民主通过其他渠道反映的群众意见进行积极采纳和整理，充分、真诚地通过各种舆情表达机制和协商民主渠道了解民意，集中意见统一进行讨论，制订较优方案，为其他协商民主渠道在收集民主信息方面做出榜样。

人民政协推进民主决策和科学决策，共同做好民意的上下传达。人民政协作为协商民主的重要渠道有很多优势，人民政协汇聚了多方人才和多个党派，能够为民主决策提供有力的臂膀，提高党和政府的决策水平和能力，广泛地反映社会各界的意见和建议，在正确科学决策方面，人民政协要为协商民主的其他途径和渠道提供标杆，避免和减少决策上的失误，防止出现决策不力造成的损失。

将民主应用于整个决策过程，在充分考虑民意的基础上，需要摒弃个人主观情绪的影响，客观公正地看待民意，通过协商方式制定政策方针，并要向人民群众具体解释清楚为什么实行这样的方针政策，以及怎样实施这样的方针政策。将决策传达于民，让人民群众理解和支持人民政协所作出的决策，更好地促进决策的落实。其他协商民主渠道要同人民政协一样，既是民意向上传达的渠道，也是领导决策层向下解释决策的渠道。

人民政协制度强化了权力监督功能。人民政协对于权力的监督

是指民主上的监督，每个政协委员或者组织都具有监督的权利和义务，不必受身份地位的约束，监督内容可以是任意的方方面面，渠道和形式也是多元化的。这是人民政协相对于其他协商民主渠道的一个重要优势，人民政协要更广泛地开放监督途径，拓宽监督范围，提供多样的监督形式，舆情表达机制应当考虑对权力的监督机制，权力的监督同样对于协商民主具有重要的意义。

人民政协的协商渠道与其他协商民主渠道要相互结合。其他协商民主渠道对于人民政协起着完善和强化的作用，虽然相对于其他协商民主渠道，在民意表达的功能上人民政协更加集中，但其他协商民主渠道也是人民政协的重要信息和参考来源。拓宽人民政协协商的途径和形式，丰富和鼓励其他协商民主渠道的多样发展，也是对人民政协作为协商民主的重要渠道丰富和补充的一种方式。人民政协与其他协商民主渠道相结合，汲取其他协商民主渠道的优势，帮助完善其不足之处，强化与其他协商民主渠道的配合衔接，推进人民政协充分发挥作为协商民主重要的渠道作用，以及对其他渠道的引导、示范和带动作用。

四、不断提高民众政治素养与推进协商民主制度化之间的关系

（一）民众政治素养决定了协商民主建设的质量

协商民主需要民众去实现，因此，广大民众的民主思想是协商民主是否能够进行的关键，民主政治素养是协商民主的基础，是国家的软实力。民众的政治素养影响协商民主制度化的质量；民众的政治素养影响协商民主制度化的范围；民众的政治素养影响协商民主制度化的程度。提高民众政治素养能够完善舆情表达机制，提高协商

民主的效率,更快地达到目标。

民众的政治素养提升,协商民主才会更加有力,更加深刻,充分发挥它的作用;反之,如果民众政治素养缺失,那么协商民主就会造成愚昧无知的决策后果。我国的民众政治素养相比以前已经有了很大的提升,民众教育水平和对政治的关心能力逐步增强。

有诸多影响我国民众政治素养的因素。第一,传统思想的影响。我国悠久的历史为我们带来了灿烂的文明,但长达两千多年的旧制度也带来了一些根深蒂固的传统思想。自古以来,我国人民群众就深受官本位思想的影响,普通平民对于官员从心底产生一种敬畏感,以官为上,以民为下,身份有别。在封建社会中央集权的方式中需要这种思想,但放到现在的协商民主体制中,则完全相反。官本位的思想不利于协商民主和舆情表达机制的建设,反而还会造成一些官员自私自利。在我国的协商民主体制中,官员应该是为民众服务而不是管制人民,人民群众不可一味服从,要让官员发挥真正的作用,逐渐以全新的思想来积极看待和参与民主。第二,民主政治教育的影响。教育是影响民众政治素养最根本和关键的因素。只有形成完整的民主政治教育体系,民众才能在形成初期的人生观、世界观、价值观的时候将民主思想根深蒂固地扎进意识形态中去,从根本上摆脱传统思想的牵制和影响。随着时代更新和发展,民主政治教育的系统化是提高民主政治素养的有效方式,能够有效加快协商民主的制度化建设进程。第三,文化氛围的影响。自由民主的文化氛围能对民众的政治民主素养产生潜移默化的积极影响,这需要好的舆情表达机制来辅助,民主舆论氛围构建对于民众的民主政治素养的意义其实也体现在协商民主和舆情表达机制的“对接”中。良好的舆情表达机制可以引领较为活跃的民主氛围,提高我国民众的政治素养,为协商民主建设夯实基础。

（二）协商民主所要求的民众政治素养

协商民主所要求的民众政治素养涵盖许多方面，是多维度和有深度的。协商素养不是单一的政治能力，而是现代社会公民进行平等交流与商议的一种综合素质。协商素养“不是一种单一的能力或美德。它要求诸多技能，像读写能力、算术能力、批判性思维能力，以及对背景知识的理解力、体察他人的视角等。协商所涵盖的美德包括诚实、非暴力、决断力、公民正直以及公民雅量”①。

第一，民主地位上的自主平等思想。协商民主要求参与民主决策的群众要具有独立的人格和信仰，能够进行自我支配和控制，具有自我管理和制约能力，不受其他人的蛊惑和挟制，不盲目从众，随波逐流，不因其他人的言论或者行动影响自己的立场，能够独立自主地作出决定，参与协商。协商民主还要求人民群众具有平等的意识和态度，不因为身份地位的不同对任何人采取不平等的对待方式，平等参与协商民主，不允许任何人具有特殊性，搞特权主义。

第二，协商交流能力。协商交流能力是协商民主中民众必备的一项政治素养，要求协商主体能够就协商话题提出观点，给出道理和依据。能够就当下存在的一些问题和热点提出自己的见解，并且可以明确表达自己的意愿，清楚地解释自己的看法。对于别人的意见和建议给出自己的评价和回复，推进相互之间的了解和认识，在特定环境下准确、严谨、恰当、得体地交流信息，协商民主中信息交流的活跃程度在一定程度上反映了协商民主的建设程度。

① 韩媛媛：《论高等教育中协商素养的培养——基于协商民主理论的视角》，《理论与改革》2015年第4期。

第三,法治精神。协商民主需要有制度上的规定和机构上的依托,这些都离不开法律制度。这就要求公民不仅要具备基本的科学文化素养,还要了解我国的政治制度,具备民主协商精神、遵循民主程序的法治精神,这是协商民主实行的基本要求。

第四,尊重他人,包容谦虚,求同存异。协商民主参与民众包括不同的阶层,拥有不同的生活背景,社会经历和人生阅历也不同,价值立场也会有所差异。协商民主要求民众要具有政治立场和观点上的包容性,谦虚地听取别人的政治观点,从中学习有用的信息,挖掘提取潜在的价值。协商民主不是简单的辩论,不涉及双方的根本立场的对立,因此应当遵从协商民主的初衷,找到与其他人的不同和相同之处,求同存异,寻求共识。

第五,问题判断能力和理性思考能力。协商民主要求民众具有理性的头脑和理性的言行,对客观问题具有自己的判断力,有正确的世界观、人生观、价值观。一些民众仍然会受舆论等导向的影响而造成判断失误,因此,自我反省和理性思考也是一种民主政治素养,帮助协商民主取得最终决策优化。

第六,批判性思维。批判精神对于协商民主的建设也具有重要的意义。参与协商民主的民众不能够一味附和或者赞同,应当以批判的眼光审查各项决策,真正做到民主决策的严谨正确,敢于挑战权威,提出质疑,避免民主决策失误,但是批判精神不是指任意的指责和争论,应当是具备充分论据和观点的理性批判。

第七,公平公正和责任意识。实行协商民主可以促使人民的诉求得到满足,人民群众也要在进行民意传达时具有责任感和使命感,认识到自己对于政治决策的重要性,认真对待民主政治,只有具有高度的责任意识的协商主体才能够有可信、权威、高质量的协商结果。

每个公民都应该具有集体意识和公共精神,公平公正地对事件和问题进行评判,不能因为个人情感而有所偏重,要考虑国家的整体发展,顾全大局。

第八,辩证和发展的眼光。马克思主义中的唯物主义辩证思想是党的指导思想,也是协商民主所要求的公民应当具备的政治眼光。事物都拥有对立的两面,没有绝对的优劣,这两面又是统一的整体,因此,在协商民主和决策过程中,不能对某个问题完全定性,既看到它的美好前景,也看到它背后可能的隐忧,既不要过于乐观,也不要过于悲观。事物是不断发展和前行的,时代也是不断在改变的。协商民主要求民众紧跟时代脚步,与时俱进,长远地看待问题。时间能够为决策提供检验和参考,发展的眼光是协商民主政治素养的重要组成部分,帮助协商民主在发展中完善和改进,与时俱进地采取不同的决策。

(三)不断提高民众政治素养,推动协商民主制度化进程

第一,建立协商民主教育体制。协商民主教育体制对公民的政治素养的作用无可替代,教育要同协商民主的要求相适应。学校教育应当重视对学生民主和正确参与政治协商的教育,培养学生在思想、语言表达、协商交流、政治认知等方面的能力。课程设置上开设一些相关的课程,引领学生正确认识和了解更多协商民主和舆情表达的机制;教学方式适当采用开放交流与教学研讨相结合的方式,使学生在教育中就能够掌握与其他人进行意见交换的能力,积累更多样更合理的知识经验。在高等教育阶段,提倡大学生有理想和担当,积极参与集体决策,参与协商民主实践,进行民主政治宣传,将自己的专业知识集中到民主政治应用中,能更加清楚地帮助民众理解协商民主的实质。教育需要配合舆情表达机制,这是协商民主公民素

养生成、培育和提高的重要途径。

第二,引导协商民主的文化氛围。民众的政治素养建设也需要有协商民主的环境支持,这需要合理的引导。政府应当促使民众更多地参加协商民主实践,切实提高民主政治素养,引领正确的社会主义价值观,推进民主社会发展。同时,政府也要注意把握引导的度,自然引导,避免过分干涉或坐视不理的状况,促进民主政治自由蓬勃地发展。非政府机构或者组织,比如媒体等,要具有责任意识,引领协商民主的舆论氛围,调动民众政治参与的积极性,多方进行宣传教育,使公民有序参与协商民主建设。

第三,健全协商民主制度体系。将提高民众政治素养作为一项重要内容纳入协商民主制度体系建设,这也是舆情表达机制嵌入协商民主体系建设的一个方面,推进政治协商、民主监督、参政议政制度建设。对于参与协商民主的主体,可以进行长期或短期的适当培训,提高民众政治素养的同时提高协商民主效率,参与协商民主的公民要正确了解和利用舆情表达机制,参与协商民主过程。

五、协商民主建设与基层社会治理之间的关系

(一)基层社会治理是协商民主的基础

协商民主的重点在于人民,而大多数人民来自基层。基层的社会治理是协商民主的基础,基层稳定是社会稳定的基础,只有建设好基层社会治理,才能为协商民主的稳定运行提供保证和条件,才能够为民众提供一个好的舆情表达机制,协商民主才会落实到实处。

基层民主建设和社会治理也是协商民主建设的组成部分,协商民主的整体建设需要各地方基层社会民主治理的配合,协商民主深入基层社会治理其实就是协商民主的基础建设。基层民主建设是在

最底层，受众却最为广泛，它能从根本上决定协商民主的质量，基层工作做得好，上层的效率也会更高。基层社会治理需要摒弃目前存在的一些问题和弊端，改变基层政府管理者的管理思想，将基层社会治理的基础打牢，全面推进舆情表达机制与协商民主的结合。

基层社会治理离不开协商民主精神的指导。基层社会治理对协商民主具有重要意义，基层社会治理要想取得成效，就要贯彻协商民主的精神。尊重基层群众的意见，听取基层群众的要求，满足基层群众的需要，实现基层群众的意愿，提高基层社会治理绩效，努力为基层群众做实事、谋福利。在基层社会治理中的协商民主的应用直接决定了民众对协商民主的认知的广度和深度，做好协商民主精神在基层社会治理中的落实和应用非常重要。

基层社会治理对协商民主精神的贯彻还要做到完善舆情表达机制建设，舆情表达机制能够有效连接基层社会治理的方式与协商民主精神的指导路线，促进民意的上传下达，促使民众积极参与基层协商民主和基层社会治理，切合群众路线的要求，强化基层社会治理的服务性。

协商民主可以提高基层社会治理水平。基层协商民主的参与主体通常会存在许多差异，个体之间的利益冲突也是复杂多样的，基层社会治理如果是没有协商模式的民主，容易造成决策的矛盾和繁杂，决策效率低下、决策质量不尽人意。协商民主的目标之一就是要实现统一规范、符合人民切身利益诉求、科学的民主决策，坚持协商于决策之前和决策之中。

基层协商可以有效规避基层民主的失误，避免可能出现的意见的不同造成的矛盾，也能够反映出大多数人的意愿；协商民主能够帮助基层社会治理进行公共事务的决策和管理，提高决策的效率和质量;协商民主能够帮助人民群众更加深入地了解社会主义民主制度和治理方式,更加深入地了解目前的国策和舆情;协商民主能够提高基层自治机构的公信力和执行力,增强社会的和谐和稳定性;协商民主在促进人民群众政治素养的提升的同时也能推动民主政治文化的繁荣发展,推进舆情表达机制在基层协商民主中的嵌入。协商民主对基层社会治理的科学化、民主化大有裨益,对基层社会的治理水平具有显著的提高作用。

(二)推进基层社会治理中的协商民主建设

基层社会治理在落实协商民主的本质精神的同时,也要学习协商民主的思路,应用协商民主的方法,站在协商民主的角度,打开视野,实践创新,协商民主在基层社会治理中的应用体现了协商民主的重要价值和作用。协商民主不只是体现在对国家大政方针的指导和作用上,也体现在基层社会治理的方方面面,目前协商民主在我国城乡基层社会治理中都有很广泛的应用。

我国实行基层民主自治制度,即我国的基层群众性自治组织形式及其运作方式,是基层群众性自治组织自我教育、自我管理、自我服务、自我监督的方式、方法和程序的总和。基层民主自治制度即协商民主在基层社会治理中的重要应用,人民通过基层民主自治,参与管理国家事务和社会事务,参与公共文化事业建设。目前中国的基层群众自治主要体现在农村的村民委员会制度、城市的居民委员会制度等方面。在农村,需要加强协商民主基层建设,确保村民自治;在城区,要把社区的民主化管理与协商民主相结合,确保能够按照人民的需要进行决策和治理,完善民主选举、民主监督和民主决策。

要推进基层社会治理中的协商民主建设。第一,拓展基层协商民主形式和主体。积极开展多种基层协商民主活动,定期举办协商民主培训，提高基层协商民主主体的基本政治素养，鼓励民主参与基层协商民主治理。拓展基层协商民主的参与渠道和开展形式。重视基层协商民主与当下互联网等平台和新媒体的建设，进行专家咨询和网络议政，实现基层民主的民主恳谈会、社区议事会，合理引导民主舆情，充分利用互联网等形式，推进基层协商民主大众化和便捷化。

第二，规范基层协商民主程序。基层协商民主程序的规范从本质上来看也是将舆情表达机制合理嵌入协商民主的一种表现。通过研究舆情表达机制与协商民主的结合方式，找到一套合理有序的基层协商民主程序，促进基层社会治理的效率提高，带动基层社会治理的长远发展，也避免了一些基层官员不作为或者损害民众利益的行为。

第三，发挥政府的推动作用。基层政府需要改变思路，大力推动基层协商民主在群众中的普及度建设，为民众提供更加稳定的协商民主平台。上级政府要带动基层政府对基层协商民主进程进行推进，基层政府要根据基层的具体情况，鼓励民主协商和自治，提供高效的舆情表达机制，不要一味追求经济利益的高速增长，而要从民众的意愿出发，与民众站在平等的地位和立场上，让民众决定一些公共事务，积极作为，减少政府与民众之间的矛盾，促成协商型的治理模式。

第四，协商民主与基层实际情况相结合。基层协商民主是目前最为广泛的民主治理方式之一，基层社会治理的群体是庞大而冗杂的，各地方的民众政治素养存在许多差异，生产力发展水平也有很大不同，基层协商民主基层社会治理所面对的情况也是多样化的。因此，各地的基层治理部门要在遵从协商民主的原则和要求的情况下，结合当地的具体情况，实施切实可行的协商民主方式。

六、整个协商民主体系发展与互联网协商民主体系发展之间的关系

(一)互联网协商民主是协商民主发展的重要机遇

互联网协商民主体系是在社会现代化进程不断发展的背景下,整个协商民主体系的一种重要协商形式。同时,互联网协商民主也是我国协商民主发展一个重要机遇,积极加强互联网协商民主建设,对我国协商民主发展进程有着极大的推动作用。

互联网在20世纪90年代以来,以飞快的速度发展着,我国网民的数量在几十年中也是以指数性增长,越来越多的人在网络这一公开的、言论相对自由的平台发表自己对我国民生问题、政府决策、法律法规等各方面问题的看法、建议和意见。互联网具有消息传达及时、言论相对自由等特征。这些特征,在一定程度上,与协商民主所要求的有明显的耦合之处,从理论上来说,互联网协商是一种在实践上更容易完成的协商民主形式。如果众多网民将网络平台作为载体,将互联网技术运用到我国的政治建设中,发挥好互联网协商的优势性,我国社会主义协商民主体系的建设将会有长足的进步和发展。

互联网协商体系具有三个优势。第一,互联网协商体系具有极大的开放性。这种开放性包括协商参与者身份的开放性以及话题讨论的言论开放性。在互联网这一平台上,广大人民群众参与政治协商变得更便捷和自由,没有了现实参与协商中的地域、渠道、参与主体等的限制。任何公民都可以通过互联网,对我国发展中的议题进行讨论。第二,参与协商讨论的各个主体之间的地位是较为平等的。在互联网协商的过程中,所有网民具有平等的地位,同等的政治权利,同等的协商权利,同等的参与协商的机会,他们不分政治精英和

政治草根，互联网协商民主体系有效打破了党和政府对信息的专有权，使更多关乎国家发展的重大问题和关乎广大人民群众切身利益的问题的信息得到更透明地公开。第三，公民参与互联网协商能够使民主协商更加及时。及时性体现在广大人民群众对信息获取的及时性和他们对相关问题意见表达的及时性。以往的民主协商具有很强的地域和时间限制性，需要提前商议好协商的地点和时间，而在互联网协商民主体系中，协商时间地域的限制被打破，为社会主义协商民主体系的发展创造了一个新型平台和公共领域。①

互联网协商民主体系的发展也需要克服一些障碍。首先，政府拥有公共信息的公开权，制约了广大人民群众对信息的获取。一方面，政府公开的信息难免有利于政府本身的执政理念，另一方面，政府和广大网民之间的信息不对称，会造成网民对政府的部分行为失去“信心”，容易造成谣言的流传。其次，互联网协商民主在进行的过程当中，会存在部分网民思想言论较为极端的情况，这样的言论若不及时纠正，容易造成其他群众的恐慌。最后，互联网协商民主体系会排挤没有条件上网的群体，使他们不能及时发声，加剧我国的社会阶层不平等现象。由于我国社会发展不平衡，城市与农村的建设不平衡，东西部发展差距较大等问题依然存在，同时它们也是阻碍我国社会主义发展的不容忽视的障碍，不是每个公民，或者说处于社会不同阶层的公民都能通过互联网这一渠道进行意见的表达，这些网络弱势群体更应该参与到协商的活动中去。互联网如若不能普及到社会的每个角落，会造成这样的社会阶层不平等现象。同时，互联网协商

① 王艳萍、王平：《网络协商民主的发展与完善》，《合肥学院学报（社会科学版）》2011 年第 5 期。

也容易产生跟风、观点一边倒的情况，普通大众由于自身文化的限制，不能准确表达自己的想法和观点，容易被意见领袖群体说服，而普通大众的舆情表达在互联网协商表达中处于边缘位置。

（二）推动互联网协商民主健康发展

互联网协商民主既存在益处，也存在弊端，它的发展需要在构建互联网协商民主体系的过程中扬长避短，正视它的缺陷，并努力找到解决办法。第一，社会主义互联网协商民主体系建设应加强互联网的硬件设施建设。基于我国互联网网民数量的不断扩大，网民分布比例在地域、年龄、文化程度上的不平衡，要促进互联网的普及与运用，并积极呼吁广大人民群众参与到互联网民主上来。

第二，社会主义互联网协商民主体系建设应完善相关法律法规，为广大参与互联网协商的网民提供一定的法律规范。目前为止，我国互联网协商民主体系的法制建设已取得一定的进展，但还远没有达到能够承担引导互联网协商民主健康发展的责任。加强完善社会主义互联网协商民主法制化建设，一方面要做到切实保障广大人民群众的意愿顺利表达等各项协商的基本权利，另一方面，要有效地保护国家信息的基本安全，以及维护互联网网络的基本秩序。

第三，社会主义互联网协商民主体系建设要加强政府在建设中的积极作用。政府应高度重视互联网协商民主对政府工作水平的提高作用。还要积极建设完善的政府信息公开化制度，同时在政府和广大网民沟通时，建立完善的对话制度。在重大决策产生之前，政府积极地与广大人民群众沟通、协商。互联网协商是一种良好、有效的形式，政府作为决策的主要执行者，社会基本问题的处理者，应积极主动地引导互联网协商民主制度的完善和发展，管理好广大网民的行为规范，维持好互联网协商民主的秩序。

七、协商民主与国家治理体系和治理能力建设之间的关系

舆情表达机制建设具有协调利益、化解矛盾、促进和谐的功能，能够推进公共决策民主化和科学化，推进公民有序政治的参与，同时，它又是社会治理体系建设的重要内容。通过把舆情表达机制嵌入协商民主体系中，为践行人民当家作主提供很好的平台和路径，有助于全面增强党的执政能力、国家整合能力、政府民主科学决策能力、社会自我调节能力以及公民的有序参与能力，从而将协商民主体系建设与推进国家治理体系、治理能力现代化建设有机统一起来，相互促进，全面发展。

（一）协商民主是我国国家治理体系的重要组成部分

社会主义协商民主体系从本质、功能和特征上来说属于我国国家治理体系的重要组成部分，它是中国共产党在发展中国特色社会主义中确立的一种重要的民主治理形式，这就意味着协商民主体系的价值、本质、功能和特征与国家治理体系的使命密切关联。

我国的治理观念已从历史上长久以来的统治、管理观念转变为治理、协商，国家治理体系的构建与完善打破了长期以来政府主导的自上而下的行政式管理方法，直接目的是在国家统治中形成一种比较稳定的秩序，同时维护社会的和谐稳定。社会主义协商民主体系的建设继承了我国全面深化改革中对国家治理需求的价值功能，有利于培养社会主义现代化国家对国家治理体系建设所需求的主体以及稳定的社会环境。

人民是否积极主动地参与国家的公共事务是保障社会主义民主政治顺利开展的前提条件，也是体现一个国家治理现代化发展水平

的重要标准。协商民主与其他民主形式的区别在于,它强调每个公民能平等地参与到社会公共事务中去,促进了公民积极参与到国家治理体系的建设中去,要依赖于广大人民群众的协商参与,有利于提高公民的政治参与意识以及对政治问题的思考能力。完善的协商民主体系有力地推动了国家治理体系的发展,协商民主体系适应了我国的人口结构,包括年龄、文化程度、性别、地域分布等,满足了我国在人口结构复杂的背景下导致的人民需求多样化的实际,有利于调动广大人民群众对于国家治理的热情和积极性。

(二)协商民主对完善国家治理体系和治理能力的作用

协商民主拓宽了公民参与政治的渠道。社会主义协商民主体系的建设拓宽了广大人民群众参与我国政治建设、国家治理的渠道,同时也改善了我国国家治理的结构。国家治理实际上就是指党和政府依照法律法规和各项规章制度领导人民民主、科学地参与到国家的公共事务管理中去。社会主义协商民主体系在一定程度上弥补了政府主导的治理形式上的不足,有助于改善贫富差距、社会中多元利益冲突、多元文化碰撞等问题。党的十八大会议召开以来,社会主义协商民主的形式更加多样化,参与的主体也更加丰富,为广大人民群众表达自身利益提供了有效的表达渠道。

协商民主激活了国家治理活力。我国的国家治理长期以来,体现出政策性强、操作性弱、框架性强、环节性弱的特点,这样的特点阻碍了我国社会主义民主政治的发展,而社会主义协商民主体系的建设与发展有利于完善我国国家治理体系的发展与国家治理能力的建设。社会主义协商民主体系的发展为我国国家治理体系的建设创造了先决条件、铺平了发展道路,促进我国形成中共中央总揽全局,人民政协、人民代表大会等国家重要机构相互协商协调的国家政治治理格局，激活了国家宏观层面与微观基层的治理活力。

协商民主推动了我国政治体制改革。社会主义协商民主体系推动了我国政治体制改革，提高了我国民主决策的品质。协商民主既关注了决策的结果，又关注了决策的过程，既关注了多数人的意见，又关注了少数人的意见。社会主义协商民主体系有机统一我国国家重要机构与广大基层群众的决策意见，将二者密切联系起来，使得党和政府对于我国在改革发展中遇到的重大问题以及关系到广大人民群众切身的实际问题能够做到高效、合理、科学地解决。不断完善社会主义协商民主体系是我国国家治理体系建设与治理能力建设的必然要求和重要保障，在社会主义协商民主体系的这一前提下，我国的国家治理才能切实有效地落实到以人民为中心的要求上来。

第四章　舆情表达机制与协商民主“对接”的具体途径

协商民主主要关注的是在权力运行过程中，如何更合理更民主地解决问题，并倡导以公共利益为归依、以公开对话为手段、以理性共识为基础、以程序制度为保障。协商民主与良好舆情表达机制之间是相契合的，如较高的舆情真实度、整合度对协商民主发展是有益的。但两者从目的上来说还有一定差异，舆情表达主要关注真实反映民意，协商民主则主要涉及解决问题的民主方式，需要探讨实现协商民主与舆情表达机制“对接”的具体路径。

第一节　能排列协商议程的舆情表达机制

协商议程是一个时间段中列入协商范围并“按重要性等级排列”的一系列问题。协商民主的主要目的是解决问题，而把什么问题提上议程是协商过程中重要的第一步。政策议程上的空间是稀有资源，“选择把哪些问题提上议程是一项重要的政治权力”①，因为如果问题不能被提上议程，就不会被决策者考虑，更别说采取解决问题的行动了。哪些问题被提上议程是由多种因素促成的，其中舆情是影响议程设置的重要因素之一。如果问题的影响面较广、民众特别关注、受问题影响的人越多，则越能使该问题快速进入政策议程。

舆情表达在排列协商议程中主要起到以下作用：第一，舆情表达可提供民众关注信息，为将来决策的制定指出方向；第二，舆情表达可对现有政策开展实施情况作出反馈，用于控制和改进现有政策；第三，舆情表达是民众表达民生问题的重要渠道，为当前社会问题的解决开启思路。舆情表达作用的实现与我国当前形式和政策实施情况密切相关，要探讨协商议程排列的制度化建议，应从舆情研究方向对当前民意获取形式提出改进意见。

一、协商民主与舆情表达机制妥善“对接”是新形势下民主政治的需要

“一切民族都将走到社会主义，这是不可避免的，但是一切民族的走法却不完全一样，在民主的这种或那种形式上，在无产阶级专政的这种或那种类型上，在社会生活各方面的社会主义改造的速度上，每个民族都会有自己的特点。”②民主具有维护社会集团主体的平等关系的深刻本质。作为上层建筑，民主首先要保证与经济基础相适应，同时由于生产力对于生产关系的决定作用，民主还要同生产力的

---

① Peter Bachrach and Morton Baratz, “Two Faces of Power”, *American Political Science Review*, Vol. 56, N0. 4 (December 1962), pp. 47 – 52.

② 列宁：《论对马克思主义的讽刺和“帝国主义经济主义”》，《列宁全集》第28卷，人民出版社1958年版，第64 – 65页。

实际状况相适应。要彻底地反映民主本质,需要达到民主制度、民主权利、民主作风三者的协调统一。民主制度的建立和完善能规范干部行为作风、保障群众民主权利。

舆情表达机制和协商民主"对接"需要制度化保障。党在新形势下对完善民主制度作出了具体要求。党的十六大指出,要完善深入了解民情、充分反映民意、广泛集中民智,切实珍惜民力的决策机制,建立社情民意反映制度,建立与群众利益密切相关的重大事项社会公示制度和社会听证制度;党的十六届四中全会通过的《中共中央关于加强党的执政能力建设的决定》对建立社会舆情汇集和分析机制提出要求,并提出畅通社情民意反映渠道;党的十七大进一步指出,要真诚倾听群众呼声,真实反映群众愿望,真情关心群众疾苦,多为群众办好事、办实事,做到权为民所用、情为民所系、利为民所谋;党的十八大强调,社会主义协商民主是我国人民民主的重要形式,要完善协商民主制度和工作机制,推进协商民主广泛、多层、制度化发展,广纳群言、广集民智,增进共识、增强合力。党在新形势下作出了许多重要决策,不仅对密切党群关系,增强党的执政能力,促进社会和谐稳定有重要意义,也为协商民主开展的新思路提供了重要指导。

在相应的保障制度下,根据协商议题的层级、类型、协商具体内容由特定协商参与者协商。探讨舆情表达机制和协商民主具体的"对接"方法,关键点在于"对接"的制度体系探讨。排列协商议程、合理界定议题、科学选择协商参与者、营造理性协商环境、对协商进行监督和评估是舆情表达机制必不可少的环节。

在我国全面推进民主政治建设的过程中,加强舆情表达制度建设,建立制度化、有保障的舆情表达渠道是必然要求。建立社会协商对话制度是建设社会主义民主政治的客观要求;是协调不同社会利益体关系，解决利益冲突问题的有效方法；是密切领导机关同人民群众的联系，克服官僚主义的重要措施。[①]

将舆情表达与协商制度“对接”，形成有制度保障的舆情表达机制将为推进我国政治民主化提供重要助力。目前我国已形成了人民代表大会制度、政治协商会议制度以及党的代表大会制度等基本舆情表达制度架构。人民代表大会制度实行的是民主协商与多数相结合的原则，人民政协制度则是我国政治制度的一个重要特点，人民代表大会制度需和人民政协制度结合起来，以更好地反映人民群众的意见。我国实行中国共产党领导的多党合作和政治协商制度，建立了具有中国特色的人民政治协商会议。人民政协制度是我国协商民主的重要形式，是政治协商的必要途径，是党派之间实行协商民主的制度安排。

中国人民政治协商会议是中国人民爱国统一战线的组织，是中国共产党领导的多党合作和政治协商的重要机构，是发展中国社会主义多党合作事业的重要基础。在政治协商中，各民主党派可在国家和地方大事和多党合作中的多方面重要问题上展开探讨，并以本党派名义通过多种形式发表意见，展开协商，同中国共产党实行互相监督，以加强党派自身建设，提高共产党执政能力。中国人民政治协商会议实行协商民主的重要渠道和载体，是扩大人民民主，实现人民当家作主的重要途径。

中国人民政治协商会议全国委员会召开常委会议是政协履行职能、委员参政议政的主要形式之一。全国委员会有多种形式的会议制度，如全体会议制度、常务委员会会议制度、主席会议制度以及秘

① 汪荣高：《论社会协商对话制度》，《中共福建省委党校学报》1988 年第 11 期。

书长会议制度等。针对特殊需要,政协将开展专题座谈会、专题协商会、情况通报会、论证会、意见听取会、研讨会等。委员参政议政的主要内容有:广泛参与政治、经济、文化和社会等多领域活动,就人民群众关心、党政部门重视的课题进行调查研究,充分发挥委员专长和作用,积极主动向党政领导机关提出意见,为改革开放和社会主义现代化建设提供建议。

二、排列协商议程的多种舆情表达方式

舆情可以对协商议程产生影响,实践中就需要有效的舆情表达机制来实现这一功能。目前,一些国家采取民意调查方式来了解哪些问题是需要列入政策议程的。民意调查是了解公众舆论倾向,从而得到列入政策议程议题的主要手段。民意调查是运用系统性、定量性、科学性的步骤,收集公众对于公共事务意见,以达到监控公共态度变化的民意测验活动,它能够真实反映各阶层民众对公共事务的态度。民意调查的合理开展涉及科学的抽样统计方法和公正的舆论调查手段。民意调查20世纪初在美国产生,此后在全球范围内获得了迅速的发展,在社会政治、经济、文化、社会管理等多领域发挥了重要的作用。

美国政府经常使用盖洛普民调来获取民众意见走向的分析。盖洛普提出关于民生的多方面、多层次问题,并广泛收集样本,进行深入的民生研究项目调查,使舆情指数化。盖洛普民调所编制的民生指数主要包括生活满意度、总体生活改善满意度、生活状况满意度、公共政策满意度等四个方面。有的调查还通过测量“意识到的问题显著性”和“人际间问题的显著性”等来判断民众期待政府解决的问题。科学的测量和分析方法是盖洛普民调获得准确民众意见的前

提,依据调查结果,可向政府部门提供可靠的舆情表达。

在国内,民意调查方法要更多地结合中国国情。民意调查问卷方法在我国的应用通过随机抽样调查方法获得我国民生基本现状,探查民生背后的社会心态。2014 年,上海交通大学舆情研究实验室社会调查中心进行了第二次全国性综合民生民意问卷调查,调查采用了 RDD(随机电话号码拨号)的抽样方法,调查覆盖了各行政区域 36 个城市(4 个直辖市、27 个省会城市和 5 个计划单列市),共获得有效样本 1080 个。以样本数量、事实统计为基础的调查研究,呈现了个人收支情况、住房、社会保障等基本民生问题的现实状况,凸显了公众深层次的社会感受。调查采用计算机辅助电话调查法,使用互动计算机系统辅助调查者完成电话调查的基本数据收集任务。① 这种方法已成为我国民意调查主要方式之一,具有强隐私性、高时效性、成本低廉、样本覆盖全面等优势。

我国目前所采用的民意调查手段多种多样,形式丰富的舆情获取渠道为议案提出和政府决策提供信息、表达意见。座谈会、对话会、民众意见征询会议等,也是舆情表达机制常见的形式。这些民意调查手段能够帮助各级政府官员,相关负责部门利用统计数据,及时发现在政策制定、实施、评估阶段民众的具体反映和舆情的总体走向。

我国还在基层民众实践中开创了许多具有创新性的民主协商方式,并与舆情表达巧妙结合,效果好、民众接受度高。中共台州市委组织部在 2006 年编写了《农村基层民主政治建设 36 法》,系统介绍了台州人民群众创造的 36 种基层民主具体做法。例如,在台州市的温岭建立的村民“民主恳谈会”,本质属于人民民主,利用开放交流的形

① 董海军、汤建军:《国外民意调查的历史与现状分析》,《学习与实践》2012 年第 2 期。

式在基层群众中收集意见，获取舆情，收到了群众的欢迎，为当地协商民主与舆情表达的“对接”开辟了一条道路。这种在农村开展的基层民主建设，把加强党的领导与加强民主政治建设辩证地统一起来，以党内民主来带动村民自治，在民主问题上显示了党的先进性，同时坚持了民主的制度化、规范化和程序化，完善了舆情表达和民主集中制的操作机制和实践方法。

当今互联网影响力日益增强，互联网业已经成为党和政府治国理政的重要新平台之一。网络媒体深化了传统社会中的舆论，互联网在为传统社会设置舆论议题，主导社会舆论进程，网络成为社会舆情传递的重要平台。① 舆情工作机制建设关系着政府的工作方向和工作效率，公民对国家和社会事务的知情权、参与权、表达权、监督权等各项权利，这些权利在网络渠道中得到了有效实现和良好保护。网络舆论成为舆情走向的风向标。在这种新形势下，切实加强网络舆情信息工作，建立和完善舆情工作机制建设才能实现对网络舆情的有效利用。《人民日报》所属有关机构于 2008 年正式组建人民日报社网络中心舆情监测室（2021 年改为人民网舆情监测室）。人民网舆情监测室已建成个性化的互联网舆情监测系统，涵盖五大舆情支持系统，能够对互联网舆情进行垂直监测。广泛收集数据，并进行提取、挖掘、聚类、分析和研判，提高了工作人员获取舆情的效率和舆情管理、舆论引导的水平。

三、排列协商议程遵循的基本理念

按重要性方法排列议题的过程中，合理使用舆情表达机制能够

① 谢新洲：《舆论引擎：网络事件透视》，北京大学出版社 2013 年版，第 1 页。

更好地实现协商民主，保障公民的各项权利。在我国当前民主建设的背景下，舆情表达机制的建设成为关注的重点。我国当前舆情表达渠道形式多样，基层民主协商内容丰富，舆情表达机制和民主协商制度在互联网条件下发展迅速。而探索提高议程排列效率成为问题关键，双向对话机制、系统化思维的展开都为议题排列效率的提高提供思路。

如何提高排列议程时舆情表达机制的效率是缩短排列时间的关键。在舆情获取分析阶段，注重参与和发现协商观点是提高效率的前提。可采用双向对话机制，而不仅仅是“你问我答”的单向收集民众意见，及时提供回应、获取反馈，能够加快舆情表达的进程。在信息公开的条件下，公民、专家和官员对公共议题进行讨论，与此同时获得对相关议题的认知与理解。这种协商式民意调查能将单向的反馈转变为双向的互动，使公民和官员对协商进行深入了解和理性判断，克服被动民意呈现的弱点。

在整个议程排列的过程中，要运用系统化方法进行思考。系统性方法允许我们在大范围的社会条件下考虑协商民主。① 协商议程可用空间有限，单独考虑协商议题很难有效利用议程空间，想要提高效率，就需要用系统性方法加强议题间的联系与比较，为全面的舆情表达和协商空间做出贡献。系统中各部分具有互补或替代关系，在互补关系中，两个都具有协商缺陷的制度设计可以相互弥补对方的不足；在替代关系中，若一个可单独作为模范的协商机制可以顶替其他有用的协商机制，则协商机制的利用效率将得到提高。同样，在众多协商议题中，相互之间指向的问题具有互补和替代两种关系，互补

① 马奔：《协商民主的方法》，中央文献出版社 2015 年版，第 4 页。

议题对比分析探讨，替代议题选取代表议题进行探究，这样的系统化研究方法可大大提高议程空间的使用效率，并对议题界定的过程进行了科学改进。

第二节　合理界定协商议题的舆情表达机制

在按重要性顺序排列好协商议题后，就可以选择最重要的问题进入协商程序，这时合理界定协商议题是一个不能忽视的步骤。问题的界定是对所研究的问题进行特点刻画和症结诊断的过程，与人的主观思考和认识有关，界定议题实质是进行“问题的主观构建”。需要对所研究问题进行理性、科学界定，才能很好地解决问题，正确界定问题可以避免出现“第三类错误”——解决了错误的问题。[①] 将确定议题的过程称为“界定”而非“发现”，表明这个问题也是客观存在的，对问题加以掩盖和修饰是不会从根本上消除问题的。

一、议题界定中舆情表达的重要作用

对问题的构建需要若干步骤，要尽可能地搜集各种信息，特别是发现由多个利益相关人作出的问题描述，不能过早停止信息搜索，否则会将某些重大方面遗留在问题范围之外。

舆情表达对于议题的界定具有关键作用，对于舆情表达合理开展的研究从属于舆情研究，舆情研究过程中采取的科学方法和调查

① ［美］威廉·N. 邓恩：《公共政策分析导论》（第二版），谢明等译，中国人民大学出版社 2002 年版，第 168 页。

手段为党和政府的决策提供了重要依据和参考。在直接信息中，舆情研究提供了社情民意和客观依据的收集和汇总；在反馈机制中，舆情研究提供了客观验证和信息反馈；在制度执行中，舆情研究提供了民众对于党和政府机关的监督平台和批评空间。舆情研究是贯彻实行党的群众路线的内在要求，是加强党同人民群众血肉联系、发挥独特作用的一个渠道和纽带。在议题界定的过程中，舆情表达作为党和政府与基层群众交流沟通的特定方法，也发挥着重要的纽带作用。

重大工程的实施和重要公共政策的制定落实对社会、经济发展有重大影响。尤其是投资规模大，涉及利益群体的事件，其决策和执行更需重视公众意见和舆情导向。政府和相关机构要保障民众情权、表达权、监督权和参与权的落实。政府在任何一个需要公众参与的环节让舆论缺席，都会引来民众的质疑，带来舆论压力。舆情表达的手段需要以民众意见的特点为出发点设计，针对民众组织化程度较低的民意调查，针对民众组织化程度较高的听证会、讨论会、咨询委员会等方式都为舆情的合理有效表达提供手段。民众广泛参与政策研讨的对话机制，是使社会平衡稳定向前发展的基础。

二、根据议题特点合理选择舆情表达机制

对利益相关人不同偏好和需求的充分展现是开展协商对话的前提。而有效的舆情表达机制能为各种意见提供表达的机会，其中的基本原则是展现民众观点的全面性和公平性，因此以尽可能大范围涵盖民众意见的表达机制为更优。

中国政府自上而下的指令与中国人民自下而上的参与正在形成一种新的政治模式，奈斯比特将这种具有中国特色的民主称作纵向民主。之所以被称为纵向民主，是因为民主集中制的集中为民主提

供了指导轴,使其按纵向发展,分散的民主也可沿此纵轴汇集。集中指导下的民主更有效率,对议题进行合理界定,按照集中民主的思路,需要以下步骤:广泛搜集数据,并运用科学方法分析处理信息,以尽可能大范围涵盖民众意见;找出不同议题涉及的不同民众规模、组织形态,具有的代表性程度的差异,对议题进行层次和类别的划分;根据议题的特点合理选择对应的舆情表达机制。

不同的舆情表达机制提供的舆情信息类型不同,应针对不同议题所涉及的民众规模、组织形态、代表性程度来合理选择不同的舆情表达机制。如果议题涉及的民众规模较大或分散得非常广泛,且围绕议题的民众组织化程度低、没有合法有效的代表,那么采用民意调查的方式为好。如果议题涉及的民众范围较小,可采取公民大会等方式,邀请持有不同意见的民众都参与到对议题的解释中来。如果议题涉及的民众组织化程度高、组织良好,且组织能够代表民众各方面的利益、具有高度的代表性,那么最经济和省时的方法是和组织领袖会面,采取听证会、讨论会、咨询委员会等方式,邀请这些利益代表发表观点。

在制定“十一五”规划时,国务院提出建立健全规划编制的公众参与制度,并制定了详细的实施细则。“十一五”规划首次运用群众征文的方式,向社会公众广泛征求对编制计划的意见和建议。编制计划的范围也尽可能扩大,规定除涉及国家秘密的外,所有规划编制部门应公布规划草案或者举行听证会,听取公众意见。① 国家发展和改革委员会门户网站专门开辟建言献策专栏,公开征集公民意见。

---

① 《国务院关于加强国民经济和社会发展规划编制工作的若干意见》(国发〔2005〕33号)http://www.gov.cn/gongbao/content/2005/content_121467.htm.

这次征文共收到社会各界来信和电子邮件1.7万多封。公众建议中具有建设性的内容被纳入“十一五”规划，“符合实际，达成共识”是采纳建议的原则。例如，对农村环境保护问题、公共教育资源分配问题等的建议均被“十一五”规划所采纳。这种形式的舆情表达方式，涉及民众规模较大，民众意见较为分散，但涵盖的舆情范围较大。泽国镇将协商式民意调查的结果提交到地方人民代表大会，再由地方人民代表大会批准。[①] 决策者都会认真对待调查结果，尤其当那些结果为决策者提供政治支持时。诞生于温岭市松门镇的“民主恳谈会”如今已成为温岭市和整个台州地区乃至浙江省全面推行的民主决策、民主管理模式。[②] 开展广泛的舆情表达活动，围绕国家的大政方针、改革中的不同问题、人民群众普遍关注、党和国家给予重视的问题，通过多种专门渠道汇集意见，并进行分析，使党和政府及其有关部门及时了解舆情民意，接受合理意见和建议，进行分析判断和有效决策，舆情表达机制是进行有效决策的一种基础性、持续性的工作。

三、议题界定过程中对舆情表达机制的具体要求

根据议题协商的实践经验和创新发展来看，建立合理有效的舆情表达机制，扩大民意缓冲地带是政府部门对议题进行界定的前提。科学、合理的议题界定过程对舆情表达机制提出了以下要求。

第一，遵循科学的调查方法，进行理性的数据分析，对舆情开展针对性的研判。在舆情表达中要遵循多向性、系统性原则。从多角

① ［美］简·曼斯布里奇：《协商式民意调查：一种黄金范式》，《协商民主的方法》，李婷译，中央文献出版社2015年版，第129页。

② 郎友兴：《商议式民主与中国的地方经验——浙江省温岭市的“民主恳谈会”》，《浙江社会科学》2005年第1期。

度、多侧面听取民意民情，兼顾代表性与全面性，了解民众特定群体特点，进行多角度权衡对比。在保证民意获取的真实性前提下，开展针对性的研判。社会主体的日益多元化，社会分化的不断加剧，使当今社会的利益追求呈现出多元的取向。由于个人、政党、组织对社会、经济、政治和文化的不同利益要求，社会分歧也逐渐扩大。日益多元的文化氛围对政治体制和政府运作机制的要求不断提升，要及时对分歧问题进行汇集和研究。从某种程度上来说，多元性是推动协商民主开展、促进公众理性表达的动力。只有符合大部分公民的利益和偏好、经过了正当性考验的决策，才能得到民众的认可。

保持理性表达方式，遵循权力制衡原则，保证广泛参与和对话是进行议题确定的关键点。对议题的确定体现在不同领域和不同层面。在国际层面、国家层面和基层层面的议题所对应不同的舆情表达方式和协商民主途径。只有制定符合特定群体特征和共同利益的舆情表达机制，才能充分发挥舆情表达所特有的对话讨论优势。

舆情分析研究人员要以公正的态度进行研判，在保持中立的前提下，提高对于舆情走向的敏锐程度。在进行舆情数据分析的过程中，针对不同舆情的影响力，民众利益的关注度等进行分层分类汇总讨论。在对舆情分析进行参数设置时，要确定数据分析框架，把握民众主要观点和情绪，遵循理性、客观原则，分析民众利益诉求，从而得出对政策议题的合理解释。

第二，明确民众利益诉求，察觉民意转换，优化动态舆情表达机制。从实际情况出发，结合具体情况，在科学合理、严谨规范的要求下，进行政党、政府、政协间的协商，积极开展人大协商、基层协商、社会组织协商。将舆情表达机制灵活运用于协商过程中，合理确定舆情表达的内容方式。

建立动态舆情表达机制，并与“舆评”决策机制紧密结合。各级政府部门要增强民意转换的敏感度和自觉意识，扩大民意缓冲区域。对于民众的利益诉求，进行理性科学的应对。加强和深化面对舆情危机等突发情况的能力，在群体事件发生时，动态“舆评”可以第一时间确定民众利益诉求，察觉民意转换方向。在危机事件中的民意诉求往往能对政策的缺漏进行补充，加强对民间舆论场的重视程度，对于科学的决策和议题的确定具有指导意义。

第三，搭建公平交流平台，舆情收集变被动为主动。社会公众舆情如不获得及时反馈和疏通，很容易积聚成民怨，尤其是面对关于民生的重大社会项目的情况下。舆情表达机制是将各种复杂的社会利益诉求和矛盾提到前端，疏导沟通，通过协商议题的方式加以讨论，实现政府治理效能，获得公众理解。要搭建与公共政策或重大项目相关的公开沟通协商的制度化平台，通过立法和政策途径来加强舆情表达机制建设。在武汉的垃圾转运站事件中，民众情绪普遍趋向负面，舆论压力较大。面对公众质疑，武汉政府迅速采取多种手段，如发布环评公告，召开电视宣讲会、论证会来进行舆情疏导，并通过环评听证会等来进行舆情的采集，及时解决了舆情危机。在这一事件中，政府积极解决危机，并引导群众和网民扩大现实政治参与，调动社会资源，完成了危机下舆情信息的收集。舆情表达机制建设过程中，要推进政治协商、民主监督、参政议政制度建设共同发展。对涉及国家或地方大政方针以及政治、经济、文化和社会生活中重要问题的议题分类讨论，动态分析，以提高社情民意信息的反馈。

第四，创新思维，根据新形势下舆情表达方式的变迁探索新的舆情收集分析系统。互联网信息获取的快捷性使政府的重大项目决策透明度不断提升,而与之同步的是公众自觉意识的不断增强。在重大决策中,忽视公民参与,违背舆情可能导致媒体和民间舆论的合力攻击,使决策破产,更严重的是导致社会冲突甚至恶性群体事件。近几年,厦门、大连、南京、启东、青岛、宁波、广州、上海、昆明等地先后出现市民的规模活动。这种民意对抗倒逼"舆论"先行的现象,突出了舆情表达机制中民意评估和调研的必要性。开通相应的舆情表达渠道,使问题通过议题方式理性解决,在一定程度上可减少此类事件的发生。因此,在互联网信息时代,要搭建公共政策公开沟通协商的制度化平台,通过立法和政策途径,保障舆情表达的顺利开展。

完善网络舆情监测手段,依次构建网上舆论汇集机制。互联网自由、开放、包容的态度有利于舆情的表达和民意的抒发,政府需要有意识地提高应对网络舆论、汇集网络意见的能力,将网络舆情运用到议题的界定中去。在这个过程中,需要加强网络舆情管理,推进网络制度创新,并拓展相关技术手段,引导网络舆情向着客观、理性、成熟的方向发展,获取理性舆情信息。

界定协商议题是对已排列问题进行主观构造的过程,合理的界定方法是解决问题、完善政策的基础。舆情表达机制在其中起到桥梁和枢纽的作用,只有遵循科学调查研究方法,理性分析处理数据,明确民众利益诉求,建立主动、创新型思维才能引导舆情表达向更理性化、系统化方向发展,才能使议题的界定更加科学有效。舆情表达机制的建构它是在现实政治、经济和社会治理情境下不断发展和演进的。舆情表达机制在界定议题方面的应用,需要在遵循民主政治阶段特征和演化规律的条件下,结合协商民主的具体发展条件加以完善。

第三节　科学选择协商参与者的舆情表达机制

在合理界定协商议题的基础上,需要选择协商参与者开展协商活动。对参与者的选择工作决定着协商民主的成败,在选择时需注重参与者的全面性和代表性,否则协商的效果将大打折扣。

一、科学选择协商参与者的重要性

协商民主主要由以下要素构成:协商参与者、利益相关者的偏好及其转换、公共协商、公共利益和共识。其中协商参与者作为参与主体,是协商过程的基本要素。实际上,协商的过程可以看作是各种具有不同偏好、不同利益倾向的政治主体共同参与政治生活的过程,挑选的协商参与者不同,其利益倾向和偏好不同,协商结果就会不同。由此可见,能否做好协商参与者的选择工作,直接关系到协商民主的成败。

协商讨论的参与者应体现围绕该议题的各方观点,既要让“声音大”的相关人参加,也应让沉默的相关人参与;既要展现表达出的舆情,也要囊括那些潜在参与者,特别是没有组织的民众。因为如果在协商时没有发现沉默者的意见,而他们却可能在协商议题上享有利益或义务,那么忽视或排斥这些民众会对协商结果造成重大威胁,导致协商的无效性。

二、选择协商参与者的常用方法

理论上讲,在协商民主的过程中,协商参与者应该是所有受公共政策影响的公民。但是，现实情况并不能允许每个公民都有机会直接参与协商对话的过程；同时，由于种种因素的影响，也并非每个公民都有意愿参与到协商过程中来。目前，在我国的协商民主的实践中，选择协商参与者的方法主要有自愿参与、主办方指定、随机抽样以及混合型等。

第一，自愿参与。不对协商参与者做过多的限制，凡是受公共决策影响的公民均可根据自身的意愿来选择是否参与到协商过程中。这种挑选方式，一方面，对公民们的意愿和权利给予了充分的尊重，公民根据自身意愿选择参与，有利于听取群众中“说得积极”的和“声音大”的人的意见；另一方面，由于这种方式不对协商参与者做过多的限制，并不需要在参与者的筛选工作上花太多的时间和精力，这样就可以降低协商的成本。但这种方式不能确保参与者的人数。因为是公民根据自身意愿选择参与，当协商议题不同时，就会出现参与者过多或过少的情况。而且这种方式下产生的协商参与者的代表性并不能得到保证。这种方式只注重“说得积极”的和“声音大”的公民的意见，那些确实也受到决策影响的“沉默者”的意见就会被忽视，造成整个协商过程只有与利益最相关的一部分团体参与，协商民主就无法保障其公正性。例如在澳大利亚塔斯马尼亚的某一社区，社区居民召开听证会讨论焚烧树林的问题，社区居民可以自愿参与。在听证会上，大部分的参与者是社区里的老人和失业者，他们认为其自由焚烧的习惯没有问题，应该得到保留，而社区中占大多数的环保人士却大多没有参加听证会，导致听证会的讨论结果并不理想。相同的问题也出现在我国的社区政治参与活动中，自愿参与的结果往往是参与者大多是老年人，年轻人的比重偏小。又如在上海召开的听证会，协商讨论浦东规划的问题，听证会召开时，到场的大多是持反对态度的居民。虽然大多数居民对规划方案还是持支持态度的,但他们却并没有来参加听证会,这就造成协商过程并没有能够反映出真实的民意。采用自愿参与的方式挑选参与者,无法汇集到完整、正确的公民信息,还会搜集到歪曲的信息。

第二,主办方指定。主办方指定就是主办方根据自己的意愿,从受此次协商讨论结果影响的公民中指定一部分人参与协商对话。这种挑选协商参与者的方式主要有两个优点:第一,因为这种方式是主办方根据自己的意愿来挑选协商参与者,主办方在挑选协商参与者时肯定会考虑到候选人的个人能力和参与意愿等因素,在之后的协商过程中,参与者讨论的效率就会提高,整个协商过程也就更高效流畅;第二,由于这种方式下产生的协商参与者由主办方直接指定,筛选参与者的流程就得到了简化,也就降低了整个协商过程的成本。同时,这种挑选协商参与者的方式也有其弊病。首先,这种挑选方式缺乏公正性。由于协商参与者是由主办方指定,造成的结果往往是形成“代表专业户”的现象,即每次都是相同的人作为协商代表参与协商,这样协商参与者的挑选就缺乏公正性。其次,用这种方式挑选出的协商参与者缺乏代表性。理想状况下,若主办方能考虑到会对协商过程产生影响的所有条件和因素,那么其指定的参与者是具有代表性的。但现实情况下,主办方难以充分考虑到所有的影响条件和因素,这也就造成其指定的参与者缺乏足够的代表性,会因为主办方搜集的信息不够完全使真正的民意很难表达。最后,这种方式容易遭到群众的质疑。因为主办方根据自己的意愿来指定协商参与者,这就很容易让民众怀疑其公正性,即使主办方在挑选参与者时考虑到了各种因素和条件,其挑选出的协商参与者也并不能获得群众的完全认可,协商结果的公正性、合法性也就会受到质疑。这种方式下，某些主办方可以通过操控自己指定的协商参与者来达到自身目的，这样就会使协商过程流于形式，无法发挥协商民主的作用。

第三，随机抽样。随机抽样就是从所有受协商结果影响的公民们随机抽取一定代表，让他们作为参与者参与到协商对话的过程中来，可以通过随机抽取编号、电话号码以及身份证号等方法进行抽取工作。这种挑选协商参与者的方法具有较好地科学性，其具备多个优点。首先，从理论上讲这是一种比较公平的选择协商参与者的方式。由于参与者是随机产生的，这样就可以杜绝主办方通过指定协商参与者来操纵协商过程。另外，从统计学意义上讲，这种方式下产生的参与者可以代表全体受影响的群众，通过这种协商方式挑选的协商参与者的代表性可以得到保证。每个人都有被抽到的概率，平时很少有机会参与决策讨论的群体，也同样有机会参与协商过程，这就扩大了协商参与的范围。为了保证协商的公正性可以对随机抽取加上一些限制，即先对社会群体进行分类，然后根据各个群体占总体的比重确定每个群体的参与人数，这样就能保证少数群体和边缘群体也有一定的参与名额。最后，这种方式还可以提高民众对主办方的信任度，也使协商的最终结果更容易获得民众的支持。因为在这种方式下，抽样过程本身就是一个政治宣传阶段，政府通过这种方式传达给群众一种信息——政府无法通过暗中指定参与者来操纵协商过程，整个协商过程是公平公正的，也提高群众对协商民主的信任度。同时，随机抽样的方式在协商实践的过程中经常受到种种阻力。第一，随机抽样方式的成本较高。随机抽样的过程比较复杂，首先它需要确定受公共政策影响的人的范围，然后进行编号、统计各人群比重、抽签等工作，这样就需要投入较多的人力物力，统计工作需要具有一定专业水准的专业人员来完成，这些都会提高协商民主的成本。

第二，由于随机抽样的不确定性，协商过程就变得难以控制。因为是随机抽取民众参与协商，就不能保证每个被抽取到的人都有意愿和条件来参与，这样协商讨论的参与率就无法得到保证。

第四，混合型。混合型就是吸取上述三种选择协商参与者的方式的优点，弥补它们的缺陷，将主办方指定、自愿参与和随机抽样进行有机结合，取长补短，去粗取精，最大可能地保障协商参与者的公正性、代表性和合法性。例如浙江省温岭政府在进行基层协商民主实践时，协商代表由多种方式产生，既有由国家和政府直接指定、不需要通过随机抽样产生的村民代表、人大代表，也有由科学随机抽取选出的协商代表，协商参与者拥有了法律意义方面的代表性，同时协商参与者的产生的公正性、代表性和合法性也能得到保证，科学合理。又如在澳大利亚的某一地区，在其协商实践中，当地居民首先采用抽签的方法来选定听证会要讨论的议题，然后围绕讨论议题的实际内容来选定公民陪审团。公民可以通过自愿报名成为陪审团的一员，然后主办方根据自愿参与的情况和将要讨论的议题，再指定一些协商参与者，最终确定实际参与的人员，从而保证其公正性和科学性。例如考虑到男女平等，主办方需要通过指定参与者来使代表名额中男女代表名额相等。但混合型也有它的缺陷。混合型的代表产生方法需要考虑的因素最多，过程最复杂，需要具备专业知识的人员来完成，这就造成协商过程需要花费大量的时间和人力物力。

三、舆情表达机制如何协助协商参与者的选择工作

社会主义协商民主作为一种现代民主形式，其政治行为者覆盖了社会中的方方面面：从执政党到各民主党派，从各社会团体、社会组织到广大人民群众，科学选择协商参与者的难度大。同时，在协商

讨论的过程中,围绕核心议题的各方观点,都要通过协商参与者体现出来,这就要求在选择参与者时既要让“说得积极”和“声音大”的公民参加,也要让相对沉默的公民参加;既要展现已经表达出来的意见,也要囊括那些潜在参与者的想法,特别是广大的人民群众的想法。如果在协商过程中没有注意到沉默者的意见,但协商讨论的结果又使他们承担义务,那么对这些民众的忽视和排斥就会对协商造成极大的危害,甚至直接导致协商的失效。因此就需要代表性强的舆情表达机制来配合参与者的挑选工作,通过了解围绕某一议题的舆情分布状况,来发现有影响力的沉默者,也将他们纳入协商中来。

实践中,了解舆情的分布情况常常采用民意调查。民意调查“是了解公众舆论倾向的一种社会调查,它通过运用科学的调查与统计的方法,如实地反映一定范围内的民众对某个或某些社会问题的态度倾向”①。常用的民意调查方法主要有问卷调查法和访谈法。

问卷调查法就是先设计与调查相关的问题,再向调查对象发放简明扼要的调查问卷让其填写,最后通过回收问卷的方式来间接获得所需的信息和材料。当需要了解大范围民众对某一协商议题的舆情分布状况时,问卷调查是一种较优的方式。对于大范围民众来说,问卷调查是一个较优的方式,“可以实现所有民众的同等代表性”②,尤其能反映沉默者的声音。调查问卷中“可以包含受访者的性别、年龄、职业、收入等基本信息,通过交互分析就能了解不同群体和不同意见的相关程度”③,同时也可以了解持有不同意见的群体的各自规

---

① 袁荃:《社会研究方法》,湖北科学技术出版社2012年版,第69－70页。

② 陈陆辉:《民意调查新论》(第三版),五南图书出版股份有限公司2013年版,序Ⅲ页。

③ 于家琦、王来华:《论公共政策过程中运用舆情调查的双重理性》,《天津社会科学》2015年第6期。

模以及他们各自的理由。例如,在浙江省温岭县泽国镇扁屿村进行的协商民主实践中,村民们围绕四个主要的公共议题(村庄经济发展,村庄重建计划,垃圾处理和公共厕所建设,外来人口、社会治安和环境卫生),于2016年先后进行了四次讨论,通过随机抽样选出一定的代表,进行讨论、表决,从而确定解决方案。从这次成功的实践中发现,“问卷调查表决的决策机制对推进中国协商民主建设具有至关重要的价值”。

访谈法是研究者与一个或多个被访者进行有目的的谈话,谈话中研究者通过询问的方式来引导被访者回答,以此来搜集所需的资料和信息。在协商过程中,若需要更深入地了解特定个人或群体对某一议题的舆情分布情况时,可以采用访谈法。在具体实践中,可以根据被访者的数量,选择使用个别访谈和集体访谈的方式。个别访谈是指研究员对被访者进行一对一的单独访谈,可以更好地了解特定个人对协商议题的态度看法,尤其是有影响力的个人;集体访谈是将若干的被访者集中到一起进行访谈,可以采用座谈会的形式,这样更有利于了解特定群体对协商议题的意见,尤其是与公共决策有利益相关的群体。科学地运用访谈法,有助于决策的顺利实施。例如,2004年广州政府决定“禁摩”,在实施该决策前,政府先进行民意调查了解舆情,通过座谈会和听证会等形式对“禁摩”利益相关人的意见进行深入的了解,并且在协商讨论过程中,让“禁摩”利益相关人参与到决策过程中来,从而使政府的决策得以顺利实施。相反,2010年湖南郴州市政府在实施“禁摩”决策前,没有通过充分的民意调查了解各方群众的意见,也没有邀请摩托车司机这些“生计利益群体”参与决策,导致决策在实施过程中遇到巨大阻力,近千名靠摩托车养家糊口的摩托车司机集体抗拒该项政策的执行,政府也就没能达到决策的预期目标。

协商民主需要能协助其科学选择参与者的舆情表达机制,这种舆情表达机制要具有强代表性,使政府能在协商过程中较全面地了解各方对议题的态度和看法,避免在实施协商决策时触及之前没有注意到的“暗礁”,从而确保协商决策能够顺利实施,达到协商讨论的预期目的。

第四节　营造理性协商环境的舆情表达机制

在党的十八大报告中提出了“协商民主”的概念。可以说协商民主的提出和确立,是一次对中国共产党民主政治理论的重要创新和发展。同时,党在十八大报告中提出了一个重要任务,即要健全社会主义协商民主制度,并特别强调“要坚持和完善中国共产党领导的多党合作和政治协商制度,充分发挥人民政协作为协商民主重要渠道作用”,彰显了党要将协商发展成我国人民民主的一种重要形式的决心。根据辩证唯物主义中内因与外因的关系,内因和外因对一个事物的发展均起到十分重要的作用,因此,要推动协商民主的发展,不仅需要各级政协深入探讨协商民主的内容、形式和程序等具体过程,还需要营造有利于协商民主发展的良好的协商环境,为协商民主提供良好的外部环境的支撑和保障。

协商民主提倡理性讨论、达成共识,要求参与者从公共利益出发思考问题,提出相互之间可以理解的理由;参与者要通过讨论来说服他人,并在讨论中对原有偏好进行反思;参与者不能根据自己的情绪来表态,其观点应建立在理性判断的基础上。协商民主对参与者的要求,也是对整个社会舆论环境的要求,即民众能够理性地思考和表达。

一、协商民主的外部环境

协商民主外部环境的内涵主要包括政治环境和社会环境两个方面。协商民主的政治环境是指协商民主的理论基础和制度保障。我国在1949年9月21日至30日召开了中国人民政治协商会议第一届全体会议,会议上通过了《中国人民政治协商会议共同纲领》和《中国人民政治协商会议组织法》,确立了政治协商制度。新中国成立后,又先后制定了《中国人民政治协商会议章程》《政协全国委员会关于政治协商、民主监督、参政议政的规定》等文件,完善了政治协商的理论,使政治协商制度得到了进一步发展。进入21世纪,党中央连续颁布了《中共中央关于进一步加强中国共产党领导的多党合作和政治协商制度建设的意见》(〔2005〕5号文件)、《中共中央关于加强人民政协工作的意见》(〔2006〕5号文件)、《中共中央关于巩固和壮大新世纪新阶段统一战线的意见》(〔2006〕15号文件)等文件。这一系列重要文件丰富了人民政协的理论基础,使人民政协有了法律依据,人民政治协商制度有了法律保障。而协商民主主要依托于人民政协制度,随着人民政协制度的完善与发展,协商民主的理论也得到了进一步的丰富。并且从《中共中央关于加强人民政协工作的意见》颁布起,我国就确定了社会主义民主的两个重要形式,即协商民主和选举民主。党的十八大召开赋予了协商民主更深层次的内涵。近年来,党中央又通过《关于加强社会主义协商民主建设的意见》(2015年2月)、《关于加强城乡社区协商的意见》(2015年7月)等一系列重要文件,推进协商民主的建设与发展工作。协商民主正逐步和我国人民的政治生活紧密结合,为我国民主政治的发展指明了方向。

协商民主的社会环境是指社会各界对协商民主的认识、态度,以及对协商民主的支持与配合程度。社会主义协商民主制度在革命历史时期初见端倪，于新中国成立初期基本形成，又在改革开放后得到了进一步的发展。中国共产党在新民主主义革命时期通过与其他党派团体和党外人士的合作，形成了协商民主的思想，并进行了一些有效的协商民主实践，其中毛泽东在《抗日根据地的政权问题》一文中提出的"三三制"原则可以说是协商民主的萌芽和雏形。在协商民主的初期实践中，不仅各党派团体、党外人士和人民群众对协商民主持怀疑态度，中国共产党内部也存在反对的声音。而"三三制"民主政权建设等协商民主实践的成功，使社会各界逐步认识到了协商民主的正确性。随着1949年第一次政协的成功召开，协商民主作为一种新型民主形式开始在全国范围内实施，通过协商民主的基础实践，人民群众和民主党派逐步认识到了自己的价值和作用，社会各界也对协商民主充满了憧憬与期待。改革开放后，协商民主初步实现了制度化，在协商民主实践中，人民群众的愿望诉求得到了表达，同时，各个社会组织和民主党派在协商民主中的作用也越来越重要，协商民主逐渐被社会各界接受和认可。近年来，随着协商民主制度的完善和理论的丰富，各民主党派和社会团体参与协商的积极性大大提高；同时，随着民主知识的普及和公民素质的提高，广大人民群众也越来越愿意参与协商过程，通过协商民主表达自己的愿望和诉求。目前我国协商民主的社会环境正朝着有利的方向发展。

我国的协商民主外部环境构建工作已经取得了一些成绩，为协商民主的发展提供了比较好的保障，但在政治环境和社会环境两方面仍然存在着一些问题，制约了协商民主的进一步发展。

政治环境方面，协商民主在法律方面没有得到充分的立法保障。党和政府没有为政协提供充分的立法依据，使其能顺利地开展协商民主，履行其职能。政协的地位和职能已经在《宪法》等一系列我国出台的纲领性文件中得到了明确，但其大多是原则性的规定，并没有对形式、内容和过程等具体操作细节给出明确指导。例如党和政府规定“重要方针政策及重要部署”“重要的地方法规草案”“重要事务”“重大问题”是协商工作要协商的内容，但何为“重要”？何为“重大”？如何区分？由此可见目前的立法存在不明确性。《中共中央关于加强人民政协工作的意见》中党和政府要求“要尊重和依法保护政协委员的各项民主权利，为他们发挥作用提供方便”①，然而目前为止，还没有具体的可操作的法律使这方面内容得到落实。

社会环境方面，协商民主需要党的重视，也需要政府部门的积极配合才能保证顺利实施。但在各政府部门的具体实施过程中，或多过少存在着一些问题。一是随意性大。有些政府部门抱有“多一事不如少一事”的心理，没有认真对待协商工作。二是协商工作的具体流程不明确。有些政府部门没有对协商工作的内容、形式和过程等具体操作细节作深入探讨，在协商过程中忽略了一些必要的程序，导致协商工作不能顺利进行或者协商失效。虽然人民群众对于参与协商过程的热情在提高，但总的来说还没有达到协商民主的要求。一是某些人认为协商民主落实范围有限，只有社会精英和政府工作人员才能参与协商，广大人民群众在协商中并没有发言权，协商结果只是满足少数人的利益，而不是人民群众自己的利益。二是某些个人认为协商具体落实有困难，参与协商作用有限，协商过程中反应的意见没有受到重视，即使参与协商过程表达了自己的意愿和诉求，问题

① 全国政协办公厅研究室编：《中共中央关于加强人民政协工作的意见学习读本》，中国政法大学出版社2006年版。

也不会得到解决。这些在人民群众中存在的偏见使民众对协商民主的信任度降低,配合度下降,参与协商的积极性降低,使协商民主的发展受到阻碍。

二、舆情表达机制如何协助理性协商环境的营造

我国协商民主外部环境的建设仍然任重道远。而在协商环境的建设过程中尤其需要重视“理性”这个要素,即要努力构建理性的协商环境。在协商过程中,发挥作用的是协商参与者合理的观点和愿望,而不是参与者带有个人利益色彩的情绪化诉求,协商参与者应在经过理性成熟的思考后提出自己的观点和建议,并为自己的建议提供充分的理由和根据,同时以批判性的眼光看待其他人的意见,基于他人具有说服力的信息合理地修改自己的观点。理性是协商过程的基础,是保障协商达成的共识能趋向合理、协商决策能诉诸公共利益的关键因素。在推行协商民主的过程中,要注重理性的运用,构建理性的协商环境意义重大。

构建理性的协商环境,政治环境方面,要理性立法,使协商民主有法可依,为协商过程提供充分的保障;同时充分保障协商参与者的权利,为他们的工作提供方便。社会环境方面,一是要使政府各部门理性对待协商工作,积极配合协商工作;二是要让广大人民群众理性地看待协商民主,打破群众对协商民主的偏见;三是能使协商参与者理性地参与协商过程,使协商能够达成理性的共识,作出有利于公共利益的决策。

需要党和政府能全面充分地了解各民主党派、社会团体和广大人民群众对协商民主的态度和看法,以明确协商民主的开展工作中存在的缺点和不足,从而进行相应的改进和调整。而舆情表达机制

恰恰为党和政府提供了一个了解社会各方面民意的渠道，其通过对舆情的整合，可以使党和政府了解不同舆情主体对我国协商民主制度的看法和态度，并以此为基础，为构建理性的协商民主环境提供指导。协商民主的外部环境的进一步优化，需要构建能营造理性协商环境的舆情表达机制。

第一，协助党和政府理性立法的舆情表达机制。理性立法就是要出台合理适用的法律法规，为协商民主的开展提供充分的保障。理性立法一是要为各级政协履行职能提供充分的法律依据。我国目前出台的关于协商民主的纲领性文件大多是原则性的规定，缺乏具体的操作细则，其内容具有不明确性。而舆情表达机制可以使党和政府了解社会各界对协商过程的看法和需要，从而协助党和政府通过理性的立法把协商过程的细节落到实处，为协商民主的开展提供充分的法律依据。二是要做到保障协商参与者的权利。目前还没有一个具体可行的法律法规为政协委员的各项民主权利提供充分的保护和保障，使其能发挥自身职能开展协商工作。要改善这一现状，就需要政协委员可以通过舆情表达机制向党和政府反映自己在开展协商工作时遇到的困难，使党和政府了解协商参与者的切实所需，从而进行有针对的立法，保证政协委员的各项民主权利，为他们的工作提供方便。

第二，敦促政府各部门理性对待协商工作的舆情表达机制。协商民主的顺利开展不仅依托于合理的立法，还需要得到政府各个部门的积极配合。有些部门对待协商工作具有随意性，认为“多一事不如少一事”，工作大多被动应付，对协商过程中反映出的意见也不予重视。而因为其工作汇报的不及时，政府无法掌握协商工作的进展，无法进行有效地监管。协商程序不明确，在协商过程中忽略了必要的协商环节，导致协商失效，不能达到协商的最终目的。针对第一种问题,政府监管部门可以通过舆情表达机制搜集社会各界的意见,了解各部门对协商民主的落实情况,根据人民群众的反馈,对随意对待协商工作的部门进行有针对性的监管,从而敦促各部门积极配合协商工作,将文件精神落到实处。同时各部门也可以通过舆情表达机制了解各方面对协商过程的真实所需,意识到自己忽略的必不可少的协商环节,从而完善协商流程,使协商共识能够代表最广大人民群体的利益,保证协商的有效性。

第三,帮助群众正确看待协商民主的舆情表达机制。人民群众对协商民主的支持还不够积极,群众中存在的对协商民主或多或少的偏见是一个重要原因,例如社会上某些人认为:只有社会少数人和政府人士才能参与协商,协商代表的是少部分人的利益;协商只是走个流程,协商参与者表达的愿望诉求并不能得到重视,协商毫无作用等。要打破这些偏见,就需要党和政府密切与人民群众的联系,增进人民群众对协商民主的了解和认识,为协商民主争取更广泛的支持,从而保证协商民主的进行,推动协商民主的发展。政府可以通过舆情表达机制广泛地搜集民意,了解人民群众对协商民主的误解和偏见,反思协商宣传教育工作中存在的盲区和不足,从而有针对性地加强对人民群众的宣传教育,更好地普及协商民主的知识,培养公民的民主意识。政府也可以通过座谈会的形式邀请群众代表进行访谈,通过与群众面对面地交流,更深入地了解人民群众对协商民主的态度看法,更直接有效地增进群众对协商民主的了解认识,打破群众对协商民主的偏见,从而为协商民主的进一步发展扫除障碍。

第四,引导协商参与者理性协商的舆情表达机制。协商民主要求协商参与者能从公共利益出发,经过理性思考提出不带有个人情绪的观点,同时要为自己的观点提供有力的理由说服别人,并基于他人具有信服力的意见对原有偏好进行反思修改。

理性的协商环境主要依靠公开、平等、公平的公共讨论来塑造，因为讨论是一个“清除各种无知的试错过程”①，在不同观点的碰撞中，能把不实信息和不当主张逐步淘汰和消解；讨论还有助于民众之间的相互理解，为下一步的协商决策或政策建议提供宽松、互相包容的社会舆论环境。

公共讨论可以促进民众之间的相互了解，有助于各方观点之间的沟通交流，其中最有利于培育民众理性精神的就是公共辩论。协商参与者通过互相辩论加深对彼此观点的理解，增强对彼此的尊重和同理心，更好地反思自己的偏好。例如，2013 年成都市城管局举办了一场辩论赛，参赛选手包括城管、商贩和普通民众，参赛选手围绕“游商占道是否应当被取缔”的主题展开激烈辩论。通过辩论，商贩们认识到了自身错误，表示日后会更加配合城管的工作；很多城管也第一次站在商贩的角度看问题，增进了对商贩的理解，表示会更加耐心地对待今后的工作。

协商民主需要良好的舆情表达机制来为其营造理性的协商环境。舆情表达机制应能及时反映各级政协和协商参与者的需要，协助党和政府的立法工作，为协商民主提供充分的法律保障。还应能将群众对各部门协商工作的意见及时反馈给监管部门，敦促各政府部门理性对待协商过程，积极配合协商工作。同时，舆情表达机制要通过公共讨论等方式，引导协商参与者理性协商，营造相对宽松、互相包容的社会舆论环境。

---

①［美］詹姆斯·博曼、威廉·雷吉：《协商民主：论理性与政治》，陈家刚等译，中央编译出版社 2006 年版，第 190 页。

第五节　对协商进行监督和评价的舆情表达机制

协商是在公共空间进行的，协商的内容、程序、结果都对民众公开。公开就意味着民众有权利对协商过程进行监督，有权评价协商的不同环节，特别是在决策制定前和决策实施后两个阶段应引入民众评估。

从政策科学的角度看，对公共政策的评估主要有两大类评价标准：一类标准重视技术和事实分析，着重评价公共政策的绩效、效率等内容；另一类标准重视价值和伦理分析，着重评价公共政策的服务对象、社会影响等内容。第二类评价标准包括“为谁服务、可接受、认可”等核心词，强调政策不仅为精英服务，更要考虑广大民众的利益和要求，评价政策要看其是否符合民众的意愿。

协商民主以理性为基础，强调协商参与者的理性参与，旨在通过公正理性的协商讨论制定科学合理的决策，最大限度地保证广大人民群众的公共利益。对协商民主制度的完善固然重要，但协商的质量和落实情况也是决定协商结果的重要因素。要推动协商民主的进一步发展，不仅需要加强协商民主制度的自身建设，还要重点关注协商民主是否具有较高的质量，以及协商决策是否得到了落实。为了使协商的质量和落实情况得到保障，对协商的监督和评价就成为必不可少的环节。对协商民主过程进行有效地监督，对协商程序和落实情况给予及时地评价，可以使整个协商过程在监督和评价反馈机制之下日趋合理，同时也保证了协商的公正性，减少了协商过程中的不科学、不理性行为，也就避免了协商结果失效或者协商过程流于形式等问题，从而使协商民主可以更好地发挥自身效能，同时政府也就可以根据协商结果作出更好的公共决策，达到更好的治理效果。

一、建立对协商民主的监督机制

为了使协商民主能有序运行，就要建立起对协商民主的监督机制，使协商过程得到全方位的监督。对协商进行全方位的监督，从协商工作的准备阶段到协商达成共识的成果落实阶段。在监督时要着重注意协商主体、协商议题、协商内容、协商共识这几个重要的协商因素，具体操作上，可以从下列五个方面进行监督：监督协商参与者的筛选和培训；监督协商议题的选定；监督协商程序的执行；监督协商原则的贯彻；监督协商成果的落实。

监督协商参与者的筛选和培训。协商参与者作为协商民主的基本要素，直接代表民众意愿参与到协商过程中来，协商参与者围绕协商议题，通过理性的协商讨论达成共识，作出决策。协商参与者是整个协商过程的基础，协商参与者的质量直接决定了协商的质量和协商作出的决策的质量。对协商参与者进行监督，首先要监督协商参与者的筛选工作。协商参与者的筛选原则上直接决定了协商参与者的产生方式。为了保证协商的公正性和合理性，协商参与者应该来自受公共决策影响的各个阶层，并且具备一定的代表性。在监督参与者的筛选工作时，要保证挑选协商参与者时既重视了多数群体的利益，也考虑到了少数群体和弱势群体的意见，使沉默者的意见也能通过协商表达出来。其次，要对协商参与者的培训工作进行监督。协商参与者来自社会各个阶层，个人素质也是千差万别，为了避免协商只是走个过场，流于形式，要向参与者宣传民主思想，培养其理性协商的意识。而这个过程也需要监督，确保每个参与者都有能力参与协商过程，保障协商的民主性和科学性。

监督协商议题的选定。围绕协商议题进行科学理性的讨论，进而达成共识是协商民主的核心，选定的协商议题要真实地反映广大人民群众的意见和诉求，协商工作要与人民群众的利益诉求相一致。协商议题的选定直接决定了协商主体的参与积极性和参与效率，也直接关系到协商共识的达成度和认可度。首先要对协商议题的代表性和科学性进行监督。在协商议题选定后，如果发现协商参与者的数量不足或者代表性不高，就说明协商议题的普遍性存在问题。这时就需要对协商议题进行调整，使协商议题更科学，更具有代表性，从而保证协商参与者的数量和代表性，进而使协商可以顺利进行。其次，要通过对协商的监督保证协商议题的真实性。对协商参与者反映的情况进行甄别和筛选，获得能真实代表群众利益诉求的信息，使协商议题与受政策影响的群众的利益密切相关，从而使协商民主真实有效。通过对协商议题的全面监督，保证协商议题的科学性和真实性，使协商议题与协商主体利益密切相关，协商议题在协商前后高度一致，从而调动人民群众参与协商过程的积极性，提高协商效率和协商共识达成度，增进人民群众对协商决策的信任。

监督协商程序的执行。协商过程从议题拟定到协商完成需要进行一系列的工作。一般来说，社会主义协商民主大致需要四个主要环节，即协商议题的拟定、提出、确定以及公示，协商过程的进行，协商共识的达成和协商结果的实施。这些环节构成了一套完整的协商程序，各个环节能否顺利进行也就直接决定了协商能否取得预期的成果。由此看见，协商程序的执行情况需要得到全面的监督，以为协商能按正常程序进行提供保障。首先，要监督协商议题的拟定和确定，保证其具有代表性、科学性和可操作性，与协商主体的利益密切相关。其次，要监督协商议题的公示，保证协商内容和协商主题一致。要允许人民群众在公示期间表达异议和看法，有关部门要为其提供满意的解答。最后，要全方位、多角度、多层次地监督协商过程，保证协商的完整性，不遗漏必不可少的协商环节，确保协商过程的民主性、代表性和科学性，保障协商结果的真实性和可信度。

监督协商原则的贯彻。协商民主是通过协商的手段达到民主的目的，协商遵循一定的原则是民主的前提和保证，而自由、平等公正、理性和负责任是协商民主的基本原则和要求。监督协商过程中协商原则的贯彻情况，具体包括以下四点：第一，监督协商过程中自由原则的贯彻，保证每个协商参与者都是自愿参与协商过程，并能在协商中自由地表达自己的愿望和诉求；第二，监督协商过程中的平等原则的贯彻，保证协商成果既能代表多数群体的利益，又能代表少数群体尤其是弱势群体的利益，保证社会各个阶层的人民群众都有机会参与到协商中来；第三，监督协商的理性，保证协商参与者都能理性地表达观点，不受个人情绪影响，并能以具有信服力的观点为依据修改自己的偏好，从而保证协商结果的科学性和合理性；第四，监督协商过程中责任意识的贯彻，让协商参与者和决策执行者意识到自己的使命和责任，使他们更认真慎重地对待协商工作，从而提高协商效率，促进协商成果的落实。

监督协商成果的落实。协商参与者经过理性的协商讨论彼此达成共识，达成的共识体现了协商参与者的集体意志，是协商过程的最终成果。也间接代表了广大人民群众的愿望和诉求，协商的落实程度直接决定了一次协商的成败。要做好对协商成果落实情况的监督工作，避免非理性的行政或其他因素影响协商政策的实施。监督协商中达成的共识和作出的决策是否转化成了实际行动,协商主体的愿望和诉求是否通过具体的政策和制度得以体现。协商要真正解决人民群众的真实所需,要使协商成果真正落在实处,就需要通过协商达成的共识能转化为实际行动。要监督政府相关部门对协商成果的完善工作,使其能从协商实践中不断发现问题,总结经验吸取教训,在反思中进步,在实践中成长,在日后的工作中,能更出色地完成使命,落实协商成果。

二、建立对协商民主的评价机制

要推动协商民主的进一步发展不仅需要对协商过程进行全方位的有效监督,还需要建立完善的评价机制,作好对协商民主质量的评价,这样才能切实掌握协商民主的质量和落实情况,为协商民主的进一步发展作出有针对性的指导。与监督过程一样,评价过程也要拥有一定的理论依据。协商民主要求社会各个阶层能平等地参与到协商中来;要求协商参与者不是为自身争取利益,而是表达公共利益的诉求;要求协商过程公开透明,保证协商的公平公正;要求协商参与者理性地表达自己的观点,不能带有个人情绪。以这些原则为基础,可以从准备、过程、结果和影响四个方面进行评价,不断地发现协商中存在的问题,吸取协商实践中的先进经验,推动协商民主的进一步发展。

对协商准备阶段的评价。良好到位的准备工作是协商成功进行的基础。协商的准备工作主要包括协商思想的宣传、协商代表的筛选和协商议题的选定,对协商准备工作的评价主要包括三个方面:第一,政府协商知识的宣传工作是否到位。在开展协商工作前,政府应做好前期的宣传工作,培养公民的民主意识,为协商的顺利进行打下基础,可从该角度对进行评价,反映政府的宣传工作是否到位。第二,协商代表是否具有代表性。协商参与者要代表所有受协商结果影响的公民直接参与协商过程,可以说协商代表的水平直接决定了一次协商的水平,因而协商代表的筛选一定要科学合理,保障其代表性,可以针对协商参与者的筛选工作对一次协商的优劣作出评价。第三,协商议题的选定是否合理。协商工作是围绕协商议题展开的,因此协商议题的选定直接决定了一次协商的质量。在选定协商议题时要对大量信息进行甄别挑选,选取真实可信的信息,掌握人民群众的愿望诉求,使协商议题与协商主体的利益密切相关,可针对协商过程中议题的选定来对协商作出评价。

对协商过程的评价。对一次协商的过程作出评价,就是要看其在协商过程是否遵循了协商民主的原则和要求。首先,协商过程要秉持自由平等的原则,这表现在所有协商参与者都能自由地表达自己的观点和诉求,不受外界因素的制约和干扰。只有这样才能保证协商的科学性,在协商过程中注意到各个方面的声音,考虑到各个群体的利益。其次,协商过程要贯彻公平公正的原则,即主办方要对各方观点一视同仁,不能因个人偏好而扶持或排挤某方观点,避免幕后交易的发生,增强民众对协商的信任。最后,协商过程要做到理性真诚。协商民主的核心是理性,若协商参与者受外界因素的干扰无法理性真实地表达自己的意见,协商就失去效力,协商的合法性和真实性都会遭到质疑。在对协商过程的评价中,是否坚持自由平等、公平公正和理性真诚的原则成为划分协商优劣的重要标准。

对协商结果的评价。当通过协商过程得到了协商结果后,就要对一次协商的结果进行评价。第一,协商结果是否是在理性思辨的基础上产生的。为保证协商结果的科学合理性,需要协商参与者抛弃个人情绪化的观点，理性地参与协商，并通过讨论对自身偏好作出调整。只有这样，协商结果才是理性的，能反映出广大人民群众的利益。第二，协商是否达成了共识。虽然并不是每次协商都可以达成共识，但协商的目的就是通过广泛的公共讨论达成共识，形成决策，实现民主，是否达成共识可以成为评价协商的一项重要标准。第三，公民对协商结果是否认同。如果大部分公民并不认同协商结果，就说明在协商过程存在一定的问题，协商的科学性和合法性就得不到保障。只有大部分公民对协商结果表示认同尊重，才能说明协商是有效的，协商结果是能反映出广大群众的利益诉求的。

对协商影响的评价。协商的影响主要表现在三个方面：对协商参与者的影响、对人民群众的影响和对主办方的影响。评价一次协商的影响，可以分别通过协商参与者、民众和主办方的意见反馈来判断。第一，协商参与者的反馈。协商代表直接参与了协商讨论的各个过程，对一次协商的感受和认识较为全面，对协商的评价也最有发言权，因此协商参与者对协商过程的满意度可以作为一个评价协商优劣的重要标准。第二，人民群众的反馈。由于现实条件的限制和种种因素的影响，并不是每一个公民都有条件或有意愿参与协商过程，但社会各阶层都通过推选代表间接地参与了协商，协商代表的也不是参与协商的少部分人的利益，而是公众的利益。因此人民群众对协商是否满意认同，可以作为一项评判协商优劣的重要标准。第三，主办方的反馈。协商民主就是通过民主的手段达成共识，形成决策，解决实际问题。评价一次协商，就要看它是否帮助主办方形成了科学合理的决策，是否解决了主办方遇到的问题。因此主办方的满意程度也可以作为评价协商的一个方面。

三、舆情表达机制如何协助对协商的监督与评价

对协商过程的监督和评价是推动协商民主发展的重要因素，而舆情表达机制则可以为协商的监督和评价提供丰富多样的方法和形式。协商过程和结果是否优良需要民众的监督和评价。从公开监督角度，在协商过程中通过旁听会议、电视直播等方式为民众提供协商的相关信息。从民众评价协商过程的角度，可通过网络论坛、公民听证会等方式，让民众参与到协商互动中来。从民众评价协商结果的角度，可通过民意调查等方式了解民众对协商结果和决策执行情况的满意度，进而发现执行中出现的问题，为下一轮决策提供舆情信息。

在对协商的监督过程中，民众可以通过旁听会议、观看协商现场转播等方式获取协商的相关信息，对协商过程进行监督，也可以利用电话、网络等手段，通过舆情表达渠道向有关部门反映自己的看法。同时政府也可以通过问卷调查和座谈会的形式主动地搜集民意，了解民众对协商工作的满意程度，反思协商工作中的缺陷和不足，从而达到监督的效果。报纸、电视等新闻媒体也应发挥监督作用，一方面可以通过真实公正的报道对协商过程进行监督，营造利于协商民主健康发展的社会舆论导向；另一方面可以为民众的意愿和心声提供表达通道，真正发挥全方位、多角度、多层次的监督作用。

舆情表达机制为协商的评价提供了多种渠道。公民可以通过网络论坛、电话访问等方式表达自己对协商的看法和评价。政府可以召开听证会，与民众进行面对面的交流，深入了解其对此次协商的态度和看法，也可以通过调查问卷，进行大范围的民意调查，从而获得民众对协商的满意程度，发现问题不足，吸取先进经验，为下一次协商打好基础，也为未来的协商决策提供信息。如加拿大不列颠哥伦

比亚省关于选举制度改革的协商会议设计了公共听证环节,50 场听证会一共有 3000 名普通民众旁听了听证会,1439 人以书面形式提交了 1603 份改革建议①。在美国的公共服务领域,政府经常进行年度性民意调查,来获得特定公共服务的公民满意度、新服务的潜在需要等情况,从而制定政府新一年的工作方向。

协商民主需要能对其进行有效监督和评价的舆情表达机制。民众可以通过舆情表达机制监督协商参与者的筛选、协商议题的选定、协商程序的执行、协商原则的贯彻和协商成果的落实这一系列工作,作到对协商的全方位监督。同时舆情表达机制也为协商的评价提供了多种通道,以利于政府了解社会各界对协商的准备、过程、结果和影响这四个方面的评价,帮助政府吸取经验教训,指导其下一轮的决策。

综合以上五个方面可以看出,舆情表达机制贯穿协商民主过程的始终。通过建立适应不同协商民主需求的舆情表达机制,能促进协商民主质量的提高。舆情表达机制能发现沉默民众的声音,提升了协商民主的公平性;舆情表达机制所提供的协商议程、协商议题、协商结果反馈等信息,提升了协商结果的合理性;舆情表达机制所营造的理性舆论环境,有助于民众接受公平合作的协商理念;舆情表达机制对协商各个环节的关照,增强了协商民主的操作性和制度化程度。

---

① 谈火生、霍伟岸、何包钢:《协商民主的技术》,社会科学文献出版社 2014 年版,第107－108 页。

第五章　构建服务于协商民主的舆情表达机制需要克服的障碍

实践中,良好的舆情表达机制能够服务于协商民主建设并使之趋于完善,但形成这种应然状态的舆情表达机制,还面临着诸多挑战:需要克服既有利益阻挠、防止“尾巴主义”产生、解决协商“代理人”代表性、以及协商参与者缺乏妥协意识的问题,同时也要警惕新媒体带来的舆情表达风险诸如网络群体盲思和群体极化等若干障碍,才能真正实现舆情表达机制对于协商民主和中国政治发展的应有价值。

第一节　防止既有利益阻挠

一、既有利益阻挠舆情表达

既有利益是某些组织或个人从当前的社会经济条件下所形成的既得利益格局中获得的利益。这是社会发展到一定程度的产物。改革未臻完善,发展就有待持续,利益格局就不应该固化在某种状态下。协商民主强调的是在参与协商的主体之间展开平等对话。而现实中更为普遍的现象是，协商参与者对决策的影响力并不对等：民众经常是弱势的一方，意见表达受到阻挠，话语权较小甚至被剥夺；而公共权力机构或既得利益团体则更容易在协商过程中掌握话语权，进而对决策产生更大的影响。比如说一些由公共权力机构组织开展的协商会议，主办方往往以领导者自居，使协商演变成了一种在听取意见之后发表讲话的形式上的民主。

关于调整完善利益格局的问题，实际上是人类社会发展的共同问题。马克思指出："人类奋斗所争取的一切，都与他们的利益有关。"不仅仅是像中国这样的转型社会需要改革利益机制和利益格局，西方社会也不能例外，欧美的许多国家中变革现有的利益格局的呼声也一直存在。而在协商民主领域，国外的研究经验①发现，公民参与公共决策时行政人员的抵制是一个主要障碍，他们不愿意和公民分享权力；一些政策领域被有影响的利益集团盘踞，很难反映民意。

目前，理论界对"在公共问题中重视舆情"已基本达成共识，学者们大多从民主的角度加以论证，认为在现代民主社会，民意是公共政策制定、公共问题解决的出发点；提出民主时代与非民主时代最大的差异，就是在于尊重民意，这种差异，也是民主政治的正当性所在。美国学者认为："当我们谈论民主的时候，我们必须讨论民意"、"民众的观点必须在政策形成中占据一定的位置，否则所有关于民主的讨论都毫无意义。"②但与此持相反态度的是熊彼特与其追随者坚持的

① Jeff Manza and Fay Lomax Cook, "A Democratic Polity? Three Views of Policy Responsiveness to Public Opinion in the United States", *American Politics Research*, Vol. 30, No. 6 (November 2002), p. 652.

② V. O. Key Jr, *Public Opinion and American Democracy*, New York: Knopf, 1961, p. 7.

民主精英理论。他们认为在政治社会学领域,现代民主社会的公民是无知、漠然、易操纵的,并进一步强调民众参与完全是危险的社会主义国家历史的影响,民主精英理论倾向于强调稳定而以民众参与为代价。在韦伯关于政治的悲观现实主义传统中,熊彼特对“治理”的解释是最好由领导精英支配,民主变成了借助下次选举可能会发生变化而实现对在位领导者的消极控制。①

正是理论界的众说纷纭,导致在实际社会中既有利益获得者不尊重民意的情况时有发生。其中最常见的表现就是一些地方政府和部门运用舆情调查的动机不纯,违背舆情调查的科学性、客观性原则,为了政绩而进行欺上瞒下、自导自演的民意调查,将调查结果作为粉饰政绩的一种工具,这种做法造成了恶劣的社会影响,损害了民意调查行业的公信力,影响了党和政府的公信力及在民众心中的形象。这方面比较典型的一个例子是江苏省南通市的启东、海门、通州等地民意调查造假事件。②

2008 年,江苏省社情民意调查中心对南通市部分地区是否达到全面小康的情况采用随机抽样的电话访问方式进行民意调查。但是为了得到全面小康的称号,南通市下辖的许多地区采取村镇基层政府部门“领导”造假的方式来取得百姓的高认可度,最终,海门市获得了 91.2% 的满意率;启东市获得了 94.8% 的满意率。这些村镇造假方式让人啼笑皆非:发标准答案、干部“承包到户”、现金实物奖励、学生放假等不尽相同。启东市提前发给村民《启东市全面建设小康社

---

① Joseph A. Schumpeter, *Capitalism, Socialism and Democracy* (New York: Harper, 1942/1976);Carole Pateman, *Participation and Democracy Theory* (Cambridge University Press, 1970).

② 江苏数县民意调查造假发标准答案欺上瞒下. 新华网 http://www.sx.xinhuanet.com/ztjn/2009-02/12/content_15707419.htm,2009-02-12.

会领导小组办公室印发的电话调查问卷》。在这份问卷中共列有10个问题,并给出了标准答案:无论实际家庭人均年收入多少,农村居民必须回答8500元,城镇居民必须回答16500元;无论是否参加社会保险或保障,都必须回答已参加;无论对住房、道路、居住环境是否满意,都必须回答满意。无独有偶,南通市通州区发给村民的问卷中"标准"答案也早被圈了出来,如,对"2007年,您全家年人均收入是多少元"的问题,圈出的答案是"8000到1.6万元之间"。如果省里来电话问村民有关小康的问题,村民要按照圈出来的答案回答。按照标准答案说好话的村民,还要进行物质奖励。启东市的村民透露,按照发下来的答案回答,奖励可达300多元。南通市许多村镇的中小学还专门给学生放了一天假,老师要求学生把标准答案背熟记牢,并协助家长完成小康验收电话。这种为了追求政绩而将倾听民意变成了包办民意、干部要求群众说谎、为人师表的老师教学生说谎的做法,严重损害党和政府在老百姓心目中的形象。

此外,还有地方政府在满意度调查时,只设置"满意"选项,而没有"不满意"选项,引发民众的强烈质疑和对政府的嘲笑与讽刺。2010年被曝光的吉林永吉县人民政府网站所做的一项关于"满意度"的民意调查中,居然只有两个选项:满意和非常满意。在已经接受网上调查的568人中,265人选择"满意",剩余的303人选择了"非常满意"。[①] 这些地方政府的弄虚作假和"雷人"之举,让民众对民意调查、尤其是官方民意调查机构所发布的调查结果抱有怀疑和不信任态度。2006年,四川省统计局社情民意调查中心公布了"开局之年听

① 吉林永吉官网民意调查只有满意和非常满意. 搜狐网 http://news.sohu.com/20101126/n277925313.shtml,2010-11-26.

民意”大型公益性民意调查结果，调查显示 87.4% 的城乡居民对当前的生活状况总体满意，但在这条新闻后面发言的网民中的绝大多数却对这个调查结果表示不能相信，数据的真实性遭到了广泛质疑。[①]而在 2011 年由《小康》杂志社中国全面小康研究中心与新浪网联合进行的、1351 位网友参与的“您如何看待社会上发布的各种民调结果”，调查显示：29.6% 的受访者表示“不太信任”、28.1% 的受访者表示“很不信任”、18.7% 的受访者选择“一般”、15.8% 的受访者表示“不好说，要看调查机构”，而表示“比较信任”和“非常信任”的比例仅为 7.0% 和 0.8% 。[②]

二、防止既有利益阻挠的对策

突破既有利益的阻碍，实质上也是在调整社会各阶层的利益格局。社会发展业已形成了许多利益群体或利益集团，它们之间矛盾的妥善解决，不仅对舆情表达机制的完善意义重大，同时也对协商社会环境的改善有深刻影响。

第一，公共权力机构要认同协商中舆情表达的重要性，真正认识到民众参与协商的必要性。公职人员的角色首先应该是合作者，其次才是治理者，要有计划地鼓励民众参与决策过程，保障民众应享有平等话语权，使得决策的制定是平等对话的合理结果。在调整政府与社会管理的关系时，会涉及一些政府部门原有的权力、配置资源的利益弱化乃至消失的问题。在防止既有利益阻挠的过程中，最重要

① 郭松民：对“87.4% 居民对生活满意”的民调挑点刺. 人民网 http://opinion.people.com.cn/GB/1036/4282504.html，2006－04－08.

② 鄂璠：《从“民意不可违”到“公开征集民意”——决策者与民意调查》，《小康》2011 年第 7 期。

的影响与制约因素就在于政府的行政权力和利益释放程度，政府部门是否勇于放弃一些该放弃的既得利益，勇于主动打破狭隘既有利益分配格局，勇于实现自我革命，成为舆情表达机制是否能顺畅发挥作用的关键环节。

第二，推动形成"眼睛向下"的公共权力机构政绩观。这就要求调整政府与政府之间的关系。不可否认，政府需要政绩，而政绩在某种意义上就是政府的"利益"体现。只有敢于突破政府部门的传统局部利益，才能有效推进一体化进程，带来整体利益的最大化。要改变长久存在的"对上负责"的政绩观，真正倾听来自民众的声音，对人民负责。

第三，要实现协商信息的公开透明。相关有研究发现，一个政策问题对民众影响的显著性与政治家认真对待民众的可能性呈正相关关系。① 具有更高曝光率的、对民众透明度越高、民众更为熟悉、与民众基本生活密切相关的政策问题，公共权力机构就会更看重舆情的影响力，对民意的回应性也就更高。在协商过程中，公共权力机构等掌握较多信息资源的一方要向公众展示更多与决策制定相关的信息，使得舆情的表达更为有效、有力。

第四，创新舆情表达机制。要形成一个真正的公众辩论空间，让普通民众参与讨论那些以往经常由专家和特殊利益群体垄断信息和话语权的主题。可以通过增强表达主体能力、设立新的表达渠道来提高民众对协商的积极性，如培育更多具有利益表达功能的民间社团来平衡既有利益团体的影响、在协商议题选择上创设公民联署提

① Paul Burstein, "Bringing the Public Back in: Should Sociologists Consider the Impact of Public Opinion on Public Policy?", *Social Forces*, Vol. 77, No. 1 (September 1998), pp. 27 – 62.

案方式等；通过规范制度化的舆情表达渠道等，也能在一定程度上克服既有利益对舆情表达的限制和阻碍。

第二节　避免出现“尾巴主义”

一、协商中的“尾巴主义”

在协商过程中，既要防止出现漠视舆情的现象，又要避免出现盲目跟随民意的“尾巴主义”。当进行一项改革或建设的时机条件已成熟，民众的思想认识也达到一定程度时，掌握行动权的一方却不能全面客观判断当前形势，把一部分舆情当作全部舆情，出现盲目追随部分民意的“尾巴”现象。毛泽东指出：“在一切工作中，尾巴主义也是错误的，因为它落后于群众觉悟程度，违反了领导群众前进一步的原则，海量慢性病。”①邓小平也讲道：“我们不是尾巴主义者，当然懂得，群众的意见一定不会都是正确的和成熟的。我们所谓总结和集中，并不是群众意见的简单堆积，这里必须要有整理、分析、批判和概括。”②

重视舆情只是良好决策的必要条件，而不是充分条件。由于舆情表达的是民众即时的观点态度，这一特点决定了其辅助的协商议题不能太过偏离民众的普通生活，因此那些民众不知道的、几乎很少接触的、完全不感兴趣的政策问题是不适合通过舆情表达机制来了

① 《毛泽东选集》（合订一卷本），人民出版社 1964 年版，第 1096 页。

② 《邓小平文选》第一卷，人民出版社 1994 年版，第 218 – 219 页。

解民意达到协商目的的。比如，一些技术性、专业性较强的领域就不适合运用舆情表达来反映民意。但是现实中，受到民意的舆论压力，政府很多时候会面临不得不跟随民意却违背决策质量要求的无奈局面。

（一）案例 1：药家鑫案件

随着中国近年来法制化进程不断加快，司法领域对舆情表达的重视程度也愈来愈高。但是判断某一事件是否符合法律规范是一项专业性极强的工作，需要具有相关法律知识的专家或政府工作人员进行。在这方面，药家鑫案件可以突出地说明，在需要依照法律来进行专业判断时，盲目追随民意是非常不恰当的。

西安市中级人民法院开庭审理药家鑫一案时，庭审现场有 500 名旁听群众，法院给每个旁听人发放一份“旁听人员旁听案件反馈意见表”。问卷上除了庭审的合议庭成员名单，还有两个问题：第一，您认为对药家鑫应处以何种刑罚；第二，您对旁听案件庭审情况的具体做法和建议。法院希望通过问卷来了解民众对“该案判死缓还是死刑立即执行”的意见。而对于调查问卷如何处理，法院表示不会当庭公布调查结果；但会参考民意，同时也要严格按照法律规定判决。在该案件二审结束后，曾有五位教授联名呼吁免除药家鑫死刑。他们认为药家鑫案的审理并不是在一个很公平的舆论环境中进行的，而是被社会舆论所影响。大多数人的义愤只是一种朴素的想法，但是不一定是理性的、符合法治精神的。有些人对真相根本不了解，公众看到的都是一些煽动性的言论，从而引导和利用了公众舆论。法官的裁量权取决于法官对于案件的主观判断，而引入“征询意见”机制之后，实际上是对法官自由裁量权的限制。

司法审判是一项专业工作，法院的审判活动不应该受到任何组织、个人的干涉，法院应行使独立的审判权。在法律没有规定参考“民意”、也没有“陪审团”制度的前提下，运用民意调查就是一种多余的行为。同时，这个案例中的民意调查本身也不具有科学性，法院调查旁听群众的意见，而旁听群众作为调查样本是没有代表性的、不能通过这些调查样本来推论民众总体看法的，是一个可信度不高的调查。在中国，人民陪审员的产生有严格的法律程序，参与审判的人民陪审员是需要经过法定程序进行选任、培训等。在这一案例中，不论法院的判决是否受到舆情的影响，当庭发放调查问卷来询问如何审判的做法都是不可取的，法院应该依据法律公平公正地判案，而不应该受到非法律因素的影响和制约，否则就会丧失公信力和专业性，破坏整个社会的法制基础。

（二）案例2：法国“转基因技术”公民评议会①

随着生态环境问题的日益严重，一些西方国家开始出现质疑盲目发展科技的观点。为了增强科技决策的科学性和透明度，从20世纪90年代开始，许多国家运用“公民评议会”机制，邀请普通民众就一些重大科技决策问题发表意见。1998年，法国在转基因植物问题上举行了首次关于科技决策的公民评议会。本次会议有14名采用类似民意调查程序选出的法国公民参加。

此次评议会由法国“议会科学技术选择评估局”领导组织。该机构认为，由普通民众参加的公民评议会、公众辩论等都将有助于政治决策者充分认识未来决策的重要性和复杂性。与会的公民代表是由职业的民意调查机构，依据性别、年龄、文化程度、职业、宗教信仰、居住环境、地域分布等标准选出的普通公民。与转基因工程研究人员

① 蔡定剑：《公众参与：欧洲的制度和经验》，法律出版社2009年版，第258－262页。

相比较，参加会议的公民代表完全是“门外汉”。为了缩小他们与开展对话的专家、学者在知识结构上的差距，领导小组专门安排了两次科学培训。在正式的公民评议会举行时，引来了大量的媒体报道。普通民众也可以经登记列席旁听。会中，公民代表对相关专业信息的掌握程度、在听证过程中表现出的认真态度令人惊叹。经过讨论，公民小组就会议主题形成书面意见。虽然这份意见报告对议会最终立法只具有参考价值，但这却在法国掀起了前所未有的公民讨论热潮。

从此次评议会中公民代表的表现可以看出，普通公民在客观、全面获取相关信息后也能够与专家开展对话。普通民众是具备理解、分析复杂科技、社会问题的知识和政策觉悟能力的。特别是在切身感受到本次公民评议会不是“做戏、走过场”之后，公民代表表现出了与之相符的严肃态度，令人钦佩。公民评议会不是为了使普通民众快速成为“科技专家”，而是通过提供外行与专家之间围绕科技发展主题开展平等对话场所，而让科技决策的重要性凸显出来。这样的做法既能避免“尾巴主义”的出现，又能充分倾听民意，达到协商中考虑各方意见的目的。

二、如何避免“尾巴主义”

避免不得已出现的“尾巴主义”，第一，要做到协商决策前充分了解舆情信息，特别是沉默者的声音，做到主动应对舆情，避免出现被媒体质疑、网络声讨、反对者游行抗议等令政府措手不及的窘境。要注意舆情调查的限度，合理选择舆情表达方式。不把民意当摆设、不走过场，还需要针对不同情况，选择不同的舆情表达方式。尤其是比较舆情调查与其他方式的优劣，判断舆情调查对确定议题的适用性，把握运用舆情调查的限度。

第二,对舆情影响协商决策的基本界限要有清醒认识。在已经了解总体舆情的情况下,不需要对政策细节再进行大规模调查。学者们普遍认为,公共政策的大方向上要符合舆情,而细节的判断则交给政府。因为多数人没有时间或爱好去过问每一个问题的具体情况。如果在政策规划阶段已经充分了解舆情,政策采纳阶段应以公开征求意见方式为优先选择,让有意见的民众主动向政府提出看法。如果征求意见的结果显示仍存在很大争议,说明之前的舆情调查可能在问卷设计、样本选择上存在问题,导致调查没能反映舆情的总体态势。

第三,由于舆情调查得到的结果是民众在特定时刻对特定问题的意见和偏好,是民意的“即时快照”①,很可能不是民众深思熟虑的产物,而一些太过专业的技术、法律等政策的决策议题,民众很可能对这些问题不感兴趣、不了解,就应遵循科学和法律标准。如果对这些民众完全不懂的问题来征询民意,只是浪费时间和资源,得到的调查结果也是没有价值的。这些问题应以专家的分析和论证为主。但民众可能对这些决策质疑和反对,这时就需要张弛有度的舆情疏导,说服民众站在科学和全局利益的角度看问题,逐步理解和认同决策的必要性。即便有些专业问题需要了解民意,也要采取更为复杂的程序和方式,以确保民众在掌握足够信息的情况下表达看法。

---

① L. W. Milbrath,“Citizen Surveys as Citizen Participation Mechanisms”, *Journal of Applied Behavioral Science*, 1981, p. 17.

第三节　协商"代理人"代表性问题

一、协商中"代理人"的产生原因

与舆情表达主体是否能够代表民众发声的问题相类似，协商过程中"代理人"的代表性问题也是显而易见的：构成庞大且复杂的民众是不可能也没有必要全部参与协商的。通过舆情表达机制传递出来的舆情的一大优势是能够了解人数众多的、范围广泛的民意。如果有适当的组织或个人可以代表协商议题利害相关民众的意见和声音，那么选择与这些组织或个人进行沟通是一种有效率且节约成本的途径。但是一定要确保所选择的组织或个人是具有充分代表性的、确保其能够反映协商议题利害相关人各种观点的，若选择的组织或个人没有反映出全面的舆情，比如反对者意见，将会导致协商结果失去意义。

如果协商议题相关的公众处于无组织的状态时，公众是无法建立起与其他每个成员顺畅沟通交流渠道的。要进行足够的宣传，以保证公民参与协商渠道的畅通性。① 如果利害相关者的组织程度较低、或者分散广泛，也就是没有合法有效的代表时，应该选择更直接的参与方式，比如民意调查、投票等。② 决策者一定要认识到即便协

① ［美］约翰·克莱顿·托马斯：《公共决策中的公民参与：公共管理者的新技能与新策略》，孙柏瑛等译，中国人民大学出版社2004年版，第51页。

② Lawrence C. Walters, James Aydelotte, & Jessica Miller. Putting More Public in Policy Analysis. *Public Administration Review*, 2000, 60(4): 355.

商议题的利害相关人是有组织的，大多数团体也不一定能够代表他们中的主要意见①，还需要决策者通过各种途径了解其他的舆情。

一些精英理论家认为，公民更有意愿追求个人利益而不是公共利益，他们中的大部分并不关心公共事务，对参与公共政策也没有兴趣②；对于大多数人来说，政治对于谋生、养家以及生活幸福来说只是次要的东西。有调查显示，仅有15%的美国人能够记起本选区国会议员的名字，大多数选民不知道谁在国会中代表他们的利益。民众对政府和候选人的情况知之甚少，对于重要公共政策问题的了解就更少了。比如，在对批准《平等权利法案修正案》进行辩论59年后，有三分之一的美国成年人说他们从来没有听说过这个修正案。③ 中国民众对政治、政策的感兴趣及了解程度类似于美国民众。比如中国政法大学2003至2005年度的"中国公民人文素质调查"显示，对于"是否知道科学发展观的含义"的问题，有30.5%的男性受访者和23.6%的女性受访者的回答是"明确知道"，有58.3%的男性受访者和64.7%的女性受访者的回答是"知道一些，不太明确"，有11.2%的男性受访者和11.7%的女性受访者的回答是"不知道"。④ 这一调查所显示的普通民众对于政治事务和公共政策的了解程度是：民众中存在许多基本上不介入政治或在政治上不活跃，而只有一部分人对政策问题感兴趣。

对于政治和政策问题感兴趣的民众不多，同时，他们感兴趣的话

---

① Lawrence C. Walters, James Aydelotte, & Jessica Miller. "Putting More Public in Policy Analysis," *Public Administration Review*, 2000, 60(4): 355.

② 于家琦、陆明远：《美国的公民参与公共管理研究及启示》，《理论与改革》2010年第6期，第99-102页。

③ [美]詹姆斯·麦格雷戈·伯恩斯等著：《民治政府：美国政府与政治（第二十版）》，吴爱明等译，中国人民大学出版社2007年版，第219页。

④ 涂锋：《2001年以来中国公民的公共政策参与》，见房宁《中国政治参与报告（2011）》，社会科学文献出版社2011年版，第130页。

题也不是非常广泛。许多重要的政策领域普通老百姓几乎是看不到的,但普通人不会注意这些政策问题。① 有些政策问题会引起民众的广泛兴趣,有些则只有政策专家和利益直接相关者关注,而大部分政策问题很少引起公众关注。② 有学者认为对于日常、例行、具体的政策决定来说,民意很可能不是一个重要的标准。当公民不能理解协商议题中包含的知识和常识时,他们会对专业领域或科学界认定的质量标准提出质疑。如果在公民参与后产生的最终协商结果中,这些标准被忽略了,那么,这项结果的质量就是值得怀疑的。③ 因此,当协商议题要遵循专业标准、法定权限、预算等限制条件时,或含有超出普通民众所能解决的较高技术含量的问题时,选择能够在一定程度上考虑普通民众利益的专家代表才是理性的选择。

二、"代理人"是否具备代表性的影响及对策

只听取没有代表性的民众意见是非常危险的,政府在没有充分了解舆情的情况下,往往导致决策失败,得到令人失望的结果。1979年,华盛顿贝灵厄姆城市希望愿意花费 1600 万美元用于改进基础设施服务水平:在市中心建立大型购物商场并建立两个新的停车场,吸引企业投资。筹资过程中,管理者决定通过发行政府债券的方式来筹足欠缺的 700 万美元。④ 发行债券是有风险的,因为如果建设项目

---

① [美]约翰·W. 金登:《议程、备选方案与公共政策》,丁煌、方兴译,中国人民大学出版社 2004 年版,第 81 页。

② [美]詹姆斯·E. 安德森:《公共政策制定(第五版)》,谢明等译,中国人民大学出版社 2009 年版,第 104 – 105 页。

③ [美]约翰·克莱顿·托马斯:《公共决策中的公民参与:公共管理者的新技能与新策略》,孙柏瑛等译,中国人民大学出版社 2004 年版,第 25 页。

④ S. F. Fox. "Who Opposes Public/Private Partnerships for Urban Renewal? A Case Study," *Journal of Urban Affairs*, 1985, (7): 27 – 40.

失败,那么发行的政府债券只能用公共基金来填补。据此,建设项目的反对者提出了异议,并获得广大民众的支持。当时,市政府官员对反对者的意见缺乏了解,这其中一部分的原因即反对者是没有组织的,并且分化成许多个不同观点的群体:一些公民对于在市中心建立大型购物商场持完全反对的态度,另一些民众只是反对把公共基金用到于私人投资的项目中去。

当时,决策者召开了一个公民咨询委员会会议,但是这个会议没有代表性,出席会议的成员绝大部分都来自代表中间观点的民众,对规划的形成完全没有影响力。会议不能为那些反对这个项目或者持不同观点的公民提供发表自己意见的平台。市政府决定以公民投票的方式来表决是否应该发行债券。最终公民投票结果为52%反对和48%赞成,否决了项目建设和发行债券的决定。

贝灵厄姆是一个面临着经济衰退、迫切需要经济发展机会的城市,因为没有很好地选择了解民意的方式,不得不放弃了城市发展规划,错失了经济发展的良机。决策流产的主要原因是公共权力机构没有了解清楚这些没有组织、观点各异的民众的总体舆情、尤其是反对者的反对原因。只是通过召开没有充分代表性的公民咨询会议对问题的解决是不起任何作用的,只会让政策在缺乏民意基础上失败。

上一节中提到的法国"转基因技术"公民评议会案例①中,公民评议会需要选择公民代表14人。在如何选择公民代表的问题上,法国政府的做法值得我们借鉴。在英国和丹麦,公民代表通常是自愿参加的人。组织者发表公告、征集自愿参加者,然后由组织者确定最终

① 蔡定剑:《公众参与:欧洲的制度和经验》,法律出版社2009年版,第258－262页。

人选。这种公民代表产生方式的问题在于,所选人员并不一定真实反映真正的社会构成。因为凡是报名参选的人员至少是对这一问题感兴趣的人,而现实社会中,不是所有的公民都关心所讨论的主题。除此之外,这种征集自愿参加者的做法,也不能保障在所选人员中不会受到某些利益集团的唆使。

法国在公民代表的选择上就颇具特色,政府将选择公民代表的工作交由一个职业的民意调查机构,按照常规民调的方法选择14名公民代表。在进行人员选择时,民调机构考虑了多种多样的标准:包括性别比例、年龄层次、文化程度、职业类别、宗教信仰、居住环境、地域分布等。凡是被选定的人员保证将参与全部公民评议会活动。所需食宿、交通等费用由组织者承担,但活动参与者没有任何报酬。

这种做法有效地预防了“尾巴主义”的产生,一定程度上这是因为会议的组织者合理地选择了参与评议会的“代理人”:在兼顾公民代表广泛性的同时,通过两次的专业培训,也提高公民代表的代表性。在只有专家参与决策的情况下,自身的专业性会强化他们对纯科技的看法而忽略某些经济、社会问题,如环境保护、大众健康、食品安全;在公民代表参与讨论、提问的情况下,可以让专家扩展视野,全面审视问题的严重性。在代表性较高的“代理人”之间进行协商会议,可以将某项议题的确定性因素和不确定性因素、不同利益冲突、不同观点间的共同之处和差异所在合理呈现出来,为决策者提供一个概貌性认识,避免不周全的考虑和利益团体的操控而造成无法挽回的损失。

第四节　培育协商参与者的协商精神

一、协商精神的重要价值

协商民主要求民众尊重彼此的利益和要求，形成互相都能接受的解决方案。

在公共协商基础之上的民主，公民或其代表能够一起讨论他们应该追求何种法律或政策以作为全民的福祉。用康德的话说，这将会导致“公开利用理性”①。

目前，许多国家的政策正式出台前，都会公开征求多方意见。在英国，当有关城乡规划的政策方案形成后，政府部门会把方案通过网站、展厅、图书馆等各种平台、渠道进行公开发布，听取来自各方的声音，以此来改进或完善决策，使之尽可能地趋向科学合理。当政府部门在政策制定过程中有反对意见经过沟通无法协调一致时，或有利益相关者提出质疑、申诉时，行政人员就要全面了解情况。有些法律，如规划法规定必须举行听证会，听取相关人士的意见。在美国，正式的政策制定需要提前召开听证会，多方交换意见、多次沟通之后，相互妥协，在这种采用共同商议方式来制定政策的程序中，所产生的书面记录对决策是非常重要的。② 美国在涉及环境、生态以及贸

① ［美］詹姆斯·博曼、威廉·雷吉：《协商民主：论理性与政治》，陈家刚等译，中央编译出版社2006年版，导言第3页。

② ［美］盖依·彼得斯：《美国的公共政策——承诺与执行（第六版）》，顾丽梅、姚建华等译，复旦大学出版社2008年版，第106页。

易活动等领域的法令所授予或规定的规则制定过程中，都要求举行立法听证会。①

中国政府为推进民主决策的科学化，进一步扩大公民有序参与，也就不涉及国家秘密和国家安全的公共政策的制定公开征求意见，并将工作逐步常态化。通常，政策草案公布后会引起社会广泛讨论，特别是涉及民生等领域的政策，反对和赞成的意见此起彼伏，政策草案成为了有争议的一项公共话题。这时，就需要给争议各方提供协商讨论的机会和平台，使各种声音有表达的机会。这种情况下，舆情表达机制的任务就已经完成。舆情表达只是了解民意的第一步，要想让政策得以通过，还需要让持有不同观点的政策相关者坐下来、面对面地协商讨论，相互之间进行说服、让步、妥协、讨价还价。经过各方之间的理性讨论之后，从而达成争议各方都能接受的政策决策共识。现代政治运行已经超越了“一言堂”“拍脑袋”和经验主义的时代。作出符合时代要求、符合人民群众利益的决策，既需要全面系统地考虑多样性的利益与偏好，又需要严谨认真的科学论证。

（一）案例1：利物浦节日花园规划申请的听证会②

1984年，英国利物浦世界园艺博览会之后，由于管理不善，利物浦节日花园用地的南部非常衰败。为了重新利用南部，2006年，用地单位向利物浦规划管理部门提出了改建公园的规划申请。利物浦规划管理部门受理了节日花园改建项目的规划申请，并确定此规划申请应该进行听证，召开了听证会的准备会议。准备会议只决定开会及会议程序，不讨论规划申请的好坏问题。会议计划还规定，这次规

① ［美］科尼利厄斯·M.克温：《规则制定——政府部门如何制定法规和政策（第三版）》，刘璟、张辉、丁洁译，复旦大学出版社2007年版，第72页。

② 蔡定剑：《公众参与：欧洲的制度和经验》，法律出版社2009年版，第149－155页。

划申请听证会历时3周，如果3周内此听证会未能完成，则根据需要延长时间。

由于用地单位的申请触及社区居民的利益，对于利物浦节日花园改造的申请引起了部分居民的反对，他们成立了反对利物浦节日花园改造的组织——拯救节日花园运动。在听证会期间，为争取更多居民的关注和支持，拯救节日花园运动组织成员在举办听证会的酒店门口举行了抗议活动。听证会由规划申请方、反对方、城市规划委员会分别陈述自己的理由。听证人员会还安排了半天时间，组织督察员、支持申请和反对申请的居民、规划申请方、城市委员会人员到现场查看情况。经过此次规划申请听证会，这个计划投资2.5亿英镑，将建成56英亩景观公共空间和混合用途设施的改造项目，自提出规划申请以来，最终历时4年才获得了社区和政府秘书处的批准。

政府将其认定为一个具有争议的问题，需要支持改造方和反对改造方进行协调和讨论来共同决定是否应该批准这一项目，这时，采取组织良好的听证会为不同意见提供交流的平台就成为利益相关各方参与城市规划决策的纽带。规划各利益方在规划督察员组织提供的一个公平的意见表达平台——听证会上，进行沟通、交流，最终达成一致意见。

（二）案例2：浙江温岭的“民主恳谈”改革①

“民主恳谈”是在基层的政治决策过程中，基层群众、组织和社区等利益相关方能够借助规范的制度平台，并通过意见表达、对话沟通、协商讨论的形式，在达成共识的基础上作出符合公共利益的决策

① 陈家刚：《协商民主与国家治理：中国深化改革的新路向新解读》，中央编译出版社2014年版，第160－164页。

的民主形式。“民主恳谈”兴起于20世纪90年代末的“农业农村现代化建设论坛”,以及由此展开的形式多样的民主沟通、民主对话活动。2001年,温岭市委将这一民主形式统一定名为“民主恳谈”,开始走上制度化、规范化、程序化的轨道。

党的十八大报告明确提出要健全社会主义协商民主制度,积极开展基层民主协商。温岭市近年来的改革创新,创造性地开展“民主恳谈”、推动“参与式预算”改革,开启了基层协商民主的新路径,为协商民主的发展提供了鲜活的经验资源。全面系统总结浙江省温岭市在推进基层协商民主方面的经验,并加以概括提炼;深入推进制度化、规范化、程序化建设,将温岭经验上升为国家制度,在更广泛的范围内因地制宜地加以推广。只有这样,才能更多地鼓励地方党政部门根据实际创造性地开展工作,地方的、基层的改革创新实践才能够有效地服务于党和国家发展大局,有力地促进社会主义政治文明建设。

二、培育协商参与者的妥协意识和公益精神

首先,协商民主需要社会成员具有包容、妥协、追求公益的民主气质。民主气质需要循序渐进的公民教育和持续的民主实践来造就。公民教育课和公益宣传要让民众理解:面对无法避免的利益冲突,不可能制定出完全符合一方利益的决策。参与各方应把自己要求中的各个部分区别开来,在某些部分让步以换取另一些部分的满足,制定出冲突各方虽不完全满意,但至少都能容忍的基本满意的协议。民众要以相互忍让的方式来解决公私利益问题,承担相应的责任和义务。因为民主社会的每个人既是公民,又是治者;既受到法律

的管辖，又是制定和执行法律的参与者。①

其次，妥协包容的民主精神还需要通过长期实践来获得，直接参加以民主方式组织起来的活动，如社区自治、民间社团活动等，使民众看到自己参与的效果，看到妥协、包容在管理中的重大作用，只有实际参与经验的日积月累，才能形成协商民主所需要的稳固民主品格。

最后，还需进一步提升协商参与者自身的能力，包括解放思想、转变观念的能力，不断学习、丰富知识的能力，联系群众、聚合利益的能力，科学论证、解决问题的能力，善抓落实、推进协商的能力等。协商参与者要适应经济社会发展的实际，积极探索发挥作用的新形式、新载体。

第五节　新媒体舆情表达风险

一、新媒体时代的舆情表达

在信息化时代，随着网民数量激增，新媒体所传递出来的舆情逐渐成为社会和谐的晴雨表，各式各样的媒体平台越来越成为公民表达个人意愿的有效渠道。网络舆情以其快捷性、平民性以及丰富性的特点使民意能够得到快速、真实、直接的反映，且在社会舆情的形成过程中发挥出了重要作用。协商民主需要理性的舆论环境，而承载着民间舆论场表达功能的互联网、手机等新媒体对有序舆情表达

① ［美］卡尔·科恩：《论民主》，聂崇信、朱秀贤译，商务印书馆1988年版，第191页。

提出了挑战，群体盲思、群体极化等现象在新媒体环境下愈发突出。群体盲思是指“心理活动的效率、对现实的检验以及道德判断的一种退化，这种退化是来自于群体内压力”①，表现为过分乐观以及过度冒险，对群体固有的道德观毫不质疑的信任，远离任何可能破坏群体自满感的信息。群体极化是指群体由具有相同倾向的人构成，而群体讨论容易增强群体成员的已有倾向，②讨论圈内部的交流同化了相近的看法、排挤了相异的观点，最终形成一个个极端化的团体。而网络传播的便捷和无限扩散性，让过去现实生活中难以聚合的个体更容易集群，网络中的群体极化现象大约是现实生活中面对面时的两倍多。③ 这种“一边倒”的网络舆情表达与协商民主理念背道而驰，往往会助推舆情危机和群体事件的频繁发生。在涉及公共政策、公共项目的效率和技术等问题时，在技术方面、成本和收益核算方面的政策选择，要以更具专业性的专家的意见来权衡。

案例：京沪高铁是否引进日本新干线技术

在互联网的影响下，网民群体的舆情表达越来越具有可操作性，正是在这种易于表达的大环境下，网络舆情的数量逐渐壮大，对现实中的社会热点事件的影响力日益增强。2003 年中国京沪高铁是否引进日本新干线技术的一场争论值得我们反思。

2003 年 7 月至 10 月，围绕京沪高铁技术引进问题，日本新干线、法国高铁、德国城际特快列车三家巨头进行订单争夺，而有媒体 7 月

---

① Irving L. Janis, *Groupthink: Psychological Studies of Policy Decisions and Fiascoes* (2nd ed.), Boston: Houghton Mifflin, 1982, p. 9.

② ［美］斯科特·普劳斯：《决策与判断》，施俊琦、王星译，人民邮电出版社 2009 年版，第 184 页。

③ ［美］华莱士：《互联网心理学》，谢影、苟建新译，中国轻工业出版社 2001 年版，第 88 页。

份报道，据铁道部科学研究所知情人士透露，“选择日本新干线的可能性将超过 90%，尽管需要高层拍板，但实质性论证工作早已经结束，剩下的只是程序方面的审核”①。这一消息在网络上引起网民的极大关注，一些“反日”网站和论坛纷纷表示强烈反对京沪高铁引进日本新干线技术。当时最轰动的是爱国者同盟网发起的“万人签名反对京沪高铁使用日本新干线”活动，活动开展 10 天后总共获得 82752 人签名。签名活动受到了国内外许多媒体的关注，香港凤凰网、新加坡《联合早报》、日本朝日新闻、《国际先驱导报》等都报道了此事。②

虽然主流的新闻网站在尽力引导民众理性看待引进日本技术问题，比如，新华网发展论坛曾提出，与法国和德国相比，“日本新干线在政府贷款和转让技术这两方面的工作显得更为突出”③。同时也有一些网友认为“反对只懂得宣泄民族主义的外行领导内行，政府的决定应是理性的”。也有学者发出声明：不要把技术问题政治化，“高速铁路就是高速铁路，历史问题就是历史问题，不要把所有东西都泛政治化，混为一谈”④。我们不能因为反对美国的单边主义，就放弃和美国的交往合作；同样，我们也不能因为与日本在历史问题上有些对立，就把任何事混为一谈。我们要从对我有利、国家利益最大化来看待问题。但是，这些都抵挡不了反对引进日本技术的呼声不断高涨。

---

① 京沪高速铁路问题进入决断时刻，日法德激争．搜狐网 http://business.sohu.com/22/84/article210998422.shtml，2003－07－12．

② 万人签名反对京沪高铁使用日本新干线技术．世界商业报道网 http://biz.icxo.com/htmlnews/2003/10/24/23839.htm，2003－10－24．

③ 京沪高铁采用日本新干线?．新华网 http://news.xinhuanet.com/forum/2003－07/15/content_971493.htm，2003－07－15．

④ 新干线迷局：加码的新干线与国民情绪．搜狐网 http://news.sohu.com/69/36/news212123669.shtml，2003－08－14．

新浪网当时做过一个关于“在京沪高铁项目中带入民族主义情绪是不是妥当”的网络调查，其中，有79%的网友选择“认为在该项目中带入民族主义是妥当的，因为这不是一般的经济项目”①。尽管国内对日本新干线一片激烈的反对之声，但很少有人能从技术上找出理由否定它。反对采用日本新干线技术的主要原因是，与日本合作会直接威胁到中国的国家安全，并给经济不景气的日本带来好处；接受日本的技术，只会加强日本对中国不正常的、畸形的优越感，因此要加以抵制。

在2003—2004年，中国政府受到网络“反日”民意的影响，极力回避地、低调地处理了京沪高铁技术引进问题，经常三缄其口，说项目正在可行性论证中，没有决定采用哪国技术。针对网民们的意见和反映出的情绪，铁道部曾表示，技术方面由专家来办，政治问题则由中央来考虑，铁道部也会从中综合协调。在反对引进日本技术的呼声逐渐平息之后，2004年3月，中国外长李肇星曾表示中国京沪高速铁路确实是一项国内重大的建设项目，中国的专家正在进行认真研究；到时候中国会采取公开招标的办法，欢迎日本企业家来参与平等竞争。② 对这一消息，之前发起万人签名活动的爱国者同盟网又发起了“中国铁路中国造”网友签名活动，短短十几个小时，海内外签名者已超过6万人。

2003年12月，在《世界知识》杂志上刊登了《“反日就等于爱国？——关于中日关系的老两口对话”》的文章，作者以老太太是退

① 八成中国网民排斥“京沪新干线”．联合早报网 http://www.zaobao.com/special/newspapers/2003/08/others180803.html，2003－08－18.

② 中国外交部长李肇星3月6日答中外记者问．中国经济网 http://www.ce.cn/ztpd/xwzt/lianghui/yaowen/t20040306_375899.btk，2004－03－06.

休工程师、老头儿是国际问题研究者的两种角色对话，向读者表达了不要把技术问题“上纲上线”、抵制日货对中国并无好处的观点。[①] 读起来非常生动，让人能够明辨是非。如果这篇稿子能够在当时被广泛流传用来引导舆论，将是非常有说服力的。对于民意的非理性一面应该如何加以科学引导，则又是一个重要的研究课题。

二、合理规避新媒体舆情表达带来的风险

规避新媒体舆情表达带来的风险，既需要政府监管的外部控制，如规范网络运营商和网民行为；更要启动新媒体的自身免疫功能来自然淘汰不当和过激的舆情表达。真正具有互联网开放精神的网络社群，会自发形成和维护内部的交流规范，通过网络投诉、版主警告等方式保障不同观点的平等交流，允许理性的质疑和相互批评。网络世界的竞争压力也会迫使网络社群内部加强自律、提升自身公信力。目前，对网络自愈功能的开发还不够。而自愈功能发挥作用的关键是保证网络的开放性，为不同网络社群创造对话、讨论的公共平台，允许展现对特定群体观点的批评和辩护，从而减少网络群体盲思、预防群体极化，为协商民主创造出互相尊重、有序表达的舆论环境。

综上所述，从政治体系和政府过程的宏观视野看，舆情表达所反映的舆情信息、营造的舆论氛围贯穿于政治过程，协商民主是解决民众诉求的决策方式之一，舆情表达与协商民主的关系可以被抽象为信息、环境与决策的关系。良好舆情表达机制所输出的真实完整民

---

① 冯绍奎：《反日就等于爱国？——关于中日关系的老两口对话》，《世界知识》2003 年第 23 期。

意信息和理性有序舆论环境，为协商民主茁壮成长提供了充沛养料，是中国民主政治必不可少的组成部分。克服现有舆情表达中的若干障碍、搭建良好的舆情表达机制，将有助于规范公共权力的职责边界、夯实民主建设的社会基础，使中国的改革发展更全面、稳定和可持续。

第六章　构建服务于协商民主的舆情表达机制的政策建议

构建良好的舆情表达机制需要克服若干障碍,同时要形成服务于协商民主的舆情表达机制也需要一系列建设性的政策措施,需要从决策者更新观念、规范现有机制、创新新机制到培育民众、塑造理性空间等方面进行系统设计。

第一节　从理念上明确舆情与协商民主的关系

观念革新、理念先行是推动社会进步的第一步。直接影响协商效果的决策者从理念上明确舆情与协商民主的关系,树立正确的舆情观、群众观,这是构建服务于协商民主的舆情表达机制的基础。

一、正确的舆情观

第一,马克思主义唯物史观。

马克思主义唯物史观中的基本思想是人民是历史的创造者,民心是最大的政治。物质生活资料的生产活动是人类最基本的实践活动，民众是人类社会赖以存在和发展的物质资料的主要生产者，支撑着人类实践活动的物质基础。人类历史的必然性形成于人类社会实践活动中，人类历史是直接从事生产实践的人民群众的历史。马克思提出“创造这一切、拥有这一切并为这一切而斗争的，不是‘历史’，而正是人，现实的、活生生的人。‘历史’并不是把人当作达到自己目的的工具来利用的某种特殊的人格。历史不过是追求着自己目的的人的活动而已”。人民群众与其他参与历史创造的人们相比，是推动社会进步的大多数人，是决定历史发展趋势的最终决定力量。

中华人民共和国的建立证明了人民是历史的真正创造者，是社会主义的真正建设者。习近平总书记强调：在任何时候任何情况下，与人民同呼吸共命运的立场不能变，全心全意为人民服务的宗旨不能忘，群众是真正英雄的历史唯物主义观点不能丢，始终坚持立党为公、执政为民。党的十九大报告提出：“坚持以人民为中心。人民是历史的创造者，是决定党和国家前途命运的根本力量。必须坚持人民主体地位，坚持立党为公、执政为民，践行全心全意为人民服务的根本宗旨，把党的群众路线贯彻到治国理政全部活动之中，把人民对美好生活的向往作为奋斗目标，依靠人民创造历史伟业。”中国共产党唯物历史观的建构，始终是以人民为中心的。

心态史学有一条重要定律，即“得民心者得天下，失民心者失天下”，说的是广大民众心理诉求对推动历史变迁的重大意义。民心是一种主观心理层面的东西，但它一经形成并有了明确指向后，就推动人们行动起来，转化为改变整个社会、震撼整个时代的物质力量。习近平总书记提出“得众则得国，失众则失国”，民心是最大的政治，必须切实把党同人民群众的关系放在关系党和国家前途命运的高度来认识。

尊重人民的主体地位,就要深刻认识党与人民群众九个方面的关系:仆与主、种子与土地、工具与工具使用人的、鱼与水、学生与老师、儿女与父母、末与根、血与肉、舟与水的关系。要坚持以人民权利为本,摆正人民权利和国家权力的关系。人民权利是实现国家权力的目的,实现党的执政权和设置政府权力的目的是为了保障权利、服务权利、发展权利。党只有牢牢记住人民是自己的靠山,才能把保持人民群众的主人翁地位放在心上,才能“利民之事,丝发必兴;厉民之事,毫末必去”。

第二,舆情多元多样的基本态势。

改革开放以来,人们思想活动的独立性、选择性、多变性、差异性明显增强。社会思想观念和价值取向日趋活跃,主流的和非主流的同时并存,先进的和落后的相互交织,社会思潮纷纭激荡。随着我国经济体制、政治体制和文化体制等各方面改革的深入推进,市场经济促使以物质追求为主的个人意识不断觉醒,社会主体受到多元思想的冲击。人类社会发展经验显示,社会主体的自觉是工业化、现代化的必然趋势。处在从传统社会向现代社会转型中的中国,社会主体的觉醒具有强烈的功利性和实用性,并且随着中国向后工业化发展进程而不断变得更为显著,带有各种社会情绪的社会群体出现,是与现代化进程相伴随的产物。

当前世界范围内,思想文化交流、交融、交锋更加频繁,西方国家加紧对我国进行思想文化渗透,在对待中国特色社会主义理论和实践上、在对待我们党的历史和党的领导地位上,一些错误观点时有出现,一些人推崇西方的“普世价值”和“宪政民主”。还有人以“反思改革”为名,否定改革开放,主张回过头去走封闭僵化的老路,党和人民团结奋斗的共同思想基础面临种种挑战。网络新媒体的快速发展,进一步放大了意识形态领域多元多样多变的特点。党外人士占多数的网络意见领袖左右互联网议题的能量很大。

从巩固主流思想和意识形态的角度出发,当前舆情和思想领域大致有红色、黑色、灰色“三个地带”。红色地带是我们的主阵地,一定要守住;黑色地带主要是负面的东西,要敢于亮剑,大大压缩其地盘;灰色地带要大张旗鼓争取,使其转化为红色地带。要巩固马克思主义在意识形态领域的指导地位,培育和践行社会主义核心价值观,巩固全党全国各族人民团结奋斗的共同思想基础。

第三,舆情观要与时俱进。

党的十九大报告提出,中国特色社会主义进入新时代,我国社会主要矛盾已经转化为人民日益增长的美好生活需要和不平衡不充分的发展之间的矛盾。经过改革开放40年快速发展,我国社会生产力水平总体上显著提高,社会生产能力在很多方面进入世界前列,我国长期存在的短缺经济和供给不足状况已经发生根本性变化。随着人民生活水平显著提高,对美好生活的向往更加强烈。人民群众的需要呈现多样化多层次多方面的特点,在需要的领域和重心上已经超出原先物质文化的层次和范畴。发展不平衡不充分的问题已经成为满足人民日益增长的美好生活需要的主要制约因素。各区域各方面发展不够平衡,制约了全国发展水平提升;一些地方、一些领域、一些方面还有发展不足的问题,发展的任务仍然很重。我国仍有大量传统、落后、原始的生产力,生产力水平和布局不均衡。城乡区域水平差距仍然较大,特别是老少边穷地区的经济社会发展较落后。收入差距仍较大,农村还有几千万人尚未脱贫,城市也有不少困难群众。这些发展不平衡不充分问题带来很多社会矛盾和问题,是现阶段各种社会矛盾的主要根源和主要方面。

2017 年人民网舆情监测室以《互联网舆情分析报告》为基础，选取近十年每年舆情指数排名前 20 的舆情热点事件为研究样本，通过对相关的 11 类、200 起网络舆情热点事件的数据统计分析发现，其中占比较高的社会公平、官民矛盾、社会与法类舆情事件数量呈明显下降趋势，而公共管理、民生领域类舆情事件数量则呈现大幅度上升趋势；其他占比较小的舆情事件（文体领域、网络新技术、社会道德观念、突发事件、国际领域及其他）整体数量变化平稳。[①] 随着社会经济持续深入发展，人们关注社会矛盾的重心从生存型矛盾向发展型矛盾转移。近十年来民生领域类舆情事件数量整体呈现不断上升的趋势，这表明随着社会发展水平的提高，人们的基本物质生活得到保障，对美好生活提出了更高的要求，而且在教育、医疗、安全、生态环境等方面的要求日益增长。这就使得民生领域成为舆情事件发生较多的领域。人们的关注重点从对政府、官员以及社会公平的聚焦转向社会发展和改良。

社会主要矛盾的变化带动舆情基本态势变化，对待舆情的态度也要与时俱进。要把协调、绿色和共享的发展理念融入与时俱进的舆情观中。协调发展就是要解决经济和社会发展不平衡问题。绿色发展就是要解决经济增长与环境保护之间的不平衡问题，把美丽中国作为社会主义现代化建设的重要目标之一。共享发展是要解决收入分配差距拉大和贫困问题，使基本公共产品的分配更加公平。通过协调绿色共享三者的协同发展，着力解决我国经济社会发展的不平衡、不协调问题。这些问题中的绝大多数都是与舆情相关的民生

① 韩运荣、何睿敏：《从网络舆情态势看人民对美好生活的向往》，中国社会科学网 http://news.cssn.cn/zx/bwyc/201711/t20171121_3749875.shtml，2017－11－21.

问题，贯彻落实好新发展理念，特别是共享理念，运用好新发展理念来解决舆情反映的经济社会民生问题，才能适应社会主要矛盾转化条件下的舆情应对和处置。

二、如何树立正确的舆情观

第一，进行正确舆情观的教育和培训。

形成正确舆情观的重点是持之以恒地进行群众路线培训教育。群众路线是党的根本工作路线，以毛泽东为代表的中国共产党人，在中国革命和建设的实践中形成了“一切为了群众，一切依靠群众和从群众中来，到群众中去”的群众路线。群众路线是世界观、价值观与认识论、方法论的统一，是内在道德要求和外在实践能力的统一。群众路线与实事求是、批评与自我批评密切地联系在一起，构成了一个有机的整体。党的理论、政策的正确性是以实践为基础，改造社会的实践要与人民群众的实践结合起来，人民群众实践的检验过程又是一个不断接受批评和修正错误的过程。知行统一的舆情观，要从人民的利益出发，通过接受人民的批评和自我反省，得到思想认识的不断提升。同时，群众路线作为党的最重要的工作方法，并不是对信息不加甄别地照单全收，而是要去粗取精、去伪存真，在对信息进行鉴别整理后再制定政策。

要把党的群众路线教育作为干部教育培训的重要任务，纳入各级党校、行政学院、干部学院教学计划，在主体班次中开设党的群众路线专题教学单元。部门、行业干部教育培训机构，干部选学、网络培训等，也要增加群众路线教育内容。要学习《论群众路线——重要论述摘编》《党的群众路线教育实践活动学习文件选编》《厉行节约、反对浪费——重要论述摘编》等教材，引导领导干部牢固树立和践行马克思主义群众观和党的群众路线。督促干部带着问题参训并有针对性地做好教学安排,充分利用革命传统教育和警示教育基地开展现场教学,请优秀领导干部、先进模范人物等进校门、进课堂,综合运用讲授式、案例式、情景式和现身说法等教学方法,真正让学员思想上受到震撼、灵魂上得到洗礼。要开展体验式教学活动,组织学员深入到基层和群众之中,体察群众生活,了解民生民情,增进群众感情。

第二,正确的舆情观来自实践养成。

当前,有些领导干部还存在脱离实际、脱离群众,高高在上、漠视现实,唯我独尊、自我膨胀的情况。有的对实际情况不了解不关注,不愿深入困难艰苦地区,不愿帮助基层和群众解决实际问题,不愿同基层和普通群众打交道,怕给自己添麻烦,工作上敷衍塞责、推诿扯皮、得过且过。有的不顾地方实际和群众意愿,喜欢拍脑袋决策、拍胸脯表态,盲目铺摊子、上项目,最后拍屁股走人,留下一堆后遗症。有的地方基层基础薄弱的情况还没有改变,联系服务群众机制不畅、能力不强,贯彻群众路线到不了末端。

要形成正确的舆情观,就要克服上述问题,真正深入基层调查研究,亲近群众,联系群众,服务群众。因为脱离群众是危险的,联系群众才有智慧,认为自己一切都行了,不再需要深入实际依靠群众了,对群众的意见不当一回事,特别是不同意见和反面意见难以听进去,是很危险的。社会主义协商民主是实实在在的,而不是做样子的。涉及全国各族人民利益的事情,要在全体人民和全社会中广泛商量;涉及一个地方人民群众利益的事情,要在这个地方的人民群众中广泛商量;涉及一部分群众利益、特定群众利益的事情,要在这部分群众中广泛商量;涉及基层群众利益的事情,要在基层群众中广泛商量。

人民群众是社会主义协商民主的重点。涉及人民群众利益的大量决策和工作,主要发生在基层。要按照协商于民、协商为民的要求,大力发展基层协商民主,重点在基层群众中开展协商。凡是涉及群众切身利益的决策都要充分听取群众意见,通过各种方式、在各个层级、各个方面同群众进行协商。

要走好网络群众路线。古人说:“知屋漏者在宇下,知政失者在草野。”很多网民自称为“草根”,网络就是现在的一个“草野”。网民来自老百姓,老百姓上了网,民意也就上了网。群众在哪儿,我们的领导干部就要到哪儿去。领导干部要通过网络走群众路线,经常上网看看,潜潜水、聊聊天、发发声,了解群众所思所愿,收集好想法好建议。要积极回应网民关切、解疑释惑。要善于运用网络了解民意、开展工作。网民大多数是普通群众,来自四面八方,各自经历不同,观点和想法肯定是五花八门的,不能要求他们对所有问题都看得那么准、说得那么对。要多一些包容和耐心,对建设性意见要及时吸纳,对困难要及时帮助,对不了解情况的要及时宣介,对模糊认识要及时廓清,对怨气怨言要及时化解,对错误看法要及时引导和纠正,让互联网成为我们同群众交流沟通的新平台,成为了解群众、贴近群众、为群众排忧解难的新途径。

只有树立正确的舆情观,充分地在人民内部各方面进行广泛商量,才能发扬民主、集思广益的过程,才能统一思想、凝聚共识的过程,从而形成科学决策、民主决策,实现人民当家作主。

第二节　从制度程序上规范和舆情表达机制上创新

有效的表达机制,能够保证社会各个群体权利和利益均衡,促进社会和谐发展。目前,中国的舆情表达机制还存在一些问题,需要规范现有的舆情表达机制并创新其他表达形式,从而构建出服务于协商民主相应机制。

一、舆情表达机制存在的问题

从体制架构而言,中国已经建立了保障舆情表达的基本制度体系。按照舆情表达渠道沟通中介的不同,可把中国现有比较常见的舆情表达渠道分为五大类、12 种舆情表达渠道。第一类,公民与政府直接沟通的渠道:1. 上访;2. 官员调研;3. 基层对话会。第二类,通过代表表达的渠道,4. 人大;5. 政协;6. 听证会。第三类,通过媒介表达的渠道:7. 传统媒体;8. 网络论坛、自媒体。第四类,经过分析民意的表达渠道:9. 民意调查;10. 智库调研。第五类,通过党政机构传递的渠道:11. 行政部门逐级上传;12. 党组织舆情机制。①

不同的舆情表达机制具有不同的特点、优势和问题。人大代表是体制内最具确定性的民意代表,民众希望自己选出的民意代表能够反映问题、表达诉求,并监督问题的解决。然而,地方人大在对其

① 于家琦:《论民意表达渠道的"四维"评价标准和有效性分析框架》,《理论界》2010 年第 6 期。

职权的行使中，一定程度上还是象征意义的，真正反映民意的功能在实践中还存在很多问题。许多代表与选举单位沟通联系少，对要作出决议、决定的重大事项，缺乏研究和调查，主动审议决定重大事项观念淡薄，人大代表业务水平不高，参政议政能力不足。人民政协在舆情表达中的意义在于，它的界别设置为社会各界的利益表达提供了制度保障。但现有的界别设置未能覆盖社会各阶层，界别声音不强，政协还没有成为各界别愿望表达和利益诉求的主渠道。

信访是具有中国特色的制度设计，是党和政府联系群众的重要渠道。当前，信访工作总体形势在向好的方面发展，但由于我国正处于矛盾多发期，信访总量仍在高位运行，信访突出问题仍较集中。影响信访效果不理想的因素之一是领导干部片面的和谐观导致行为方式失当，一些领导干部对不同意见往往倾向于采取简单粗暴的方法。

对于公共政策和立法领域运用的听证制度，在肯定其积极意义的同时，也存在着问题。听证会有的由其部门主持，有的由部门的主管机关主持，这样不能对政策制度产生实质性影响，还会使公众对听证会产生排斥情绪。有的地方听证会的代表则不具有代表性，有的则是某单位领导指派的。有的听证会没有媒体的关注，有的听证会在代表的人选和听证程序上不透明。真正了解听证会的人并不多，参与意识也不强，有的听证会代表对听证会的内容知道甚少，有的听证会代表不了解社会公众或本利益集团的意见，没有形成经过整合的观点与意见。[①]

① 冯兴吾、刘文辉：《我国听证会制度的问题及完善》，中国法学网 http://www.iolaw.org.cn/showNews.asp?id=9319.

伴随互联网的兴起，政府和各大网站的论坛、自媒体逐渐成为人们意见表达的平台和窗口。但是，网络存在着网民与公众不对称的问题，只能部分地反映民意。自媒体营造了一个网络公共空间，成为目前中国民间诉求与意愿表达的载体，自媒体能有效发挥舆论监督、问责议政、互动交流的作用。自媒体阐发出来的“原生态”言论可以作为我们体察转型期社会矛盾的重要信号。然而，自媒体在对权威解构的同时，也不可避免地具有民粹化的倾向。由于自媒体本身的开放性、隐匿性、随意性等特质，外加特殊利益的驱动，法律制度监管的缺失，个体自律和行业自律的整体性缺乏，使得网络谣言、虚假信息和不负责任的言论充斥其间。

二、规范和创新舆情表达机制

要完善以人大代表和政协委员为主渠道的舆情表达机制。在基层建立人大代表定期联系选区居民和征询意见制度，搭建人大代表与选民相互联系的通道，建立政协委员发挥界别作用和反映社情民意制度，探索实行人大代表和政协委员接待日制度。为人大代表创造充分表达民意的制度平台，使更多的人大代表有充分的舆情表达空间。加强对人大代表的绩效考核和监督。人民代表大会制度应建立刚性的约束制度，对代表是否表达民意、维护民利的职责进行考核，增强人大代表的选民意识和履职能力，杜绝一些人大代表“会而不议、代而不表”“主观不想说，心里不敢说，会上不会说”的现象。

规范政府重大决策听证会制度，预先告知听证的内容、程序，使人大代表、政协委员和公民代表有时间收集资料或进行社会调查，提高听证会质量。要明确听证会的主持方和听证会代表的产生办法。

听证会代表应当具有一定的代表性、广泛性,一般应有经营者代表、消费者代表、政府有关部门的代表以及相应的经济、技术、法律等方面的专家、学者参加;听证会的代表可以采取自愿报名、单位推荐、委托有关社会团体推荐产生。提高听证会代表的素质,听证会代表应有较强的语言表达能力、综合归纳能力和逻辑思维能力。适时公布听证会的有关内容,让代表和社会各界人士有充足的时间充分酝酿,提出拥护不拥护、赞成不赞成、反对不反对、高兴不高兴的不同意见。让听证会的主持方听到更多的社会各界的意见,为在听证会上作出修正与维持做好准备。如香港等地的公共事业价格调整听证会的资料,往往在半年前甚至更早的时间就通告社会。听证会的代表在听证会上要有充分的时间来发表自己的意见,要有高质量的发言,有条件的地方应当将社会公众的来电、来函、来邮件等意见进行系统整理,送达给听证会的代表,做到资源共享。建立听证会结果的信息反馈制度,将听证会获取的意见、资料向有关部门说明,通过一定的形式向听证会参与人进行反馈,公开解释最终形成决定的依据和相关资料。

加强信访工作的有效疏导作用,完善信访工作责任制,通过"绿色邮政""专线电话""网上信访"等方式建立和完善信访信息系统,使信访工作成为弱势群体利益诉求最直接的官方表达渠道。基层群众自治组织应遵循自治章程,坚持办事公开原则,将各项活动置于有效监督之下,使普通群众享有更多的议事机会和诉求渠道。

拓宽政府决策信息公开的渠道。要规范电子政务,完善民意表达的功能。加强政府网站管理,加大信息资源的公开力度。要做好政府信箱、在线交流、公众监督和参政议政等关涉民意获取的栏目,推进电子政府建设和电子政务的发展。优化地方政府信息化环境。

简化信息传递层级，加快信息传递速度，提高决策信息的透明度。健全信息反馈机制，确保政府决策信息的清晰，减少信息失真，避免公众信息接收过程出现偏差。

要维护和规范网络舆情表达。要通过网络问政于民，更高效、更便捷、范围更广地搜集民意，提升执政能力和吸纳民智的效率，为科学决策提供充分条件。通过法律治理来保障网络舆情表达的合理和规范。要保护民众的知情权，建立责任政治下的有限政府，同时清除与制裁利用自媒体而进行的违法行为。

第三节　培育公民的公益精神和协商意识

协商民主要求民众尊重彼此的利益和要求，形成互相都能接受的解决方案。这就需要社会成员具有包容、妥协、追求公益的民主气质。民主气质需要循序渐进的公民教育和持续的民主实践来造就。

一、通过教育和宣传来培养公益精神和协商意识

公共利益是各种各样群体利益中具有共性部分的综合，是具有公共性和普遍性的利益。公共利益具有共享性，不能分割，即它不能为某些人独占而排除他人享有，其数量不能像群体或私人利益那样划分，也不能由群体或个人按照其偏好多要一点或少要一点。比如教育、医疗、社会保障、公共政策、环境、社会秩序以及公共设施等，都属这一范畴，都是针对所有的社会成员，而不是特定的群体或个人。公共利益大多指公众能直接享受到的利益，如公共交通、公共卫生、国防、科学及文化教育事业、环境保护等。从世界各国情况看，很多

国家的法律都承认公共利益的优先性，但前提条件是，不得损害公民权利，尤其是基本权利。①

具有公共利益精神的民众，超越了狭隘的功利主义原则，人们关心公共事务不仅仅是出于自身利益的考量，而更多的是想为在自己利益得到保障的同时，为公众去争取更大更多的公共利益。托克维尔曾提出美国的“乡镇精神”，认为“乡镇精神”对于美国民族性格的塑造影响巨大。“新英格兰的居民依恋他们的乡镇，因为乡镇是强大和独立的；他们关心自己的乡镇，因为他们参加乡镇的管理；他们热爱自己的乡镇，因为他们不能不珍惜自己的命运。他们把自己的抱负和未来都投到乡镇上了，并使乡镇发生的每一件事情与自己联系起来。”②这种“乡镇精神”就是某种意义上的“公共利益精神”。具有公共利益精神的民众，有着参与公共生活、公共事务的意识、态度，同时也具有这方面的行动能力，能够切实地在改善公共生活的过程中提升社群的生活质量，能对公共事务以及公共利益自觉参与和维护。他们关注公共福祉，了解自我在社会中的角色，自觉地履行角色所赋予的各项责任，积极参与公共生活。

协商意识强调公民文化中的参与和妥协精神，个体理性和集体理性、个体私利与公共利益间的调和与统一，更加重视公民参与过程中彼此话语间的转换与包容，更加注重公民协商意识与能力的成长。具有协商意识的民众可以相互理解尊重、妥协和节制、形成集体责任感，能够承担责任以利于共同体的繁荣，能够促进不同文化间的沟通与理解，从而建立持续性合作行为所需要的社会信任。

---

① 余少祥：《怎样理解“公共利益”》，《北京日报》2010 年 8 月 9 日。

② ［法］托克维尔：《论美国的民主》，董果良译，商务印书馆 1989 年版，第 76 页。

公民教育课和公益宣传要让民众理解：面对无法避免的利益冲突，不可能制定出完全符合一方利益的决策。参与各方应把自己要求中的各个部分区别开来，在某些部分让步以换取另一些部分的满足，制定出冲突各方虽不完全满意，但至少都能容忍的基本满意的协议。民众要以相互忍让的方式来解决公私利益问题，承担相应的责任和义务。因为民主社会的每个人既是公民，又是治者；既受到法律的管辖，又是制定和执行法律的参与者。

二、通过长期实践获得公益精神和协商意识

包容的民主精神还需要通过民众长期的实践来获得，直接参加以民主方式组织起来的活动，如社区自治、民间社团活动等，使民众看到自己参与的效果，看到包容在管理中的重大作用，只有实际参与经验的日积月累，才能形成协商民主所需要的稳固民主品格。

2017 年中共中央国务院关于加强和完善城乡社区治理的意见提出，增强社区居民参与能力。提高社区居民议事协商能力，凡涉及城乡社区公共利益的重大决策事项、关乎居民群众切身利益的实际困难问题和矛盾纠纷，原则上由社区党组织、基层群众性自治组织牵头，组织居民群众协商解决。支持和帮助居民群众养成协商意识、掌握协商方法、提高协商能力，推动形成既有民主又有集中、既尊重多数人意愿，又保护少数人合法权益的城乡社区协商机制。探索将居民群众参与社区治理、维护公共利益情况纳入社会信用体系。推动学校普及社区知识，参与社区治理。拓展流动人口有序参与居住地社区治理渠道，丰富流动人口社区生活，促进流动人口社区融入。

2017 年民政部关于大力培育发展社区社会组织的意见要求，发

挥社区社会组织扎根社区、贴近群众的优势，广泛动员社区居民参与社区公共事务和公益事业。引导社区社会组织在基层党组织领导下，协助基层群众性自治组织推动社区居民有序参与基层群众自治实践，依法开展自我管理、自我服务、自我教育、自我监督等活动。引导社区居民在参与社区社会组织活动过程中有序表达利益诉求，养成协商意识、掌握协商方法、提高协商能力，协商解决涉及城乡社区公共利益的重大事项、关乎居民切身利益的实际问题和矛盾纠纷。鼓励社区社会组织参与制定自治章程、居民公约和村规民约，拓展流动人口有序参与居住地社区治理渠道，促进流动人口社区融入。

目前，社区社会组织参与社区治理和基层协商已成为常态，比如浙江省杭州市“湖滨晴雨”工作室、“和事佬”协会，上海市静安区静安寺街道居民议事会等，这些社区社会组织广泛参与所在社区的各种事务，开展议事协商，推动社区居民参与社区治理，实现社区善治。社区社会组织开展社区公共事务协商，能够更有效地调动普通民众参与社区事务的热情，并帮助民众熟悉参与的规则、养成参与的习惯。比如，南京的“翠竹园社区互助会” 通过有效挖掘和激发社区居民的需求，指导社区社会组织开展活动，极大地激发了居民的参与热情，使居民在参与中实现自我管理、自我教育、自我服务。

今后，要推动社区自治组织与社区社会组织合作，共同开展基层协商，将社区社会组织协商和基层协商融为一体。加大宣传力度，提高社区社会组织对协商民主的认识。推动社区社会组织开展协商民主建设的理论和实践研究，总结经典案例，通过广播电视、报纸、互联网和自媒体进行广泛宣传；在各种针对社区社会组织的培训中增加协商民主的理论和技术等相关内容，还可以有针对性地对社区社会组织进行协商民主的专项培训。[1] 针对不同社区社会组织协商的特点，开发出具有针对性的培训课程，不断完善培训体系，强化社区社会组织的协商能力建设。

第四节　塑造理性讨论的公共空间

协商民主需要理性讨论的公共空间，要通过合作创造公共空间来讨论公共问题，解决纠纷和争议。当前不论是现实公共空间还是网络公共空间都存在一些值得注意的现象和问题。推动形成理性、平和的公共空间有助于构建协商民主需要的舆情表达机制。

一、公共空间中存在的问题

“公共空间”是德国思想家哈贝马斯发展起来的，他认为“公共空间”指我们社会生活中能够形成舆论的一个领域。“公共空间”原则上对所有公民开放。它的一部分是在日常对话中建构起来的，其中“私”人们走到一起组成一个“公”。当公民有了保障，能够自由地组织起来，表达意见并使之公开化时，他们的行动才是在一个“公共空间”里的行动。[2]

公共空间是在 17 和 18 世纪的西方发展起来的，早期的公共空间在咖啡店及公共会堂形成，是一小部分受过教育的、富有的人组成，

---

① 谈火生、苏鹏辉：《我国社会组织协商的现状、问题与对策》，《教学与研究》2016 年第 5 期。

② Jurgen Habermas, “The Public Sphere”, in Steven Seidman (ed.), *Jurgen Habermas on Society and Politics: A Reader* (Boston: Beacon Press, 1989), p. 231.

他们自发地在咖啡店自由论政。公共空间使一种对公共事务进行公开、理性和批判性讨论的实践制度化,这种讨论被哈贝马斯称为"沟通行动"。公共空间的重要性就在于它作为一种社会整合模式的潜在功能。

大众传媒成为现代公共空间的主要构成部分,大众传媒的媒介特性令公共空间产生了结构性改变。公共空间重视意见交流,而传统大众传媒主要是提供各种见解。大众传媒的公共空间难以允许大众直接面对面交流,主要由不同群体的代表来发表意见和参与讨论,普通民众难以直接参与。传统大众传媒主要是单向性发放资讯,缺少互动功能,在提供完善的互动讨论机制上存在不足。

随后,互联网时代网上的资讯和意见集散,形成一个庞大的公共空间。网络公共空间的参与性、公开性、互动性优于大众传媒公共空间。网民可以各自发表意见,网站可包容各类观点,把它们呈现在大众面前。网络公共空间,兼顾网民自发性的意见和新闻网站采访得到的资讯,内容类别更为多样,观点互相平衡,融合了主动与被动的意见观点。

网络公共空间也面临许多问题,比如诽谤、知识产权、隐私和监管等。公共空间的言论应该是真实、容易理解的,不能存心歪曲事实,但由于网民掌握信息不全面,容易在公共空间出现一些歪曲事实的问题。在公共空间收集和发布资讯是为了让大众有充分的背景资料来做理性讨论,而并不是揭露隐私。个人信息在网络公共空间更易获得和被滥用。有些商业机构为了获利,不惜出卖客户个人资料。这些问题反映了公共空间的新特点,涉及法律责任问题。

在网络公共空间中还存在群体盲思、群体极化现象。协商民主需要理性的舆论环境,而承载着民间舆论场表达功能的互联网、手机等新媒体对有序舆情表达提出了挑战,群体盲思、群体极化等现象在新媒体环境下愈发突出。这种“一边倒”的网络舆情表达与协商民主理念背道而驰,往往会助推舆情危机和群体事件的频繁发生。

二、塑造理性讨论公共空间的对策

不同地方对公共空间的期望、使用习惯有差别,是否是一个名副其实的公共空间,在现实应用层面上,有一些可以衡量的标准。比如本(Benn)和高斯(Gaus)对公共空间的三个准则:接触和进入公共空间的难易度和自由度;开放和管理机构的性质;公共空间的利益和目的。其中,第一条准则还包含进出公共空间的自由度、接触活动的难易度、空间咨询的公开度、享用公共空间资源的普及度。①

规避新媒体舆情表达带来的风险,既需要政府监管的外部控制,如规范网络运营商和网民行为;更要启动新媒体的自身免疫功能来自然淘汰不当和过激的舆情表达。真正具有互联网开放精神的网络社群,会自发形成和维护内部的交流规范,通过网络投诉、版主警告等方式保障不同观点的平等交流,允许理性的质疑和相互批评。网络世界的竞争压力也会迫使网络社群内部加强自律、提升自身公信力。

比如,知乎社区的基本原则包括创造有价值的内容,帮助人们可以更好地分享彼此的知识、经验和见解,发表有用、有帮助、有质量的内容,不仅可以帮助他人,也会让自己获益;保持友善和尊重:不要攻击、故意贬低用户或其写的内容,尊重不同的观点,不恶意揣测

---

① S. I. Benn & G. F. Gaus, *Public and Private in Social Life* (London: Croom Helm, 1983).

动机。①

知乎界定了不友善内容：羞辱、谩骂、攻击知乎用户或者不尊重知乎用户的内容；臆测、羞辱、谩骂、攻击或其他不尊重知乎用户在站内的回答、评论、文章、收藏夹、出版物及其写作背景的内容；骚扰、恐吓、威胁、诽谤知乎用户，或者其他发布在站内并对其他用户造成严重影响的内容；因民族、种族、宗教、性取向、性别、年龄、地域、生理特征等身份或者归类而歧视、侮辱、攻击他人的内容；恶意煽动知乎用户攻击、孤立或以其他手段不友善地对待其他用户的内容；泄露他人隐私，或者其他侵犯他人合法权益的内容。②

知乎禁止人身攻击、辱骂。知乎鼓励大家发表不同的观点，当有争议时希望大家能够对事不对人，对知乎用户及新闻中的热点人物或者公众人物，能够基于他们的行为或发表的内容进行合理讨论，不要通过污言秽语、辱骂性言语来攻击他人。比如，对他人的不尊重、使用污言秽语进行辱骂；对他人或所创作的内容进行恶意否定；性别、性倾向、种族、疾病、宗教的歧视；对用户进行恐吓或威胁，尤其是死亡威胁等。这些不友善内容一经举报或发现，内容被删除，账号会根据发布次数和内容严重程度被禁言一天、七天或者封禁。

知乎也不鼓励非理性的攻击言论。心平气和地讨论问题才能产生更多有价值的内容，通过冷言冷语来蓄意引起争端的内容可能会引发更多非良性讨论。比如，对他人进行阴阳怪气的言论；无端怀疑他人行为动机；不尊重他人所创作的内容；发布宣泄情绪的负面言论等。对于这些言论，知乎会删除非常明显的人身攻击内容，尤其是争

① 知乎社区的基本原则是什么？https://www.zhihu.com/question/20133162 .

② 知乎发布的《良性讨论公约》具体内容是什么？https://www.zhihu.com/question/24033923 .

议言论与当事人相关时。当遇到阴阳怪气的内容时，广大用户可以点击该内容下方的“踩”，当该内容阈值低于一定数值，将会自动折叠。

知乎鼓励的是“好话好说，真诚沟通”，这是知乎 2014 年 6 月 6 日发布《良性讨论公约》以来一直都希望能够达到的结果，任何一个更美好的世界都是需要所有人共同付出的，也许我们改变不了别人，改变不了世界，但是当我们在社区中与大家一起分享有价值的内容时，少一些辱骂、多一份理解，少一些阴阳怪气，多一份真挚，才可以让我们看到一个更大更友善的世界。①

但总的来看，目前对网络自愈功能的开发还不够。而自愈功能发挥作用的关键是保证网络的开放性，为不同网络社群创造对话、讨论的公共平台，允许展现对特定群体观点的批评和辩护，从而减少网络群体盲思、预防群体极化，为协商民主创造出互相尊重、有序表达的舆论环境。

① 在知乎上，什么是不友善内容？https://www.zhihu.com/question/20239684.

参考文献

1.［美］伯纳德·亨尼西:《民意》,赵雅丽、张同莹、曾慧琦译,台北:五南图书出版股份有限公司2000年版。

2.［美］乔舒亚·科恩:《审议与民主的合法性》,谈火生等编译:《审议民主》,南京:江苏人民出版社2007年版。

3.［美］盖依·彼得斯:《美国的公共政策——承诺与执行(第六版)》,顾丽梅、姚建华等译,上海:复旦大学出版社2008年版。

4.［美］科尼利厄斯·M.克温:《规则制定——政府部门如何制定法规和政策(第三版)》,刘璟、张辉、丁洁译,上海:复旦大学出版社2007年版。

5.［美］詹姆斯·麦格雷戈·伯恩斯等:《民治政府——美国政府与政治(第二十版)》,吴爱明等译,北京:中国人民大学出版社2007年版。

6.［美］约翰·W.金登:《议程、备选方案与公共政策(第二版)》,丁煌、方兴译,北京:中国人民大学出版社2004年版。

7.［美］詹姆斯·E.安德森:《公共政策制定(第五版)》,谢明等译,北京:中国人民大学出版社2009年版。

8.［美］阿米·古特曼、丹尼斯·汤普森:《民主与分歧》,杨立峰、葛水林、应奇译，北京：东方出版社 2007 年版。

9. [美]约翰·克莱顿·托马斯：《公共决策中的公民参与：公共管理者的新技能与新策略》，孙柏瑛等译，北京：中国人民大学出版社 2004 年版。

10. [美]罗伯特·达尔：《论民主》，李柏光、林猛译，北京：商务印书馆 1999 年版。

11. [美]詹姆斯·博曼、威廉·雷吉：《协商民主：论理性与政治》，陈家刚等译，北京：中央编译出版社 2006 年版。

12. [美]加布里埃尔·A. 阿尔蒙德、小 G. 宾厄姆·鲍威尔：《比较政治学——体系、过程和政策》，曹沛霖、郑世平、公婷、陈峰译，北京：东方出版社 2007 年版。

13. [美]B. 盖伊·彼得斯：《政府未来的治理模式》，吴爱明等译，北京：中国人民大学出版社 2001 年版。

14. [瑞典]英瓦尔·卡尔松、(圭)什里达特·兰法尔：《天涯成比邻——全球治理委员会的报告》，中国对外翻译出版社公司组织翻译，北京：中国对外翻译出版公司 1995 年版。

15. [美]科恩：《论民主》，聂崇信、朱秀贤译，北京：商务印书馆 1988 年版。

16. [美]斯科特·普劳斯：《决策与判断》，施俊琦、王星译，北京：人民邮电出版社 2004 年版。

17. [美]华莱士(Wallace, P.)：《互联网心理学》，谢影、苟建新译，北京：中国轻工业出版社 2001 年版。

18. 中国人民政治协商会议全国委员会研究室、中共中央文献研究室第四编研部编：《老一代革命家论人民政协》，北京：中央文献出版社 1997 年版。

19. 中共中央文献研究室编:《江泽民有中国特色社会主义(专题摘编)》,北京:中央文献出版社 2002 年版。

20. 刘俊杰:《当代中国党际协商民主研究》,镇江:江苏大学出版社 2013 年版。

21. 卢瑾:《西方参与式民主理论发展研究》,北京:人民出版社 2013 年版。

22. 王绍光、鄢一龙:《中国民主决策模式:以五年规划制定为例》,北京:中国人民大学出版社 2015 年版。

23. 韩福国主编、俞可平、叶明丛书主编:《基层协商民主》,北京:中央文献出版社 2015 年版。

24. 李君如:《协商民主在中国》,北京:人民出版社 2014 年版。

25. 黄利鸣、宋俭、王智、杨建国:《社会主义协商民主与参政党建设》,武汉:湖北人民出版社 2014 年版。

26. 蔡定剑主编:《公众参与:欧洲的制度和经验》,北京:法律出版社 2009 年版。

27. 房宁主编:《中国政治参与报告(2011)》,北京:社会科学文献出版社 2011 年版。

28. 陈家刚:《协商民主与国家治理:中国深化改革的新路向新解读》,北京:中央编译出版社 2014 年版。

29. 毛泽东:《毛泽东选集(合订一卷本)》,北京:人民出版社 1964 年版。

30. 邓小平:《邓小平文选》,(第一卷)北京:人民出版社 1994 年版。

31. 中共中央统一战线工作部、中共中央文献研究室:《周恩来统一战线文选》,北京:人民出版社 1984 年版。

32. 袁荃主编:《社会研究方法》,大连:东北财经大学出版社 2016 年版。

33. 陈陆辉、陈义彦等:《民意调查新论(第三版)》,台北:五南图书出版股份有限公司 2013 年版。

34. 谢新洲主编:《舆论引擎:网络事件透视》,北京:北京大学出版社 2013 年版。

35. 马奔主编:《协商民主的方法》,北京:中央文献出版社 2015 年版。

36. 列宁:《列宁全集第 28 卷》,中共中央马克思、恩格斯、列宁、斯大林著作编译局编译北京:人民出版社 1990 年版。

37. 俞可平主编:《中国地方政府创新案例研究报告(2003—2004)》,北京:北京大学出版社 2006 年版。

38. 俞可平主编:《中国地方政府创新案例研究报告(2005—2006)》,北京:北京大学出版社 2007 年版。

39. 俞可平主编:《中国地方政府创新案例研究报告(2007—2008)》,北京:北京大学出版社 2009 年版。

40. 俞可平主编:《中国地方政府创新案例研究报告(2011—2012)》,北京:北京大学出版社 2014 年版。

41. 张德明:《批评的视野》,上海:上海社会科学院出版社 2004 年版。

42. 董新民等:《政治体制改革的宏伟纲领学习邓小平〈党和国家领导制度的改革〉》,北京:中共中央党校出版社 1988 年版。

43. 韩冬梅、杨国军主编:《人民政协与协商民主》,北京:中央文献出版社 2015 年版。

44. 王洪树主编:《社会协商对话》,北京:中央文献出版社 2015

年版。

45. 俞可平:《民主与陀螺》,北京:北京大学出版社 2006 年版。

46. 王来华主编:《舆情研究概论——理论、方法和现实热点》,天津:天津社会科学院出版社 2003 年版。

47. 王先谦:《庄子集解》,上海:上海书店 1987 年版。

48. 魏源:《魏源集》,北京:中华书局 1976 年版。

49. 吴于廑、齐世荣主编:《世界史·古代史》,北京:高等教育出版社 1994 年版。

50. [古罗马]西塞罗(Cicero, M. T.):《国家篇法律篇》,沈叔平、苏力译,北京:商务印书馆 1999 年版

51. 张兆辉、郭子建编:《舆情信息工作理论与实务》,沈阳:辽宁大学出版社 2006 年版。

52. 齐中祥主编:《舆情学》,南京:江苏人民出版社 2015 年版。

53. 张克生主编:《国家决策:机制与舆情》,天津:天津社会科学院出版社 2004 年版。

54. 王石番:《民意理论与实务》,台北:黎明文化事业公司 1995 年版。

55. 徐向红:《现代舆论学》,北京:中国国际广播出版社 1991 年版。

56. 中共中央宣传部舆情信息局编:《舆情信息工作概论》,北京:学习出版社 2006 年版。

57. 王敬尧:《参与式治理:中国社区建设实证研究》,北京:中国社会科学出版社 2006 年版。

58. 黄利鸣、宋俭、王智、杨建国:《社会主义协商民主与参政党建设》,武汉:湖北人民出版社 2014 年版。

59. 王洪树主编:《社会协商对话》,北京:中央文献出版社 2015 年版。

60. V. O. Key. *Public Opinion and American Democracy*, New York: Knopf, 1961.

61. Noelle – Neumann. E. *The Spiral of Silence: Public Opinion – Our Social Skin*, University of Chicago Press, 1993.

62. Jon Elster (eds.), *Deliberative Democracy*, Cambridge: Cambridge University Press, 1998.

63. S. I. Benn , G. F. Gaus. *Public and Private in Social Life*, London: Croom Helm, 1983.

64. Joseph A. Schumpeter, *Capitalism. Socialism and Democracy*, New York: Harper, 1976.

65. Carole Pateman. *Participation and Democracy Theory*, Cambridge University Press, 1970.

66. Brian Barry. *Sociologists, Economists and Democracy*, London: Collier – Macmillan, 1970.

67. Habermas. *Theory of Communicative Action*, Boston : Beacon, 1987.

68. Parsons. *Polities and Social Structure*, New York: Free Press, 1969.

69. Irving L. Janis. *Groupthink: Psychological Studies of Policy Decisions and Fiascoes* (2nd ed.), Boston: Houghton Mifflin, 1982.

70. J. C. Peterson ed. *Citizen Participation in Science Policy*, Amherst: University of Massachusetts Press, 1984.

71. Lewis, J. *Constructing Public Opinion*, New York: Cambridge

University Press, 2001.

72. Robert S Erikson, Kent L. Tedin. *American Public Opinion: Its Origins, Content, and Impact*, RR. Donnelley & Sons at Crawfordsville, 2007.

73. Glynn, Carroll J. et al. *Public Opinion*, Colorado: West view Press, 1999.

74. Hennessy, Bernard. *Public Opinion* 5th edition, Belmont: Wadsworth Inc., 1985.

75. [韩]李允熙、杨波:《协商民主中国化的理论与实践研究》,《安徽大学学报(哲学社会科学版)》2008 年第 4 期。

76. 陈家刚:《协商民主引论》,《马克思主义与现实》2004 年第 3 期。

77. 陈剩勇:《协商民主理论与中国》,《浙江社会科学》2005 年第 1 期。

78. 高建:《两种不同的协商民主》,《山东社会科学》2014 年第 2 期。

79. 钟金意、钱再见:《从概念性理论到制度化实践:当代中国协商民主研究路向》,《天津行政学院学报》2016 年第 1 期。

80. 方刘松、曾宪亢、蒋建新:《互契、互济与互生:协商民主与群众路线的关联性研究》,《求实》2014 年第 10 期。

81. 方刘松:《协商民主与群众路线的互动性研究》,《云南社会主义学院学报》2014 年第 3 期。

82. 江必新:《推进国家治理体系和治理能力现代化》,《红旗文稿》2013 年第 22 期。

83. 魏晓文:《论国家治理体系现代化与治理能力现代化的相互

促进》,《政治学研究》2014 年第 2 期。

84. 包心鉴:《协商民主制度化与国家治理现代化》,《学习与实践》2014 年第 3 期。

85. 宋连胜、李建:《民主与参与:协商民主推进国家治理现代化的政治逻辑》,《社会主义研究》2015 年第 5 期。

86. 童兵、傅海:《正确研判舆情是协商民主成功的基础》,《当代传播》2014 年第 4 期。

87. 刘激扬:《西方协商民主理论的发展及其局限》,《团结》2015 年第 2 期。

88. 贺羡:《论协商民主体系中的公共领域》,《探索》2015 年第 4 期。

89. 王玖姣:《一个重要的社会治理视角:协商民主》,《河北科技大学学报(社会科学版)》2015 年第 2 期。

90. 刘学军:《推进政治协商制度建设问题研究》,《新视野》2011 年第 1 期。

91. 陈家刚:《协商民主:概念、要素与价值》,《中共天津市委党校学报》2005 年第 3 期。

92. 刘务勇:《协商民主:一种新的民主观》,《甘肃理论学刊》2006 年第 2 期。

93. 陈怀平:《内涵、主体与范围:梳厘中国协商民主的理论与实践》,《湖南师范大学社会科学学报》2014 年第 2 期。

94. 孙照红:《改革开放以来人民政协政治协商制度的发展和创新》,《上海市社会主义学院学报》2013 年第 3 期。

95. 郑万通:《从“协商民主”看我国民主政治创新》,《党建文汇上半月版》2012 年第 12 期。

96. 刘俊杰:《当代中国党际协商民主的要素、特性及功能》,《云南行政学院学报》2011 年第 4 期。

97. 方刘松、蒋建新:《协商民主:推进国家治理现代化的有效机制》,《黑龙江社会科学》2014 年第 4 期。

98. 廖继红:《人民政协政治协商制度建设解析》,《重庆社会主义学院学报》2011 年第 4 期。

99. 宋坚刚、赵宬斐:《协商民主中的民意吸纳机制研究》,《长白学刊》2016 年第 2 期。

100. 李蕾:《以协商民主来提炼民意》,《湘潭大学学报(哲学社会科学版)》2008 年第 1 期。

101. 叶国平:《舆情表达与回应机制视阈下的协商民主建设》,《理论与现代化》2014 年第 5 期。

102. 钟鸣:《中国弱势群体舆情表达机制简析》,《新闻传播》2009 年第 12 期。

103. 张世涛:《社交媒体视域下弱势群体舆情表达研究》,《新媒体研究》2016 年第 20 期。

104. 于家琦:《舆情表达机制与协商民主实践》,《新视野》2015 年第 4 期。

105. 张光辉:《社会主义协商民主成长的深层逻辑》,《学习论坛》2014 年第 1 期。

106. 李金河:《如何正确认识社会主义协商民主》,《中央社会主义学院学报》2014 年第 1 期。

107. 李军、田晓玉:《政治体制改革视野下社会主义协商民主建设的思考》,《理论探讨》2013 年第 3 期。

108. 范会勋:《论社会主义协商民主的基本内涵》,《湖北省社会主义学院学报》2015年第6期。

109. 邱永文:《民主理论中的社会主义协商民主:概念和基本内涵》,《观察与思考》2015年第10期。

110. 高智生:《论社会主义协商民主的优越性》,《云南社会科学》2014年第1期。

111. 张保伟:《公众环境参与的结构性困境及化解路径——基于协商民主理论的视角》,《中国特色社会主义研究》2016年第4期。

112. [英]马修·费斯廷斯泰因、王勇兵:《协商、公民权与认同》,《马克思主义与现实》2004年第3期。

113. 杨绪盟:《我国政党协商的先进性及其思考》,《中央社会主义学院学报》2015年第6期。

114. 曹延汹、张爱军:《政府协商及其实现路径》,《晋阳学刊》2015年第6期。

115. 孙照红:《政协协商的历史价值及完善对策》,《上海市社会主义学院学报》2015年第4期。

116. 刘冰、布成良:《人民团体在中国协商民主中的作用》,《山东社会科学》2015年第4期。

117. 杨根乔:《关于基层协商民主建设的调查与思考?》,《中州学刊》2016年第1期。

118. 徐行、陈永国:《主体性困境:农村协商民主进一步发展的障碍》,《长白学刊》2016年第2期。

119. 孙枝俏、孙奔:《协商民主:维稳长效机制构建的新思维》,《江苏行政学院学报》2014年第4期。

120. 殷彬旗:《协商民主:价值、困境及其摆脱》,《理论观察》2010年第5期。

121. 尹善:《“社区互动会”,互动促和谐》,《社区》2006 年第 2 期。

122. 丁柏铨:《略论舆情——兼及它与舆论、新闻的关系》,《新闻记者》2007 年第 6 期。

123. 李永展、何纪芳:《邻避症候群之解析》,《都市与计划》1997 年第 1 期。

124. 林尚立:《协商民主是我国民主政治的特有形式和独特优势》,《求是》2014 年第 6 期。

125. 陈家刚:《中国协商民主的比较优势》,《新视野》2014 年第 1 期。

126. 张夏:《民众知情权参与权表达权监督权在社会主义民主政治中的地位和作用》,《西藏发展论坛》2012 年第 1 期。

127. 陈家刚:《协商民主与政治协商》,《学习与探索》2007 年第 2 期。

128. 李超:《略谈政治协商》,《天府新论》2006 年第 A1 期。

129. 仲泉松:《关于提高政治协商实效的思考》,《四川省社会主义学院学报》2000 年第 3 期。

130. 阎孟伟:《协商民主中的社会协商》,《社会科学》2014 年第 10 期。

131. 韩媛媛:《论高等教育中协商素养的培养——基于协商民主理论的视角》,《理论与改革》2015 年第 4 期。

132. 王艳萍、王平:《网络协商民主的发展与完善》,《合肥学院学报(社会科学版)》2011 年第 5 期。

133. 汪荣高:《论社会协商对话制度》,《中共福建省委党校学报》1988 年第 11 期。

134. 董海军、汤建军:《国外民意调查的历史与现状分析》,《学习与实践》2012 年第 2 期。

135. 郎友兴:《商议式民主与中国的地方经验:浙江省温岭市的“民主恳谈会”》,《浙江社会科学》2005 年第 1 期。

136. 于家琦、王来华:《论公共政策过程中运用舆情调查的双重理性》,《天津社会科学》2013 年第 6 期。

137. 何包钢、王春光:《中国乡村协商民主:个案研究》,《社会学研究》2007 年第 3 期。

138. 黄东益、陈敦源、萧乃沂:《政策民意调查:公共政策过程中的公共咨询》,《研考》2006 年第 4 期。

139. 鄂璠:《从“民意不可违”到“公开征集民意”——决策者与民意调查》,《小康》2011 年第 7 期。

140. 于家琦、陆明远:《美国的公民参与公共管理研究及启示》,《理论与改革》2010 年第 6 期。

141. 于家琦:《论民意表达渠道的“四维”评价标准和有效性分析框架》,《理论界》2010 年第 6 期。

142. 谈火生、苏鹏辉:《我国社会组织协商的现状、问题与对策》,《教学与研究》2016 年第 5 期。

143. 梅志罡:《协商式民意调查:本质、过程及其中国实践——以浙江省温岭市泽国镇第一次协商式民意调查为例》,《长江论坛》2009 年第 1 期。

144. 张康之、张乾友:《现代民主理论的兴起及其演进历程——从人民主权到表达民主再到协商民主》,《中国人民大学学报》2011 年第 5 期。

145. 王行宇:《公众意见在西方民主中的角色:历史与分歧》,《云南社会科学》2009 年第 6 期。

146. 俞可平:《协商民主:当代西方民主理论和实践的最新发展》,《学习时报》2006 年 11 月 6 日。

147. 王庆德:《政府协商:一种新的协商民主》,《北京日报》2015 年 1 月 19 日。

148. 阮桂春:《基层协商民主建设应注意的问题》,《学习时报》2015 年 6 月 29 日。

149. 喻国明、黄月平:《民意怎样被发现和表达》,《北京日报》2006 年 7 月 31 日。

150. 叶国平:《舆情表达与回应机制:发展协商民主的切入点》,《中国社会科学报》2014 年 5 月 23 日。

151. Jeff Manza, Fay Lomax Cook. A Democratic Polity? Three Views of Policy Responsiveness to Public Opinion in the United States. *American Politics Research*, 2002(6).

152. Paul Burstein. Bringing the Public Back in: Should Sociologists Consider the Impact of Public Opinion on Public Policy? *Social Forces*, 1998(1).

153. LW Milbrath. Citizen Surveys as Citizen Participation Mechanisms. *Journal of Applied Behavioral Science*, 1981(4).

154. Lawrence C. Walters, James Aydelotte et al. Putting More Public in Policy Analysis. *Public Administration Review*, 2000(4).

155. S. F. Fox. Who Opposes Public/Private Partnerships for Urban Renewal? A Case Study. *Journal of Urban Affairs*, 1985(7).

156. Floyd H. Allport. Toward a Science of Public Opinion. *Public Opinion Quarterly*, 1937(1).

157. Shapiro, Robert Y.. Public Opinion and American Democracy. *Public Opinion Quarterly*, 2011(5).

158. Burstein, Paul. Why Estimates of the Impact of Public Opinion on Public Policy are Too High: Empirical and Theoretical Implications. *Social Forces*, 2006(4).

159. Hartley, T., Russett, B.. Public Opinion and the Common Defense: Who Governs Military Spending in the United States. *American Political Science Review*, 1992(4).

160. Monroe, A. D.. Public Opinion and Public Policy 1980 – 1993. *Public Opinion Quarterly*, 1998(1).

161. Page, B. I., Shapiro, R. Y.. Effects of Public Opinion on Public Policy. *American Political Science Review*, 1983(1).

162. Shapiro, Robert Y.. Public Opinion and American Democracy. *Public Opinion Quarterly*, 2011(5).